Bevroren dossiers Stalingrad

Rob Janssen en Bob Latten

Bevroren dossiers Stalingrad

Uitgeverij Aspekt

Bevroren dossiers Stalingrad
© Rob Janssen en Bob Latten
© 2021 Uitgeverij Aspekt
Amersfoortsestraat 27, 3769 AD Soesterberg, Nederland
info@uitgeverijaspekt.nl – http://www.uitgeverijaspekt.nl

Omslagontwerp: Snegina Uzunova
Binnenwerk: Paul Timmerman

All rights reserved. No part of this publication may be reproduced, stored in a retrieval system, or transmitted, in any form or by any means, electronic, mechanical, photocopying, recording, or otherwise, without the prior permission of the publisher.

In so far as the making of copies from this publication is permitted pursuant to Section 16B of the 1912 Copyright Act, St.b. 351 of June 20, 1974, as amended by the Decree of August 23, 1985, St.b. 471, and Section 17 of the 1912 Copyright Act, the statutory fees must be paid to the Stichting Reprorecht (P.O. Box 882, 1180 AW, Amstelveen, The Netherlands). To reproduce parts of this publication in anthologies, readers, and other compilations (article 16 Auteurswet 1912), please contact the publisher.

Inhoud

Voorwoord		7
Stalingrad		9
I	Twee artilleriewaarnemers in de ketel van Demjansk	11
II	De slachting bij Mjasnoj Bor	29
III	Gevaar van boven	51
IV	Casjens onbekende lot	57
V	Windhonden op de steppe van Kalmukkië	73
VI	De kale heuvel	85
VII	Vermist bij Pitomnik	89
VIII	Wintergewitter	103
IX	Een dramatische familiegeschiedenis	119
X	Operatie Ring	135
XI	Balka's	143
XII	In de schaduw van Wintergewitter	159
XIII	Een Fin in Duitse dienst	169
XIV	Een tankcommandant in krijgsgevangenschap	185
XV	Levensreddend staal	203
XVI	Tot de laatste kogel	211
XVII	Noodlot in het achterland	225
XVIII	Geelzucht	237
Dankwoord		249

Voorwoord

Kleio. Deze dochter van Zeus is minder bekend dan Clio of Euterpe, maar niet minder muze dan de andere. Is Kleio, als muze van de geschiedschrijving, een belangrijke inspiratiebron voor schrijvers?

Zeker.

Maar de dagelijkse steun komt niet uit de oudheid, maar uit het heden. Van partners die zonder klagen twee mannen steunen die al jarenlang hun passie volgen en vele honderden uren steken in schrijven en onderzoeken. In die zin zijn Maria en Marleen onze eigen muzen.

Rob Janssen en Bob Latten

Stalingrad

Het uitspreken van de naam is als de weerklank van een snijdende oostenwind, kil en doordringend. Deze stad van Jozef Stalin aan de machtige Wolga staat voor vijand en vriend als het zinnebeeld van verbitterde gevechten om iedere meter verijsde aarde, van overwinning en van dood, van lijden en verlossing, van verraad en broederschap. Die verdoemde plek vertelt het verhaal van aanvallers en verdedigers, van stijfbevroren lichamen, van heimelijke sluipschutters en onverdachte slachtoffrs, van hoop, maar vooral van wanhoop.

Stalingrad was de slag van de onbegrijpelijke getallen. Uiteindelijk verloren de Duitsers 750.000 soldaten aan doden, gewonden en vermisten, terwijl de Sovjets bijna 480.000 doden en 650.000 gewonden hadden te betreuren. Van vermisten zijn geen cijfers bekend. Van de 110.000 Duitse krijgsgevangenen vonden er na de oorlog een schamele 6.000 de weg terug naar huis en haard. De rest kwam om het leven tijdens dodenmarsen en door onmenselijke omstandigheden in Russische straf- en werkkampen.

Rusland, jaren later
Vroeg in de middag. Een blik op de omgeving onthult een weinig vergevingsgezind landschap. Ergens daar, in die kale leegte met aan de horizon het silhouet van enkele heuvels, hangt nog een sluier ochtendnevel. Boven een paar hopen zand steken de wortels van kreupelhout uit, hun vers gekapte randen nog licht gelig. Stalingrad is het jachtterrein van schatzoekers geworden. De drie mannen op de voorgrond hebben nauwelijks oog voor het omringende decor. Ze zijn doodop. Hun borstkast zwoegt op en neer, het zweet gutst langs het voorhoofd en hun adem bevriest bijna onmiddellijk in de ijskoude lucht. Het was zwaar werk, maar vandaag loont het. Voor hun ogen, omgeven door aangekoekt zand, komt een object tevoorschijn, een stille getuige. Het voorwerp van staal, bolvormig en in goede staat, vertoont enkele ruwe inslagen. Meerdere gaten en scheurlijnen vertellen het verhaal van een harde strijd, zichtbare sporen uit de Tweede Wereldoorlog. Langzaam, beetje voor beetje, worden de contouren van een Duitse 'stahlhelm' zichtbaar.

Nederland 2015

Ergens op een zolderkamer in Nederland heeft iemand een klein museum ingericht. Onder de vele artefacten springt een aantal Duitse helmen uit de Tweede Wereldoorlog in het oog. Namen en nummers aan de binnenzijde, soms amper leesbaar, openen voor de onderzoeker een venster op het verleden. Ze vormden het beginpunt van een succesvolle zoektocht naar de nabestaanden van de dragers. Dat heeft de afgelopen jaren tal van opmerkelijke verhalen opgeleverd. Voor dit boek zijn er negentien in woord en beeld opgetekend.

Het verleden ontrafeld

'Cold case Stalingrad' vertelt openhartig, ontdaan van iedere vorm van romantiek, de persoonlijke verhalen van een aantal soldaten van een rijk dat eens was. Het boek biedt een inkijkje in een van de meest onmenselijke oorlogen uit de moderne geschiedenis. Opdat wij allen begrijpen hoe dierbaar vrede is.

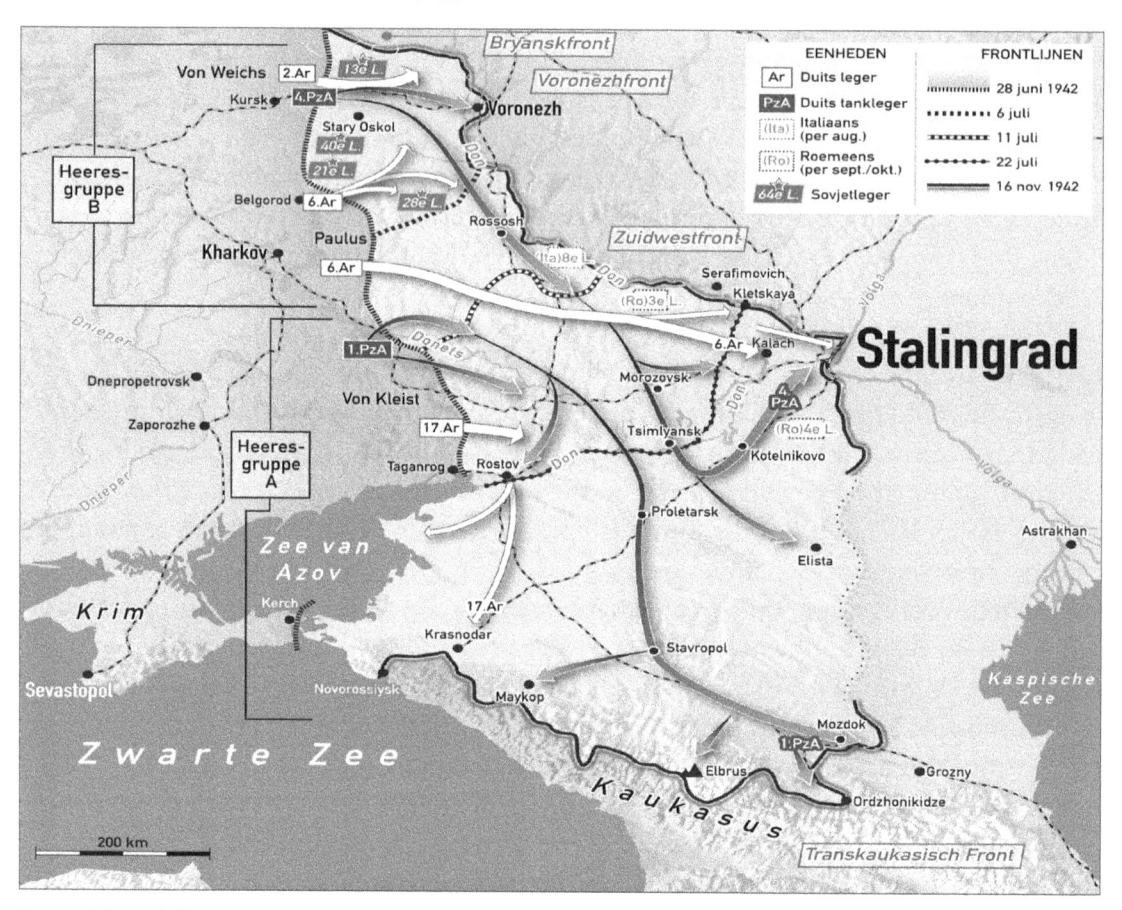

Bron: Marcel Kuster.

I

Bruno Schoch en Josef Diebold
Twee artilleriewaarnemers in de ketel van Demjansk

Demjansk, januari 1942 – februari 1943

Blauwe klei

De moerasbossen rond Demjansk in Noord-Rusland waren in de jaren rond de eeuwwisseling een waar paradijs voor Russische schatjagers. Duitse troepen hadden zich tussen januari 1942 en februari 1943 in deze zompige omgeving 'vastgezet' en zich gedegen ingegraven in diepe onderkomens, voor zover dat mogelijk was in deze natte omgeving. Bij het terugtrekken is veel Duits oorlogsmateriaal achtergebleven. De combinatie van diepe onderkomens, een vochtig en koud klimaat, en vooral de Russische blauwe klei, maakt dat de vondsten in dit gebied vaak van uitzonderlijke kwaliteit zijn. Dit vooruitzicht was een uitnodiging voor allerhande groepen Russen om stelselmatig Duitse onderkomens uit te graven, geen eenvoudige opgave in deze moeilijk toegankelijke bossen met hun drassige bodem. Maar het gevondene was het waard om kosten noch moeite te sparen. Met behulp van waterpompen werden putten drooggelegd en metersdiep uitgegraven. Deze ongewone bron van inkomsten was en is nog steeds een welkome aanvulling op het karige loon van menig Russische schatzoeker. Door de slechte economische situatie belandden veel van de oorlogsvondsten via het wereldwijde web op de internationale markt en vonden ze hun weg naar verzamelaars. In deze periode, zo rond het jaar 2004, werd nabij het gehucht Matasovo, een kleine 40 kilometer ten westen van Demjansk, een Duits onderkomen uitgegraven. Op enkele meters diepte, ter hoogte van wat eens de vloer was, gaf de blauwe klei zijn schatten prijs: leren uitrustingstukken, een riem met koppelslot, een veldfles, een drinkbeker, een bajonet met schede, munitietasjes, een etensblik en nog enkele andere voorwerpen. De meest bijzondere vondst was echter een in uitzonderlijk goede staat verkerende helm. Na het afspoelen van de modder bleek dat deze nog geheel was voorzien van zijn oorspronkelijke camouflageverf, groen met daaroverheen restanten witte sneeuwcamouflage. Het leren binnenwerk was behouden gebleven en in de rand was de naam van de eigenaar duidelijk leesbaar: B. Schoch, met daaronder een nummer: 26871. Het was zonder enige twijfel zijn veldpostnummer.[1] Veel soldaten schilderden hun naam en hun veldpostnummer in

---

[1] Een postcode voor briefverkeer tussen soldaten en het thuisfront.

de helm, anderen krasten deze informatie in het harde staal. Als de helm via een internationaal forum voor verzamelaars van militaria in het bezit komt van de auteurs, is dat de voorbode van een bijzondere geschiedenis.

Een naam

Wie was B. Schoch? De combinatie van naam, voorletter en veldpostnummer maken de identifi atie, met dank aan de *Deutsche Dienststelle*,[2] niet bijzonder moeilijk. Van hen krijgen wij gedetailleerde informatie: De helm behoorde toe aan onderoffic r Bruno Schoch, geboren op 9 juni 1920 in Karlsruhe. Bruno maakte deel uit van *1.Beobachtungs-Abteilung 5 [Observatie-eenheid 5]*. Tussen september 1940 en maart 1941 was hij in Besançon, Frankrijk. In de maanden april en mei 1941 lag zijn eenheid in Oost-Pruisen, ongetwijfeld in afwachting van de aanval op de Sovjet-Unie. De volgende melding plaatst Bruno tussen juni en november 1941 in Rusland, in de omgeving van Wjasma. De vreselijke Russische winter van 1941-1942 werd hem bespaard. De maanden december 1941 en januari 1942 werden in Frankrijk doorgebracht. In februari ging het echter weer richting Rusland en werd Bruno ingezet bij Staraja Russa, een oude stad in de omgeving van Demjansk. Vanaf 23 juli 1942 was Bruno ingedeeld bij een infanterie-eenheid. Niet wordt vermeld welke. Wel blijkt uit de gegevens dat Bruno op 15 november 1943 gewond raakte en werd overgebracht naar het reservelazaret in Bruchsal, niet ver van zijn geboorteplaats Karlsruhe. Hierna maakte hij deel uit van de *Genesenden Kompanie*[3] van het Grenadier Ersatz Battaillon 48. Daarna laat de informatie ons in de steek. We weten dat zijn familie een laatste levensteken ontving in maart 1945. Dan ontbreekt ieder spoor. Bruno Schoch maakt voor altijd deel uit van het grote leger van oorlogsvermisten.

---

2 Organisatie die informatie beheert over de voormalige Wehrmacht.
3 Eenheid waarbij een gewonde of zieke soldaat kon herstellen totdat hij weer geschikt was voor frontdienst.

Via het stadsarchief van Karlsruhe krijgen we aanvullende informatie. Daarbij bevindt zich zijn geboorteakte. Daaruit blijkt dat Bruno de zoon is van boekdrukker Karl Rudolf Schoch en diens echtgenote Katharina Schoch, geboren Schütz, beiden katholiek en wonend in de Auerstrasse 4 in Durlach. Bruno werd geboren in de Landesfrauenklinik in Karlsruhe. Daarmee is de informatie opgedroogd. Alle verdere naspeuringen blijven zonder resultaat. Diens gezicht en lot zullen in nevelen gehuld blijven.

Tien jaar na de aankoop van de helm van Bruno Schoch vindt er een toevallige gebeurtenis plaats. Een bevriende Russische verzamelaar heeft een interessante helm op de kop getikt. Deze is eveneens gevonden in het gebied rond Demjansk, nabij een bomtrechter in de omgeving van het dorpje Zaluszhy en is in goede staat. Ook deze helm is voorzien van een naam en een veldpostnummer, een nummer identiek aan dat in de helm van Bruno Schoch. Er staat, nog goed leesbaar na al die jaren: O. Gef.[4] Diebold, 26871. Hoe wonderbaarlijk is het om vele jaren na de oorlog dicht bij elkaar twee helmen op te graven die toebehoorden aan soldaten uit eenzelfde eenheid. Ook de helm van Diebold vindt zijn weg naar Nederland. Hij is goed bewaard gebleven inclusief het binnenwerk. De blauwe klei van Demjansk is een excellente schatbewaarder.

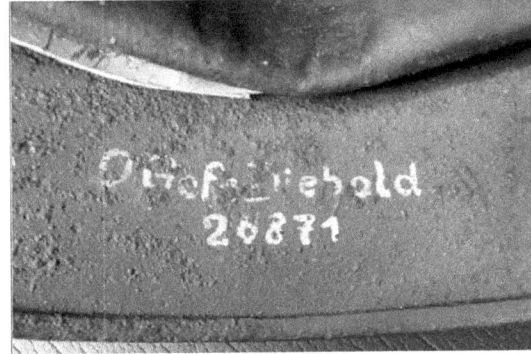

Bekend terrein

Opnieuw wordt er een speurtocht op touw gezet naar de 'mens achter de soldatenhelm'. Met de bekende hulp van de Deutsche Dienstelle is door de combinatie van naam, rang en veldpostnummer de identiteit al snel bekend. Deze heeft toebehoord aan de stabsgefreiter[5] Josef Diebold, geboren op 3 december 1914 in Bad Ditzen-

---

4   Obergefreiten = korporaal.
5   Korporaal.

bach. Josef maakte deel uit van 3.Beobachtungs-Abteilung [mot.] 5. Op 15 februari 1945 is hij gesneuveld bij Kojehnen in Samland, een schiereiland aan de Oostzee met als belangrijkste stad Königsberg. Zijn graf zou zich bevinden bij Neuhäuser in Samland.

Na een brief aan de gemeente Bad Ditzenbach krijgen wij als antwoord dat daar een zoon van Josef Diebold woont. Hij blijkt enig kind te zijn en is geboren tijdens de eerste oorlogsjaren. Zijn naam is Kurt. De verrassing en de ontroering zijn groot als hij bericht krijgt dat zijn vaders helm is gevonden. Via Kurt ontvangen we enkele foto's en brieven van Josef.

Artillerieobservatie, ogen, oren, meten en weten

Beide helmen, die van Bruno Schoch en die van Josef Diebold, hebben hetzelfde veldpostnummer, dat is afgegeven voor de *1. Vermessungs-Batterie Beobachtungs-Abteilung 5*. Wat weten we hiervan? In de herfst van 1935 richtte de Duitse Wehrmacht een nieuwe eenheid op, de Beobachtungs-Abteilung,[6] als opvolger van de zogenaamde *Licht- und Schallmesstrupps* uit de Eerste Wereldoorlog. Deze gemotoriseerde eenheden hadden primair tot taak het bepalen van de plaats van verdekt opgestelde vijandelijke artillerie. Dat deden ze door het lokaliseren van het mondingsvuur, de mondingsrook- of rookwolken, maar ook het geluid van het afschieten van een dergelijk stuk geschut. Met speciale berekeningen kon die plek dan bij benadering worden bepaald. Daarnaast ondersteunden ze de eigen artillerie bij het inschieten op vijandelijke doelen. In de Eerste Wereldoorlog speelden ook vliegtuigen en kabelballons een rol bij het uitvorsen van de schuilplaats van de vijandelijke artillerie. Doordat het Verdrag van Versailles de toenmalige Reichswehr een eigen luchtmacht en dus ook luchtverkenning verbood, ontstond de behoefte aan een observatie-eenheid bij de artillerie. In de artillerieregimenten van de 100.000 man tellende Reichswehr namen enkele batterijen, naast hun reguliere taak, ook de oorspronkelijke rol van *'Vermessungs-, Schall- und Lichtmessbatterie'* op zich. Uit deze batterijen ontstond in de herfst van 1935 de eerste Beobachtungs-Abteilung 5.

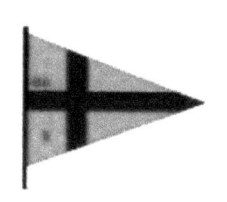

Deze eenheid, bestaande uit een staf en de operationele Vermessungs-, Schall- und Lichtmessbatterie, maakte deel uit van de 5de Divisie en werd ondergebracht in Landsberg-aan-de-Lech. Daar werd een gloednieuwe kazerne betrokken, de Hindenburgkazerne. Daar startte ook de training om samen te leren werken met de geschutseenheden. Zowel Schoch als

---

6 Observatie-eenheid.

Diebold maakten deel uit van de eenheid Vermessungsbatterie. Deze hield zich hoofdzakelijk bezig met het controleren van vaste meetpunten, het evalueren van resultaten en het voorbereiden van landmeetkundige documenten.

Het front wenkt

Eind augustus 1939 werd de afdeling naar het westen gedirigeerd en nam posities in aan het zogenaamde Oberrheinfront tussen Kehl en Offnburg. Josef Diebold maakte toen mogelijk al deel uit van de eenheid die daar tot eind december verbleef. In die periode vonden er geen gevechtshandelingen plaats. Rondom Kerstmis werd de afdeling opnieuw verplaatst, nu naar de Hunsrück. Daar bleef zij tot mei 1940. De ballonbatterij, die in de tussentijd deel van de eenheid was gaan uitmaken, ging bij Saarbrücken in stelling en maakte daar de Duitse doorbraak door de Maginotlinie mee. Aan het begin van de veldtocht tegen Frankrijk rukte de afdeling op via Trier naar Luxemburg, nam deel aan verschillende gevechten en bereikte op 24 juni Bourges. Daar bleef zij vooralsnog als bezettingsmacht. In januari 1941 volgde opnieuw een verplaatsing, deze keer in noordelijke richting naar Oostpruisen. Na aanvang van de aanval op Rusland ging de strijd via Kowno, Dünaburg en Cholmom om te eindigen in de ketel van Demjansk. Daar werd de hele eenheid, inclusief de waarnemers, als infanterie ingezet. De strijd was hevig, de verliezen groot. Tijdens het afslaan van vijandelijke aanvallen boekte de afdeling grote successen bij het verkennen en bestrijden van vijandelijke artillerie. Haar vakmanschap en inzet werden alom gevraagd en gewaardeerd. De tijd in de ketel van Demjansk was haar meest roemvolle periode. In juni 1942 werd de afdeling omgevormd naar de 'leichte Beobachtungsabteilung 5'.

Vanaf de ontruiming van de ketel tot de zomer van 1944 werd zij ingezet bij de verdedigingsgevechten zuidelijk van Staraja-Russa en noordelijk van Witebsk. De terugtochtgevechten, waarbij de afdeling opnieuw hoofdzakelijk als infanterie vocht, gingen via Polosk, Dünaburg en Riga tot aan de rivier de Memel. In april 1945, strijdend in Oostpruisen, raakte het grootste deel van de eenheid bij de capitulatie van de vesting Königsberg in krijgsgevangenschap. Het werd voor velen het begin van een barre tocht naar een onzekere toekomst.

Kennismaken met Josef Diebold

Van 8 juli 1929 tot 31 december 1932 volgde Josef een vakopleiding tot schilder in Geislingen. Eind 1932 legde hij met succes zijn 'Gesellenprüfung'[7] af. Waarschijnlijk

---

7   Eindexamen.

is hij daarna direct in dienst gegaan bij de Württembergische Metallwarenfabrik in Geislingen. Helemaal zeker weten we dat niet, maar het is wel zeker dat hij bij dit bedrijf werkte voordat hij tot de Wehrmacht toetrad.

Uit een brief die Josef op 27 november 1937 schrijft aan zijn toekomstige vrouw Rosa, blijkt dat hij op dat moment deel uitmaakt van de Wehrmacht en gelegerd is in Ulm. Rosa maakt zich zorgen of Josef, wiens koosnaam Sepp is, wel genoeg bidt. Josef reageert: *"Je schrijft dat ik af en toe het bidden zou vergeten, maar ik geloof dat ik het avondgebed nog nooit heb vergeten. Thuis was dat anders, daar bad ik meestal 's morgens en nu 's avonds. 's Morgens heb ik geen tijd, er is nauwelijks tijd om te eten. – Lieve Schat, dan moet ik mij ook nog zo vaak scheren. Gisteren ben ik opgevallen met mijn baard, toen kreeg ik het bevel om mij iedere dag te scheren."*

Josef Diebold in uniform.

Ruim anderhalf jaar later, op 11 juni 1939, bevinden Josef en zijn eenheid zich in Heusweiler, iets noordelijk van Saarbrücken, nabij de Franse grens. Uit een op die dag aan Rosa geschreven brief blijkt dat ze in de tussentijd zijn verloofd: *"We zijn nu al 10 dagen hier, dat is toch niet lang, maar als ik eraan denk dat wij zaterdag en zondag nog samen waren, is het voor mij toch lang. De omgeving hier is best mooi, maar thuis is toch altijd het mooiste. De mensen hier zijn ook erg aardig voor ons. Op woensdag gaan wij in ieder geval van kwartier wisselen, ik schrijf je dan gelijk het adres, maar dan zou ik ook kort daarna post willen hebben om te weten hoe het met je gaat. Jullie gaan al vast bijna hooien, maar om te schrijven zal er toch nog wel tijd zijn. Wij zijn met zijn vieren hier in het kwartier en niemand heeft tot nu toe al post ontvangen. Dat is een kleine troost voor mij, maar, afgezien daarvan, de anderen zijn nog niet verloofd."*

Josef en Rosa.

Het 'kwartierwisselen' waar Josef over schrijft betekent een verplaatsing naar het plaatsje Diff rten in de omgeving van Saarlouis, een kleine vijf kilometer van de Franse grens. Ergens in het najaar van 1939 treden Josef en Rosa in het huwelijk. Ondertussen hebben Duitsland en Frankrijk elkaar op 3 september 1939 de oorlog verklaard. Daarna volgt de lange periode van de zogeheten Schemeroorlog. De werkelijke veldtocht zal nog even op zich laten wachten.

Op 29 december 1939 schrijft Josef: *"Ik zou je graag persoonlijk een gelukkig Nieuwjaar wensen, maar het gaat helaas niet anders dan schriftelijk en ook op het nieuwe jaar proosten moeten we gescheiden doen. Ik geloof dat dit de eerste keer is dat we niet samen zullen zijn en misschien ook wel de laatste, tenminste... Het eerste jaar ben je naar Ulm gekomen en waren we toch samen, en nu zo ver van elkaar en daarbij zijn we nog wel getrouwd. Hoe mooi zou het zijn als we de lange avonden samen door zouden kunnen brengen en ook de saaie zondagen, maar ik wil dat alles graag verdragen als ik maar gezond weer terug kan naar mijn lieve vrouw. Gisteravond keerden de verlofgangers terug in een goede stemming. Eergisteren waren we weer aan de grens, daar hoor je de hele dag schieten en midden tussen de mijnenvelden is dat een heel vreemd gevoel. Koud is het ook. Gisteren kregen we allemaal vanuit Nesselried pakjes, van de mensen van onze vorige kwartieren. Ze schreven dat ze ons misten, zozeer hingen die mensen aan ons. De dochter van de kwartiermensen schreef of ik nog altijd zo brutaal tegen meisjes ben. Ik heb haar nu geschreven dat ik nu getrouwd ben en dat het nog erger is geworden. Wat zou mijn vrouw ook daarvan vinden als het anders was?"*

In een brief van 12 januari 1940 schrijft Josef dat hij verwacht dat ze in het voorjaar in het off nsief zullen gaan. Ook heeft hij een bijzondere gastheer in zijn kwartier: *"In het voorjaar zullen we aan de beurt zijn, maar dat geeft niets, ik heb tot nu toe 4 jaar voor niets gewerkt. Onze gastheer is op het moment met vakantie. Hij is bijna iedere avond dronken. Hij zegt vaak: "Werken kan ik niet... maar eten en zuipen!" Hij vloekt ook zwaar en was in 1914 in de oorlog. Hij zegt dat de zwijnenstal nu groter is dan destijds."*

Helaas zijn er maar weinig brieven van Josef bewaard gebleven. Afgezien van een kaart uit 1943 dateert zijn laatste brief van 21 januari 1940.

"Te velde, 21-1-40

Aan mijn lieve vrouw!
Lieve Rosa, ik moet je weer een pijnlijk bericht schrijven. Je hoeft echter niet te schrikken want het gaat over mijn horloge. Sinds gisteren wil het eenvoudigweg niet meer

lopen. Ik weet niet waarom niet. Ik heb echt problemen met dat ding. In de brochure van de fabriek zie ik dat hij 10 Mark kost, maar om 10 Mark uit te geven? Lieve vrouw geef mij goede raad. Misschien kan hij nog gerepareerd of kan ik er een krijgen voor 5 of 6 Mark. Als de wijzers licht geven zou dat goed zijn, want wij moeten altijd in de nacht opstaan en als je dan niet eerst licht moet maken voor je uit bed kunt kruipen zou dat fijn zijn. Kijk maar of je zo'n goedkope kunt krijgen, anders stuur ik je 10 Mark. Het moet wel graag snel, want het is een noodzakelijk ding.

Lieve Rosa, je zult wel zeggen dat ik veeleisend ben, maar wat kan ik anders. Vandaag was ik bij de dokter. Ik moet weer zo'n ellendige tand laten trekken. En dan is er ook nog de voet die ik in de vakantie heb verwond. Die is nog niet geheeld en heeft zelfs nog geëtterd. Wat vind je daar nou van? Als ik maar bij jou zou zijn, zou het mij allemaal niet uitmaken en zou ik alles graag verdragen. Een horloge zou dan ook niet nodig zijn. Jij hebt een grote klok en als je vrij bent heb je ook geen klok nodig. Jij zou mij wel zeggen wanneer het tijd is om naar bed te gaan en de radio geeft ook de tijd aan. Zojuist aten wij gestoofde niertjes met gebakken aardappelen. Dat smaakt beter dan het voedsel van de veldkeuken. Dan komt ook onderofficier Van der Flack en die brengt ook wat mee. Het zou goed uit te houden zijn, maar ik heb steeds zo'n heimwee naar mijn lieve vrouw. Onze gastvrouw zegt altijd: "Sepp schrijft iedere avond, maar mijn man neemt liever iedere avond een glas bier." Ik zeg dan dat als ik niet schrijf, dat ik dan ook geen post meer krijg. Dan zie ik liever af van dat bier.

Lieve Rosa dat horloge is mijn grootste pijn die ik je met deze brief meezend. Ik hoop dat ik snel bericht van je krijg, of nog beter een horloge. Als je zo lief wil zijn om mij een horloge te sturen, stuur het dan naar het adres van de mensen waar ik ben ingekwartierd want veldpost raakt soms kwijt. Maar als ik onverhoopt in de tussentijd moet verkassen, werkt dat ook niet. Laten we hopen dat we hier blijven.

Lieve vrouw, heb je al de stoel ontvangen die je had besteld? Dan kun je 's avonds uitrusten wanneer je de hele dag gestaan hebt. Ik heb graag een gezonde vrouw als ik weer naar huis kom. Kleed je steeds warm aan bij deze kou, want je ziekte is toch alleen een verkoudheid? Nu wil ik afsluiten in de hoop dat je voor mij zoiets over hebt. Ik wens je al het goede, kus je hartelijk in trouwe liefde.

Je man

Groeten aan de ouders. Een groet ook van Strubel, het zou beter zijn als man en vrouw samen waren. Hij zegt dat hij mij graag op vakantie zou sturen zodat hij het bed alleen heeft."

Blitzkrieg

Op 10 mei 1940 opent Duitsland de aanval op Frankrijk. Beobachtungsabteilung 5 rukt via Trier op naar Luxemburg. Op de rit tussen Luxemburg en Frankrijk wordt er een foto gemaakt tijdens een rustpauze. Josef en zijn kameraden maken van de gelegenheid gebruik om zich te scheren.

Josef links op de foto.

Door het ontbreken van brieven raken we het zicht op Josef wat kwijt, maar we weten dat zijn afdeling verschillende malen wordt ingezet tussen Bettingen, Esch en Longwy. Eind mei bereiken ze Sedan en Laon, het opmarsgebied van het 9de Duitse Leger.

Tijdens de Slag om Frankrijk werd de afdeling ingezet aan het Aisne-Oise kanaal. Na het oversteken van de Aisne en een inzet aan de Marne ten oosten van Château-Thierry, nam de afdeling deel aan de achtervolgingsgevechten over de Seine en de Yonne en bereikte op 24 juni Bourges. Daar werden ze ingezet als bezettingstroepen. De eenheid 'Vermessung' waar Schoch en Diebold toe behoorden, was niet groot. Het kan dan ook niet anders of de nog jonge Bruno Schoch en de iets oudere, maar ervaren rot Josef Diebold, moeten elkaar hebben gekend.

In de daaropvolgende maanden lag de afdeling afwisselend tussen Reims en Besançon. Toen de plannen voor de aanval op de Sovjet-Unie vorm kregen, werd

Josef, Kurt en Rosa.

zij verplaatst naar het oosten. Naar Oost-Pruisen om precies te zijn. Medio juni werden er stellingen betrokken aan de grens met Litouwen.

In het oorlogsjaar 1941 vindt er ook een heuglijk feit plaats. Josef wordt vader van een zoon. Hij heet Kurt.

Demjansk
Na de aanvang van Operatie Barbarossa, de aanval op de Sovjet-Unie, verliep de opmars via Kowno en Dünaburg voor de eenheid van Bruno en Josef voorspoedig. Het zwaartepunt van het offnsief van de Legergroepen Midden en Noord was gericht op Moskou en Leningrad. Het gebied waar beide mannen zich bevonden, een zwaar bebost, met meren bezaaid gebied tussen Leningrad en Moskou, lag minder in het brandpunt van de strijd. Behoudens de oude Russische hoofdstad Novgorod en de spoorlijn tussen Moskou en Leningrad was dat terrein op dat moment van geringe strategische waarde. De optimistische Duitse legerleiding ging ervan uit dat het eenvoudig in hun handen zou vallen nadat het Rode leger zou zijn overlopen. Het liep anders. Nadat het Russische 11de Leger zichzelf in veiligheid had gebracht, ging het in de verdediging ten zuiden van het Ilmenmeer. De generale staf wist dat de Duitsers, die vooral aan wegen waren gebonden, moeilijk zouden kunnen volgen in dit nagenoeg ontoegankelijke terrein van oneindige bossen en zompig moeras. Nadat ze wat op adem waren gekomen en versterkingen hadden ontvangen, begonnen de Russen aan een serie tegenaanvallen. Toch wisten de Duitsers verder in het gebied door te dringen en het dorp Demjansk te bereiken. Demjansk, een naam die spoedig een grimmige bijklank zou krijgen.

Gedurende de winter van '41 op '42 verstarde het front. Er was voor- noch achteruit. Tijdens deze periode werd de Beobachtungs-Abteilung als infanterie ingezet. Bruno en Josef, mannen van de theodoliet eerder dan van het geweer, werden tijdelijk zandhaas uit noodzaak. Begin januari 1942 stond het Duitse leger langs het gehele oostelijke front onder grote druk. De aanval op Moskou was mislukt en iedereen wachtte met smart op het einde van de strenge Russische winter.

Als onderdeel van het Winteroffnsief kreeg het Russische Noordwestelijk Front bevel om een tweeledige aanval uit te voeren. Het 11de Leger moest Staraya Russa veroveren en het Volkhov-front ondersteunen in een poging om het beleg van

Leningrad te breken. Het 1ste Stoottroepenleger moest aanvallen in zuidelijke richting en samen met het Kalinin-front de noordelijke vleugel van het Duitse 16de Leger omsingelen. Op 8 januari 1942 begon het Toropets-Cholm-offnsief. De aanval van het 11de Leger zorgde weliswaar voor terreinwinst, maar Staraya Russa bleef in Duitse handen. Het tweede deel van het offnsief verliep beter. Ondanks het moeilijke terrein en de winterse omstandigheden slaagde het 1ste Stoottroepenleger erin om ongeveer 90.000 Duitse soldaten te omsingelen nabij Demjansk, In een gebied van circa 3.000 vierkante kilometer, met een straal van ongeveer 300 kilometer om Demjansk heen, waren tienduizenden soldaten, onder hen de SS-divisie 'Totenkopf', 20.000 paarden en ongelooflijke hoeveelheden materieel ingesloten. Onder hen bevonden zich Bruno Schoch en Josef Diebold.

Josef in de Russische winter. De eetketels zijn gevuld.

Het omsingelde gebied bevond zich op 35 kilometer afstand van de frontlinie bij Staraja Russa. Nadat Hitler wist dat het omsingelde leger vanuit de lucht bevoorraad kon worden, beval hij de divisies om stand te houden totdat ze zouden worden bevrijd. Met dit doel voor ogen was men eind januari al begonnen met het aanleggen van twee vliegvelden ten oosten van Demjansk. Ondanks dat de benodigde dagelijkse 300 ton zelden werd gehaald, werden de ingesloten troepen toch redelijk succesvol bevoorraad. Ook de vanaf midden februari intredende gunstige weersomstandigheden droegen daaraan bij. Tussen 19 februari en 18 mei 1942 werden 22.093 gewonden uit de omsingeling gevlogen. De gehele bevoorradings- en reddingsoperatie legde echter een enorm beslag op de beschikbare capaciteit aan vliegtuigen. De situatie zou daarom weldra verslechteren.

Begin maart slaagden zo'n 6.000 soldaten van het 1ste Sovjet Luchtlandingskorps erin om vanuit het noorden, via de bevroren Newij-moerassen, het ingesloten gebied binnen te dringen. Zij glipten binnen tussen de dun bezette steunpunten Pustynia en Nory, blokkeerden bevoorradingswegen, overvielen in het achterland gelegen verzorgingstroepen en vielen de stellingen van de 30ste Infanteriedivisie bij Lytschkowo van binnenuit aan. De Duitsers sloegen de aanval uiteindelijk af. Na taaie, zich tot eind april voortslepende gevechten, lukte het de Duitsers om de van verzorging afgesneden Russische luchtlandingstroepen te vernietigen of gevangen te nemen.

De strijd in en rondom het omsingelingsgebied werd met uitermate veel venijn gevoerd. Exemplarisch voor de strijd rondom Demjansk zijn de ervaringen van Paul Krauss,[8] die als officier in de SS-divisie 'Totenkopf' in dit gebied was ingezet. Diens pen beschrijft de ellende op een voor een SS'er ongewoon invoelende manier: *"Het was de 16de september 1941. Die dag werd ik 28 jaar oud. Ik was Untersturmführer [luitenant] en had de leiding over een peloton van de 6de Compagnie van Infanterieregiment SS Totenkopfdivisie. Een dag tevoren was onze compagniechef H. Stuf. Bunsen[9] gesneuveld en ik werd geacht nu de hele compagnie te leiden. Wij hadden een egelstelling betrokken op een kleine heuvel, en, omdat deze dag zonder gevechten was verlopen, wikkelden wij ons na de indeling van de wachtposten in tentzeil en deken om zo goed mogelijk te kunnen slapen. Die nacht viel de eerste sneeuw. Een mooie, witte verjaardag, dacht ik 's ochtends toen ik de sneeuw van mijn bevroren tentzeil klopte. In deze nacht hadden wij het allemaal behoorlijk koud gehad. Het zou fijn zijn geweest als onze troepen met behoorlijke winterkleding uitgerust zouden zijn. Had men bij de legerleiding dan niet van de veldtocht van Napoleon naar Rusland geleerd?*

De nacht was rustig verlopen en dus kon ik het bataljon melden: "Rustige nacht, geen verliezen, gevechtssterkte 65 man." Wij lagen niet ver van Borok, een dorpje dat wij moesten veroveren. Het stond weliswaar op de landkaart, maar in werkelijkheid bestond het niet, dat wil zeggen niet meer! Het oorlogsgeweld had de eens door mensen bewoonde plek tot een hoop puin gedegradeerd. Verder op de vlakte, achter Borok, lag een bosje dat door de vijand werd bezet. Daar moesten wij doorheen om ons eigenlijke doel, Kirrilowschtschina te bereiken. Dat het bos door Russen was bezet, was ons bekend. Wat wij echter niet wisten, was dat wij een eenheid vrouwen tegenover ons zouden treffen,

---

8 Paul Krauss had de rang van Untersturmführer [Luitenant] en leidde een peloton van de 6de compagnie van het Infanterieregiment SS Totenkopfdivisie. Ondanks een aantal serieuze verwondingen overleefde hij de oorlog.
9 Hauptsturmführer.

die nota bene toen wij aanvielen zich lange tijd dapper en verbeten weerde. Pas toen de laatste vijand op de vlucht was geslagen en wij de her en der verspreide gewonden verzamelden, merkten wij dat wij met vrouwelijke tegenstanders te maken hadden.

In de regel namen de Russen hun doden en gewonden mee, voor zover dat mogelijk was, maar hier troffen wij een complete verbandpost aan met gewonden die niet konden lopen. Ook stonden er twee ziekenwagens met een groene halvemaan erop. Een vrouwelijke arts met de rang van kapitein had er de leiding. De soldaten die niet waren ontkomen, werden, zoals gezegd, verzameld en naar hun eigen verbandplaats gedragen. Toen langzaam duidelijk werd dat het allemaal gewonde vrouwen waren bekroop mij een beklemd gevoel. Wij allen hadden respect voor deze vrouwen die zich bepaald niet slechter hadden gehouden dan hun mannelijke landgenoten. Ik had vooral respect voor de vrouwelijke dokter die gelegenheid had gehad om te vluchten, maar bij haar gewonde kameraden was gebleven. Deze dappere vrouwen waren ook in de dood en gevangenschap achtenswaardige krijgers, trouw aan hun vaderland, iets wat wij Duitsers konden waarderen. Wat nu, dacht ik bij mijzelf. Er was een situatie ontstaan die in geen enkel soldatenleerboek is te vinden. Ik heb toen iets gedaan wat ik volgens mijn opleiding als militair nooit had mogen doen. Ik beduidde de Russin met gebaren dat zij de zwaargewonde vrouwen met behulp van de lichtgewonden in de twee ziekenwagens moest laden totdat beide wagens vol waren. Ik wees toen in de richting van de Russische linies die zeer zeker niet ver verwijderd waren en zei: "Dawai, dawai na Domoi!"[10] *De vreugde in het gezicht van die vrouw met haar stralende zwarte ogen en de kleine Mongolenrimpels ben ik tot op de dag van vandaag niet vergeten. Zij stuurde de ziekenwagens weg en ging, nadat zij ook nog onze gewonden had verzorgd, met enkele andere vrouwen in krijgsgevangenschap. Ik zou haar enkele weken later weerzien.*

Vermeldenswaard is niet alleen de dapperheid van deze vrouwen, maar ook het feit dat hun regime hen naar het front stuurde om daar als mannen te vechten. En niet alleen daarvoor, ook om andere zeer onaangename dingen als luizen te ervaren en verdragen. Het duidt erop dat in een communistische maatschappij iedereen gelijk is en als zodanig wordt behandeld. In de laatste zware oorlogsjaren werden in Duitsland, bij gebrek aan mannen ook vrouwen in dienst genomen, maar nooit bewapend. Ze dienden alleen als verpleegsters, personeel bij vliegtuigonderhoud en als telegrafisten. Nooit als soldaat dus.

Eind oktober
Door de voortdurende gevechten waren we nog maar met elf man over. We hadden op een heuvel een egelstelling gebouwd en moesten daar een gevechtslinie van een kilometer

---

10   Domoi betekent huis. In het Nederlands is het vooruit naar huis, of verdwijn naar huis!

lengte verdedigen! Dit alles bij een temperatuur van enkele graden onder nul, zonder winterkleding en nauwelijks iets te eten. De 'Spiess' [sergeant-majoor, ook wel moeder van de compagnie genoemd] had mij verteld dat er de komende dagen niet op proviand gerekend hoefde te worden, aangezien de logistiek het vanwege de onbegaanbare wegen niet kon klaarspelen. Mijn antwoord was simpelweg: "Slacht die paar Russische paarden dan maar. Wij moeten iets in onze maag zien te krijgen." Zogezegd, zo gedaan. Daarna kregen we enkele dagen gehaktballen.

Met onze paar mannetjes liepen wij maar een half uur wacht, ook ik als compagniechef. Wij lagen in een voormalige tussenbunker die wij op hen hadden veroverd. Op 29-10-41 rinkelde mijn veldtelefoon. Iemand van het bataljon. Een stem zei nogal indringend: "Luister, niet opleggen!" Ik hield het toestel omhoog, opdat iedereen kon meeluisteren. Daarna hoorden wij: "Hier is de soldatenzender Belgrado, jullie horen nu een speciale uitzending voor de frontsoldaten." Plotseling klonk de stem van Lale Anderson uit de luidspreker met het beroemde lied van Lilly Marleen: "Vor der Kaserne, vor dem großen Tor, steht eine Laterne, und steht sie noch davor." Het raakte ons ten zeerste, het ging eenvoudig ons hart in. Toen wij ver van huis, ongewassen, ongeschoren, hongerig en vol met luizen deze tekst met muziek hoorden, sprongen ons de tranen in de ogen, ook bij mij. Iemand zei: "Dat brengt hoop. De oorlog kan niet meer lang duren!" De euforie was helaas van korte duur toen daarna de stem van de bataljonscommandant met een ontnuchterende boodschap kwam: "Morgenochtend komt een V.B. bij jullie, leg jullie probleem aan hem uit [V.B. is een zogenaamde vooruitgeschoven artilleriewaarnemer].

Een dag later
De V.B. is gekomen en ik legde de situatie uit. Aangezien de afstand van ons tot de Russische linie slechts 50 tot 70 meter was, kon men daar natuurlijk goed zien wat er aan de hand was. Ik liet de VB een plaats zien waar vrij veel Russen waren, opdat hij, goed gecamoufleerd, rustig over onze dekking heen alles in zich kon opnemen. Op de weg terug naar onze bunker hoorde ik het kenmerkende geluid van een Russische mortier. Vijf keer een plop, de zesde plop heb ik niet meer gehoord. Deze sloeg in mijn onmiddellijke omgeving in, vlak voor onze bunker. Ik werd in de bosjes geslingerd en zag onze Spiess nog op mij afrennen. Hij bracht mij naar de bunker. Later bleek dat ik van top tot teen vol splinters zat. Ik probeerde een diepe ademhaling, dat had ik geleerd. Er kwam geen bloed uit mijn longen. Die waren dus gelukkig niet getroffen. Ik kon mij nog telefonisch bij de bataljonscommandeur afmelden, die eerst nog vroeg of het werkelijk niet meer ging. Ik zei: "Nee, mijn hoofd hangt er scheef bij." Later merkte ik pas de andere verwondingen op. Mijn Spiess sleepte mij daarop naar de verbandplaats, waar ik een noodverband kreeg. Daarna ging het naar de hoofdverbandplaats en weer

verder naar het veldlazaret in Demjansk. Het verhaal van de weg daarheen wil ik mijzelf besparen. Iedere gewonde soldaat kent de kwellingen die men moet doorstaan. Het gehobbel over de ongelijke Russische wegen was verschrikkelijk. Ik was niet de enige op weg naar Demjansk. Gedurende het transport stierven enkele kameraden. Die werden dan onderweg uitgeladen en zolang in een schuur achtergelaten. Ik was een van hen. Ik was bewusteloos [bloedverlies], en men dacht kennelijk dat ik ook dood was. Toen ik enigszins bij mijn positieven was gekomen, zag ik een paar broekspijpen met brede rode strepen. Ik dacht nog, oh dat is de oorlogsgod die zijn buit van die dag komt tellen. Idioot natuurlijk, maar plotseling zag ik nog een gestalte, weliswaar onduidelijk, met korte zwarte haren en gitzwarte ogen. Dat was die vrouwelijke Russische arts!"

Deze Duitse soldaat vecht niet alleen tegen de kou in dit zwaar beschadigde gebouw.
Hij let scherp op zijn omgeving, beducht voor vijandelijke aanvallen.

Ik klopte met mijn hand op de vloer en zij boog zich voorover en raakte mij aan. Dat merkte ik nog, maar toen viel ik weer weg. Bizar. Zo gaat dat. Door ziekenverzorgers voor dood achtergelaten, bijna bevroren en doodgebloed vindt deze Russin mij en laat mij naar het ziekenhuis in Demjansk brengen. Zij heeft mij daar ook geopereerd en ik bedank haar dat ik mijn hoofd weer normaal kan bewegen. Dat alles hoorde ik echter pas later van de verpleger die mij verder verzorgde. De halsoperatie was erg lastig geweest, vertelde hij mij toen ik weer moeizaam moest leren slikken.

Tot het voorjaar lag ik in dit veldlazaret in de 'Kessel von Demjansk', nog altijd omsingeld door de Russen! Na de bevrijding uit die netelige positie zou ik eigenlijk naar

Königsberg worden verplaatst, maar ik vroeg om mij naar het ziekenhuis van Coburg te brengen. Daar verbleef mijn vrouw intussen bij haar ouders. Het werd mij toegestaan.

Natuurlijk volgde er na het ziekenhuis een zogenaamde K.V.-keuring, met de vraag of ik 'Kriegsverwendungsfähig' was, geschikt voor de oorlog of niet. Het werd niet. Mijn toestand was volgens de arts niet zodanig dat ik weer naar het front kon. Ik meldde mij echter weer vrijwillig en moest na doktersonderzoek een verklaring tekenen dat ik vrijwillig terug wilde. Het gevoel dat ik mijn kameraden in de steek liet en zij alles alleen op zouden moeten knappen deed mij deze beslissing nemen."[11]

Op 20 maart trad ten zuiden van Staraja Russa stoottroep Seydlitz aan voor de zogenaamde operatie Brückenschlag. Doel: de omsingeling doorbreken. Deze ontzettingsmacht bereikte exact een maand later het dorp Ramuschewo aan de Lowat. Zij slaagde erin om over de rivier heen contact te maken met de ingesloten troepen en een corridor te forceren. Deze, op het smalste punt slechts 4 kilometer brede doorgang, werd de daaropvolgende weken in noordelijke en zuidelijke richting verbreed. Omdat deze ene uitweg voor de verzorging van de troepen onvoldoende was, moest de bevoorrading door de lucht ook doorgaan. Eind oktober werd deze echter beëindigd omdat de vliegtuigen nodig waren voor de bevoorrading van de bij Stalingrad ingesloten troepen. De tol was echter hoog. Tijdens de bevoorrading van de troepen bij Demjansk gingen maar liefst 262 transportvliegtuigen verloren door vijandelijk vuur, ongelukken en mislukte landingen. Tot opluchting van de legerleiding kon de corridor verder worden verbreed, waardoor er een extra bevoorradingsweg kon worden aangelegd. Tot februari 1943 werden de corridor en de saillant bij Demjansk in stand gehouden. Daarna trokken de Duitse troepen terug op een kortere en meer compacte frontlinie westelijk van Demjansk. Voor het enorme verlies aan mensen, materieel en voorraden door het standhouden bij Demjansk hebben de troepen bij Stalingrad mogelijk een zeer hoge prijs betaald.

Februari 1943. De Duitse troepen trekken in stilte terug door de corridor. Weg uit het moerassige, bosrijke gebied bij Demjansk. Weg uit de moeizaam gebouwde en al die maanden goed onderhouden stellingen. Als een dief in de nacht druipen ze af. Dit was het moment dat de helmen van Bruno Schoch en Josef Diebold achterbleven in de verlaten vochtige onderkomens. Naar het waarom kunnen we slechts gissen. Was de terugtocht gehaast? Zijn ze simpelweg vergeten? Kwijtgeraakt? We weten het niet.

---

11 go2war2.nl/artikel/1069/Paul-Krauss-3-SS-Divisie-Totenkopf

Voor Bruno en Josef ging de strijd door. Wat beide soldaten in deze twee lange jaren van strijd nog meemaakten is verloren gegaan in de mist van de geschiedenis. Van Josef rest nog een getekende verjaardagskaart aan zijn vrouw Rosa.

Bruno raakte vermist, ergens in de Baltische staten. Josef sneuvelde op 15 februari 1945 bij Kojehnen in Samland, niet ver van Königsberg in Oost-Pruisen. Diens vrouw Rosa ontving de volgende brief:

"Ernst Stoll   *Te velde, 20.2.45.*
Oberleutnant
21322

Geachte mevrouw Diebold!

In diepe bewogenheid moet ik vandaag, als batterijchef van uw man Josef Diebold, de treurige plicht vervullen u mede te delen, dat hij op 15 februari bij Koychnen in Samland bij het grote strijden om het bestaan van het Vaderland, in de grote strijd om de eindoverwinning, zijn leven heeft geofferd.

De batterij verliest in hem een van haar beste meetwaarnemers die altijd, vervuld van de hoogste plichtsbetrachting en betrouwbaarheid, zijn verantwoordelijke taak heeft uitgevoerd en voor allen een geliefd en gewaardeerde kameraad was.

We hebben hem op 18.2.45. in aanwezigheid van zijn kameraden in Uenhäuser [ten noorden van Pillau] met militaire eer te ruste gelegd.

Moge U, geachte mevrouw Diebold, daarin een troost vinden dat uw man, trouw aan zijn eed, het hoogste offer heeft gebracht voor de vrijheid van zijn Duitse Vaderland, en dat hij als dappere soldaat naar het Grote Leger geroepen is.

Mijn oprechte groeten zijn voor U.

Heil Hitler!
Ernst Stoll Oblt.

Diverse door Josef tijdens zijn veldtocht naar huis gestuurde foto's. Op diverse foto's is Josef zelf afgebeeld. Ook zijn helm zien we terug, geplaatst op een tentstok.

II

Hinrich Corleis
De slachting bij Mjasnoj Bor

Novgorod, mei 1942
Novgorod-Veliki, Novgorod de Groote, gelegen aan de rivier de Volchov, is een van de oudste en meest roemrijke steden in Noordwest-Rusland. Ten noorden liggen uitgestrekte moeras- en bosgebieden. Eveneens in noordelijke richting vloeit traag de eerdergenoemde Volchov. Deze ontspringt in het iets ten zuiden van Novgorod gelegen Ilmenmeer en stroomt over een lengte van 224 kilometer naar het Ladogameer, niet ver van Sint-Petersburg. Het is een nat en drassig gebied. Het Duitse leger veroverde Novgorod op 15 augustus 1941 en zou daar blijven tot januari 1944. De oevers van de Volchov zouden al die tijd de frontlinie vormen tussen het Ladogameer en het Ilmenmeer.

Vage witte letters
In de zomer van 2015 gaan lokale Russische amateurarcheologen op pad in de onherbergzame bossen in de omgeving van Podberezye, een gehucht ongeveer 25 kilometer noordelijk van Veliki Novgorod. Zij graven oude Duitse onderkomens uit in de moerassige bodem. Het is geen eenvoudige klus want het grondwater staat hoog. Het is een strijd tegen het water. De grondsoort in dit gebied noemen de Russen blauwe klei. Kenmerk daarvan is dat voorwerpen, vaak op grote diepte gevonden, bijzonder goed geconserveerd zijn gebleven. Ook leren voorwerpen zijn vaak nog volledig gaaf. Dat geldt ook voor de Duitse helm die daar in de zomer van 2015 wordt opgegraven. Als eenmaal de klei er is afgespoeld, komt de authentieke grijsgroene verf tevoorschijn. Ook het door de klei zwart uitgebeten leren binnenwerk is nog onbeschadigd en soepel. De verrassing is groot als in de achterrand van de helm nog vaag witte letters zichtbaar zijn: H. Corleis. Meer niet. Helaas geen veldpostnummer.

Via een netwerk van verzamelaars maakt de helm opnieuw een lange reis. Van Veliki Novgorod naar Volgograd en van Volgograd naar Nederland.

De speurtocht naar informatie over soldaat H. Corleis levert al snel resultaat op. De familienaam Corleis komt sporadisch voor in Duitsland, en dan nog voornamelijk in Noord-Duitsland, tussen Bremen en Hamburg. Ook in het register van de Duitse gravendienst komt de naam amper voor. We zoeken op voornaam of, bij het ontbreken daarvan, op voorletter en familienaam. Er staan slechts vier personen met de naam H. Corleis vermeld. Twee daarvan zijn in Rusland gesneuveld. Een in het zuiden en een... bij Novgorod. Het kan bijna niet anders, het is de helm van Unteroffizier Hinrich [Hendrik] Corleis, geboren op 16 februari 1908 te Hedendorf, gesneuveld op 30 mei 1942 in Sesnitzi bij Novgorod-Veliki. Hinrich is ter plaatse begraven op het erekerkhof van de 58ste Infanteriedivisie. Uit navraag bij de Deutsche Dienststelle blijkt dat hij deel uitmaakte van Infanterieregiment 220 [I.R. 220], 4de Compagnie.

Na wat speurwerk blijkt er in Noord-Duitsland nog maar één familielid in leven. Het is de dan 76-jarige zoon van Hinrichs zus Anna. Hij heet Bernd Möller en is geboren op 30 mei 1940. Toeval of niet, op de dag af op diens tweede verjaardag sneuvelt Hinrich.

Bernd Möller beschikt over enkele, nog tastbare, herinneringen aan Hinrich: een stapeltje veldpostbrieven en een handgetekende landkaart van het front. Het had maar een haar gescheeld of deze herinneringen waren voor altijd verdwenen. Na Hinrichs dood bewaarde zijn zus de brieven zorgvuldig in een etui. Nadat zij was overleden, werd het ouderlijk huis leeggehaald en werd het etui met daarin de brieven, achteloos in een container gegooid. Door een toeval zag Bernd het en wist hij de brieven te behouden.

Hinrichs jeugd

Hinrich Joachim Friedrich Corleis werd op 16 februari 1908 geboren in het Noordduitse Hedendorf, 25 kilometer ten westen van Hamburg. Het is een klein boerendorpje op de grens van de Elbevlakte en de heuvelachtige geestgronden van het achterland. Hinrich was de zoon van landbouwer Johann Nicolaus Corleis en Margaretha Fitschen. Hij had een oudere zus, Anna Margaretha, en een ouder broertje Johannes dat echter twee maanden na Hinrichs geboorte overleed. Toen Hinrich anderhalf jaar oud was, werd het gezin verblijd met de geboorte van zusje Anna Martha. In 1912 kwam er nog een zoon, opnieuw een Johannes.

Sport neemt een belangrijke plaats in Hinrichs jeugd in, vooral turnen. In 1922 is het plaatselijke café het toneel van de oprichting van een turnvereniging. De cafébaas stelt een krediet ter beschikking, zodat er een bok kan worden aangekocht. Enkele andere turntoestellen worden geleend van een vereniging uit een buurdorp. Het aantal leden neemt snel toe, en een jaar later stelt de gemeente een veld ter beschikking. Weer een jaar later is dat veld omgetoverd tot sportveld. Als kers op de taart kan de vereniging met giften uit de gemeenschap nu ook een vaandel aanschaffen.

Drie augustus 1924 is een feestelijke dag voor Hedendorf. Die dag worden het sportveld en het nieuwe vaandel ingewijd. Er poseren 27 jonge mannen, geheel in witte sportkleding, trots met hun verenigingsvlag. Op de tweede rij zit de dan 16-jarige Hinrich, keurig rechtop met de armen over elkaar. Die dag behaalde hij in de driekamp de twaalfde plaats en als herinnering kreeg hij een fraai vormgegeven 'Ehren-Urkunde'. Hinrich staat afgebeeld op de tweede rij, zittend met de armen over elkaar, tweede van links.

Hinrich doorliep de Volksschule en werd aansluitend opgeleid tot fruitteler, blijkbaar tegen de zin van landbouwer Johann Nicolaus, zijn vader. Die schonk hem een drassig stuk grond dat bijna voortdurend onder water stond. Daarop moest de jonge fruitteler zich maar zien te bewijzen. In 1937 overleed Hinrichs moeder Margaretha. Intussen ploeterde Hinrich verder. Of het moeizame bestaan van fruitteler heeft bijgedragen aan diens keuze om dienst te nemen, zullen we nooit weten.

Vrijwillig het leger in
Hinrich werd ingelijfd bij de 58ste Infanteriedivisie, Infanterieregiment 220 [I.R. 220]. De divisie werd op 26 augustus 1939 gevormd en I.R. 220 werd ondergebracht in Buxtehude, Wandsbek, Ahrensburg, Stade en Oldenburg, plaatsen in wat later Nedersaksen zou gaan heten. In mei en juni 1940 werd de divisie ingezet tijdens de veldtocht in het westen en was ze actief in de omgeving van de Maas. Op 4 juli 1940 zette de divisie vanuit Frankrijk koers naar het noorden, naar België, om als bezettingstroepen te dienen. Het 220ste I.R. werd ondergebracht in Sint-Truiden [Saint-Trond]. De militaire routine van voorheen keerde terug. Net als na afl op van de jaarlijkse grote oefeningen in vredestijd werd de dienst ingedeeld. Afwisselend gingen de manschappen met verlof en werd er gewerkt aan het reinigen en herstellen van wapens en vervoermiddelen. De paarden mochten bijkomen van de inspannende tochten die ze de afgelopen maanden hadden gemaakt. Ook geplande oefeningen vonden weer plaats. Vers bloed, de mannen vulde door uitval en verliezen ontstane lege plekken. Specialisten kregen bijzondere scholing om hun kennis en vaardigheden verder uit te bouwen. Kleine en grote oefeningen werden georganiseerd. Naast het werk bleef er nog tijd voor ontspanning. In de avonden werden er regelmatig fil - en variétévoorstellingen verzorgd.

Hinrichs ouderlijk huis.

Hinrich is bepaald geen veelschrijver. De eerste brief naar huis dateert van 18 november 1940. Hij bericht zijn vader en zuster Anna dat hij na een moeizame reis goed is aangekomen bij zijn regiment, maar wel met enige vertraging. In Hamburg was er luchtalarm waardoor hij twee uur in een schuilkelder onder het centraal station had moeten doorbrengen. Als hij dan eindelijk bij zijn regiment aankomt, moet hij direct wachtlopen. De compagnie heeft die zondag een groot sportfeest waar iedereen aan moet meedoen. Verlofgangers worden bij hun terugkeer dus direct ingedeeld voor de wacht. Hinrich heeft, volgens eigen zeggen, gevloekt, maar achteraf is hij blijkbaar blij dat hij niet tot de deelnemers behoort. Die druppelen na afl op van het 'sportfeest' namelijk drijfnat van de regen en verkleumd van de kou hun kwartieren binnen.

Kerst 1940 zit de divisie nog altijd in België. De dag wordt gevierd met een warme maaltijd, alcoholische dranken als grog en punch en geschenken. De viering van het nieuwe jaar gaat er stevig aan toe. Hinrich staat oudejaarsavond achter de bar in de kantine en schrijft op de kersverse eerste dag van 1941: *"Het nieuwjaarsfeest gisteren was mooi, maar wel een beetje wild. Het begon 's avonds om 9 uur met worstjes, zo'n 6 à 8 per persoon, ook van die grote, en aardappelsalade. Je kon je buik echt vol eten. Daarna was er punch en ook nog sekt. Vervolgens ging het vertier los.*

Ik ben tegenwoordig barman in de kantine en om middernacht werd het er erg druk. Tot een uur of 4 werd er door iedereen stevig gedronken. Daarna was het een grote chaos. Flessen en glazen werden kapot gesmeten, ruiten ingeslagen en de oven omgegooid. De kantine zag eruit alsof je er alleen nog met lange laarzen doorheen kon waden, een grote bende dus. Maar ik ben er goed uitgekomen. Als iedereen dronken is, zit het geld namelijk ook niet meer zo vast.

Vandaag is niemand goed te spreken. Ze willen niets meer zien of horen. Het is ook slecht weer. Vandaag sneeuwt het de hele dag. Gisteren was er de hele dag regen. Nu vriest het ook weer."

Tot eind april 1941 verandert er niet veel. Dan blijkt uit de brieven van Hinrich dat er in april 'iets in de lucht hangt'. De oefeningen worden opgevoerd, bijna dag en nacht zijn ze druk bezig. Oefenen, oefenen en nog eens oefenen. Er heerst een gevoel van onzekerheid. Op 20 april wordt Hinrich tot zijn eigen verbazing bevorderd tot onderoffic r. Veel nieuws heeft hij verder niet te melden, of het moet een incident zijn waarbij Engelse vliegtuigen een boerderij bombarderen. De schade valt reuze mee. Het waren blindgangers. De verrassing is groot als blijkt dat de boer een van de granaten heeft opgetild, meegenomen en in de woonkamer gezet, zich kennelijk niet bewust van het explosiegevaar. Op 21 april 1941 vertrekken voorverkenners. Niemand weet wat hun bestemming is. Hun vertrek ontlokt onder de manschappen een algemeen raden en een stroom van geruchten. Keert de divisie terug naar Duitsland of wacht haar een andere taak?

Richting het oosten

Dan komt er een einde aan het gissen. De eenheden bereiden zich voor op een transport per trein. Op 24 april vertrekt de divisie via Aken en Hamburg naar de omgeving van Elbing in Oost-Pruisen waar zij wordt ondergebracht. Weer is het oefenen troef. Het is mei, nog steeds erg koud en er ligt nog sneeuw. Hinrich wordt, samen met een andere soldaat, ingekwartierd in een grote boerderij. Het is een goed onderkomen. Hij schrijft dat de boerenfamilie tijdens de afgelopen winter door een groot onheil werd getroffn. De boer was betrokken bij de veldtocht tegen Polen en was gezond teruggekomen. Tijdens het werk in het veld was hij echter bedolven geraakt onder een berg bieten en om het leven gekomen. De boerderij werd nu geleid door diens echtgenote en haar 21-jarige zoon.

Dan, op 8 juni, komt voor Hinrich het bevel om zich voor vertrek gereed te maken. De avond van de volgende dag begint een heimelijke mars door Oost-Pruisen. Er wordt alleen 's nachts gemarcheerd. De 58ste Infanteriedivisie is niet de enige divisie die deze dagen onopvallend onderweg is. De divisie verdwijnt in de uitgestrekte bossen aan de Koerse Haf, een zoetwaterbinnenmeer tegen de Oostzee aan. Op 20 juni wordt duidelijk dat er een nieuwe veldtocht voor de deur staat, deze keer met de machtige Sovjet-Unie als tegenstander. In de nacht van 21 juni komt de divisie bij Heydekrug aan en betrekt daar bivak. Dan volgen de laatste bevelen. Het wordt een korte nacht.

Operatie Barbarossa

De 22ste juni 1941 om 03.00 uur in de vroege ochtend klinkt er op de grond luid kanongebulder en is de lucht doordrongen van het dreigende motorgeluid van de honderden toestellen die de grens met Litouwen overvliegen. De aanval op Sovjet-Rusland is begonnen. Kort na het passeren van de grens merken de soldaten al dat ze in een andere wereld zijn beland. De wegen zijn slecht, de bossen aan beide zijden van de weg waarlangs ze oprukken onverzorgd, wild en schier ondoordringbaar. De huizen in de dorpen zijn armoedig en vervallen. Het is duidelijk dat deze omgeving bijzondere eisen stelt. De divisie marcheert nu aan een stuk door. Bij dag en bij nacht, bij regen en bij hitte. De tocht gaat door Litouwen en Letland. Op 5 juli voert hij door Riga. Op 12 juli wordt de Russische grens overschreden en Pleskau bereikt. Daar buigt de divisie naar het noorden af en trekt door schijnbaar oneindige bosgebieden met wegen die iemands voorstellingsvermogen te boven gaan: rul zand waarin het uiterst moeizaam vooruitkomen is, per auto, te voet en te paard, stap voor stap, meter voor meter. Een kolonne met voorraden brandstof is bijvoorbeeld 17 uur in touw om een afstand van 30 kilometer te overbruggen.

Onderweg vinden her en der schermutselingen plaats. Omstreeks 1 augustus bereiken Hinrich en zijn kameraden eindelijk de Narwa, de rivier die haar naam gaf aan de nabijgelegen stad. De oversteek is niet eenvoudig. De Russen verzetten zich met man en macht. Marcherend, dan weer vechtend, trekt de divisie steeds verder de wijdte van het onbekende land in, het kompas gericht op Leningrad. Zo gaat dat ruim vijf weken lang. De weg naar Leningrad moet met dagelijkse gevechten en onder alle weersomstandigheden worden veroverd. Vooral de bosgevechten zijn een mentale en fysieke belasting van de ergste soort. Iedere stap kan voor een verrassing zorgen. Rust is er nauwelijks, niet overdag en niet gedurende de nachtelijke uren. De Russen benutten het donker niet enkel voor hun tegenaanvallen, maar ook om de kostbare nachtrust van hun tegenstander te verstoren. In de schuttersputten moet men hitte en kou, zon en regen verdragen totdat het weer verder gaat. Dagelijkse verliezen dunnen de compagnieën uit. Sommige eenheden zijn zelfs tot minder dan 25 man gekrompen.

Leningrad

De avond van de 11de september wordt de noordelijke rand van Krassnoje Sselo bereikt. Daar was voor de revolutie de zomerresidentie van de tsaar. De divisie ligt dichtbij Leningrad. Vanaf de omringende heuvels kan men de stad en de Finse golf zien liggen. Leningrad, het doel van de noordelijke operaties, is binnen handbereik. De Duitse kanonnen kunnen tot in het stadscentrum vuren. De tegenstander is verrast en in de war. Voor de ogen van een beduusde Hinrich strekt zich een miljoenenstad uit. De toren van de Sint Izaäk Kathedraal, de slanke spits van het admiraliteitshuis en de rokende schoorstenen van de industriecomplexen die dagelijks wapens produceren liggen bij wijze van spreken aan zijn voeten. Zijn verwondering over de grootsheid is die van een eenvoudige dorpsjongen. Talrijke artilleriebeschietingen en vliegtuigbombardementen veranderen daar weinig aan.

De opmars is tot een halt gekomen. De verschillende regimenten graven zich in, het 220 I.R. in de omgeving van de spoordijk bij het dorp Uritzk. Even later is de omsingeling van Leningrad finaal. Talloze malen proberen de Russen deze te doorbreken. Tevergeefs. Uiteindelijk staken ze hun pogingen en wordt het rustiger aan het front. Als in een schaakwedstrijd tussen twee gelijkwaardige tegenstanders is er een impasse ontstaan. Vooruit is lastig, achteruit geen optie. Daarom bouwen de Duitsers hun stellingen uit en treffn zij voorbereidingen voor de naderende Russische winter. Ook voor de dieren worden onderkomens gebouwd. Dan valt de Russische winter. Door de kou vallen locomotieven uit. Dat geeft grote problemen. Vooral het voer voor de paarden wordt in veel te geringe hoeveelheden aangevoerd. De arme dieren zijn gedwongen om takken te eten en te knagen aan planken en balken. Veel paarden sterven. Intussen blijft het opmerkelijk rustig aan het front. Temperaturen van 40 graden onder nul brengen nieuwe ervaringen in het gebruik van de wapens met zich mee. Vooral de richtmiddelen moeten goed worden beschermd. Ook met het voedsel moet behoedzaam worden omgegaan. Aardappels worden in grote hoeveelheden vorstvrij opgeslagen. Bunkerkachels worden geïnstalleerd. Alles is bedekt met een dikke laag sneeuw. Dan worden er witte, zogenaamde sneeuwhemden geleverd. Dat niet alle soldaten het doel daarachter begrijpen wordt duidelijk uit de volgende anekdote: vanuit zijn loopgraaf ziet een compagniescommandant dat een van zijn mannen op klaarlichte dag diens vooruitgeschoven observatiepost verlaat en open terrein oversteekt. Hij overleeft deze krankzinnige manoeuvre. Eenmaal bij de commandant op rapport vraagt deze de man op barse toon of hij levensmoe is en waarom hij het bevel niet heeft uitgevoerd om onder alle omstandigheden een sneeuwhemd te dragen. Waarop de man antwoordt: "Ach, het is vandaag toch helemaal niet zo koud." De bedoeling van dit camouflagekledingstuk was blijkbaar nog niet tot hem doorgedrongen. Zo vergaan de weken. In deze stellingen bij Leningrad beleeft de divisie het kerstfeest van 1941. In hun onderkomens maken de mannen het zich die dagen zo gerieflijk als maar mogelijk, terwijl de pijn van het gemis aan thuis wordt verzacht door drank en zoetigheden die vanuit de Baltische staten worden aangevoerd.

Ondanks de deplorabele staat van Leningrads leger liet Stalin deze troepen deelnemen aan een algemeen offnsief aan het eind van de winter. De aanval was in de eerste plaats gericht op de bevrijding van Leningrad uit de wurgende greep van de Duitsers, maar, meer in algemene zin, ook om de vijand geen adempauze te gunnen om nieuwe voorjaarsoffnsieven voor te bereiden.

De verantwoordelijkheid voor het offnsief lag voornamelijk bij generaal Meretskovs Volchov-front. Meretskov wist het Achttiende Leger van Legergroep Noord tegenover zich langs een linie die ten zuidoosten van het Ladogameer begon en vervolgens zuidwaarts langs de Volchov naar Novgorod liep. De aanval voorzag in twee aparte bewegingen. Terwijl de in Leningrad ingesloten troepen zoveel mogelijk druk naar het zuiden en oosten moesten geven, moesten die van het Volchov-front westwaarts aan de overkant van de rivier doorbreken en zo de Duitse troepen rond Ljoeban, Tosno en Mga isoleren. Aanvankelijk zouden er 326.000 manschappen aan de operatie meedoen, waarmee men in theorie een overwicht had van vijftig procent qua mankracht, zestig procent qua kanonnen en mortieren, en dertig procent qua vliegtuigen. De ongeduldige Stalin stond erop dat het offnsief in de eerste week van januari 1942 van start zou gaan.

De actie liep van het begin af slecht: op 4 en 5 januari leverden 48 uur zware gevechten bij Kirisji een terreinwinst op van een luttele vijf kilometer. Een dag later sneuvelden meer dan drieduizend mannen tijdens het eerste halfuur van een aanval over het ijs van de Volchov. Achter de machinegeweren aan de overzijde van de rivier hoefde men amper te richten. Het weinig gecoördineerde offnsief ging bij stukjes en beetjes door tot in februari. Een paar kilometer stroomopwaarts, tegenover het dorp Mjasnoj Bor, verliep het Sovjetoffnsief beter. Omen est nomen. Mjasnoj Bor betekent 'vleesbos', als herinnering aan alle vee dat in de loop der tijd verdronk in de veenmoerassen en de bossen langs de oude veedrijverroute naar de markt van Sint-Petersburg. Het Duitse leger zou, fiuurlijk gesproken, op deze plek kopje onder gaan. Het Tweede Stoottroepenleger, bestaande uit dienstplichtigen uit de boomloze Wolgastreppe, brak op 17 januari door de Duitse linies en drong tot diep in vijandelijk achterland door. Eind februari hadden 100.000 mannen een bruggenhoofd van zo'n vijftig vierkante kilometer in bezit, waarvan de noordgrens slechts tien kilometer was verwijderd van een van de belangrijkste doelen van het offnsief, de spoorstad Ljoeban.

In de tussentijd bevindt Hinrich zich nog steeds in de frontlinie. De Duitsers hebben Leningrad nog altijd stevig bij de keel. De situatie daar is rampzalig en doet oudere inwoners denken aan de uitzichtloze toestand tijdens de Eerste Wereldoorlog, toen de stad 900 dagen lang van de buitenwereld was afgesloten. Duizenden en nog eens duizenden burgers sterven van de honger. Op 16 februari viert Hinrich zijn 34ste verjaardag in het veld. Hij wordt niet vergeten door zijn vader en zijn zus die hem hun felicitaties en sigaretten sturen. De dag daarna schrijft Hinrich een kort briefje naar huis waarin hij bedankt voor de gelukwensen en de rookwaar. Over zijn eigen situatie rept hij met geen woord: *"Verder is er niet veel nieuws. Met de kou gaat het nu wel. Overdag is het in de zon soms zelfs warm. In de nacht vriest het nog hard."*

De doorbraak van het Russische Tweede Stoottroepenleger zag er op papier indrukwekkender uit dan hij in werkelijkheid was. Pogingen om het gat in de vijandelijke linie te verbreden liepen stuk op versterkingen die haastig waren aangevoerd. Ljoeban bleef net buiten bereik van de Russen en de terreinwinst omvatte, los van enkele dorpen, slechts uitgestrekt, vrijwel onbewoond bosgebied, veenderijen en laagveen. Hitler, die de kwetsbaarheid van de vijand beseffe, gaf op 2 maart de nieuwe bevelhebber van Legergroep Noord, Georg van Küchler, opdracht om operatie Raubtier [roofdier] te starten, met als doel het Tweede Stoottroepenleger van het Volchov-front af te snijden. Na omsingeling hoefde er geen bloed meer in het moerasgebied verspild te worden aan uitschakeling van de vijand. Men zou hem simpelweg kunnen laten verhongeren, dat was althans de gedachte.

Op 1 maart werd de 58ste Infanteriedivisie bij Leningrad afgelost door de Politiedivisie[12] en verbanden Noorse vrijwilligers. De Politiedivisie kreeg tot taak de doorbraak van het Tweede Russische Stoottroepenleger af te snijden en daarmee de doorgebroken eenheden te omsingelen. In een 'Tagesbefehl' verwees generaal Altrichter hiernaar: "We hebben een opgave waarvan de uitvoering van doorslaggevende invloed zal zijn op de gehele situatie in de sector Leningrad. Door koude weersomstandigheden en een ongunstige omgeving zullen buitengewone eisen aan onze inzet, bereidheid en hardheid worden gesteld."

"Ongunstige omgeving." Het was een tamelijk zwakke weergave van de werkelijkheid die Friedrich Altrichter zijn mannen schilderde. Het landschap rondom Volchov was feitelijk ongeschikt voor oorlogsvoering in de traditionele zin; uitge-

Duitse soldaten, ingegraven onder een buiten gevecht gestelde Sovjet tank T 34.

strekt, voornamelijk bebost moeras, met slechts hier een daar een plekje droog land waarop slechts een vastbesloten mens zich zou willen vestigen. Een enkele grote onverharde verkeersweg, de 'Rollbahn' Novgorod, Tschudowo, Leningrad, liep wes-

---
12 Polizei-Division, later 4. SS-Polizei-Panzergrenadier-Division.

telijk en parallel aan de Volchov. Alleen gedurende de winter, wanneer het moeras stijfbevroren was, kon het gebied als enigszins begaanbaar worden beschouwd. Het was al een desolate plek om te leven, laat staan om te vechten. Alles lag plat. Alleen de bakstenen schoorstenen van Mjasnoj Bor stonden nog overeind. Het gebied lag onder een meter sneeuw en ijs, dat, zodra het begon te dooien, in modder en ijs zou veranderen. Op sommige plekken boden witgebaste berkenbomen, wuivende rietkragen en donkere, veenachtige poelen een aanblik van geheimzinnige schoonheid, maar verder gunde de streek de manschappen voedsel of bessen noch voer voor hun paarden.

Het Russische grondoff nsief begint op de vroege ochtend van 15 maart. Het lukt de Duitsers weliswaar om de Russen langs de verkeersweg terug te dringen, maar slechts na grote verliezen. Vooral 's nachts kosten bevriezingen de nodige slachtoffers. Het 220ste I.R. stoot bij de verkeersweg al snel op hevige weerstand en loopt vast. De weinige tanks die worden ingezet komen niet langs de mijnversperringen. De Russen, die zich heel goed bewust zijn van het belang van hun stelling, hebben deze fors uitgebouwd. Hun verzet, versterkt door ingebouwde vlammenwerpers en ondersteund door kanonvuur vanaf de overkant van de Volchov, is eff ctief. Ondanks luchtbombardementen en artilleriebeschietingen lukt het de Duitsers niet om dat verzet te breken, vooral ook omdat een dikke sneeuwlaag de uitwerking van bommen en granaten beperkt. Pas na vijf dagen strijd lukt het hen eindelijk om twee paden naar het Russische bruggenhoofd, aangeduid als Erika en Dora, af te snijden. Na zware, op en neer gaande gevechten rond Mjasnoj Bor, rest de Sovjets tegen het eind van de maand nog één passage naar het bruggenhoofd met een breedte van slechts anderhalve kilometer; door die smalle doorgang moesten 's nachts per slee voorraden worden aangevoerd.

In april begint het te dooien en maakt de onechte stilte langzaam plaats voor het gestage gedruppel van smeltend ijs en het geluid van kabbelend water. De omgeving neemt zijn oorspronkelijke uiterlijk van moeras- en merenlandschap weer aan. Knuppelpaden, van takken ontdane en naast elkaar gelegde boomstammen, zijn nog de enige wegen die van oost naar west lopen. Stellingen en onderkomens moeten nu bovengronds worden gebouwd. Het doel is en blijft de volledige omsingeling van de Russen. Daartoe wordt het front weloverwogen steeds verder naar het noorden verschoven. De 'levensader' voor de Russen wordt daardoor steeds smaller.

Voor het in de val zittende Tweede Stoottroepenleger bracht de dooi louter nieuwe ellende. De smalle corridor, die het met de rest van het Russische front verbond, werd onbegaanbaar, waardoor de bevoorrading en de evacuatie van gewonden stokte. Paarden crepeerden en werden opgegeten, loopgraven kwamen onder water

De streek rond Mjasnoj Bor.

te staan en granaten moesten met de hand worden vervoerd. Daarbij moesten de toch al uitgeputte mannen tot hun middel door het water waden of, tot grote hilariteit van de Duitsers, als konijnen van polletje op polletje springen. Voor dekking overdag maakten ze borstweringen van takken, mos en dode bladeren. 's Nachts sliepen ze in de openlucht rond vuren die hun kletsnatte viltlaarzen en gewatteerde jassen moesten drogen.[13] Een overlevende herinnerde zich de ellende maar al te goed: *"De Mof omsingelde een eenheid, wachtte tot die door gebrek aan voorraden was verzwakt, en begon er dan op in te hakken. We waren volslagen hulpeloos, omdat we geen munitie hadden, geen benzine, geen brood, geen tabak. Niet eens zout. Het ergste echter was het gebrek aan medische hulp. Er waren geen medicijnen, geen verbandmiddelen. Je wilde de gewonden helpen, maar hoe? Al je ondergoed was allang aan zwachtels opgegaan; we hadden enkel nog mos en watten. De veldhospitalen lagen propvol en het weinige medische personeel kon geen kant op. Vele honderden niet-ambulante gewonden lagen simpelweg in de bosjes. Om hen heen gonsden muggen en vliegen, als bijen in hun korf. Kwam je dichterbij, dan kreeg je de hele zwerm over je heen. Ze kwamen in je mond, je ogen en je oren – het was niet te harden. Muggen, vliegen en luizen – onze gehate andere vijanden [...]. Luizen waren niets nieuws – maar in die hoeveelheden... Die grijze plaaggeesten vraten ons levend op, onverzadigbare duivels als ze zijn. Ze zaten*

---
13 'Leningrad', Anna Reid 2011.

echt overal. Op onze kleren en lichamen. Je probeerde ze al niet meer plat te drukken; je kon alleen nog, als je even niets had te doen, proberen ze af te schudden. Je vond er zes of zeven op een enkele knoop [...]. Maar het grootste probleem was de honger. Neerdrukkende, niet aflatende honger. Waar je ook ging, wat je ook deed, de gedachte aan eten verliet je nooit. [...] Voor onze voedselvoorziening waren we aangewezen op droppings door een OE-2 [een kleine, eenmotorige tweedekker]. Zo'n toestel kon amper vijf à zes zakken soechari[14] vervoeren. Wij waren met duizenden, hoe kon er dan genoeg zijn voor iedereen? Als een zak al heelhuids landde, was er één stuk gedroogd brood voor twee soldaten. Anders was het ieder voor zich en moest je eten wat je kon vinden: schors, gras, bladeren, leren paardentuigen [...]. Kauwen en slikken. Op een keer vond iemand een oude aardappel onder de as van een hut. We zetten het mes erin en iedereen kreeg een deel. Wat een zaligheid! Sommigen likten aan hun stukje, anderen roken eraan. De geur herinnerde ons aan thuis en aan onze families."[15]

Op 18 april 1942 schrijft inrich een brief aan zijn zus en vader:

"Lieve Vader en zuster!
Een hartelijke groet bij goede gezondheid stuurt Hinrich [...]. Het paasfeest is alweer voorbij. Helaas hebben wij er niets van gemerkt. We hebben alleen maar gewerkt. Dat is misschien maar goed ook, anders kom je alleen maar op de gedachte hoe het thuis is [...]. Ja, we hadden erop gerekend nog een keer verlof te krijgen, maar helaas schijnt die kans verkeken, want het gaat weer voorwaarts. Nog een keer zo'n tour als afgelopen zomer, opdat Iwan eindelijk zijn genadeschot krijgt. Zoals ik in mijn laatste brief schreef, overplaatsing naar de Oekraïne zal wel lastig worden, maar kijk toch maar wat er te regelen valt. Boerenafdelingsleider Witt is in de omgeving van Charkow, met hem veel jonge mannen uit de gemeente Stade. Ik moet zeggen dat ik daar graag bij zou zijn. Misschien lukt het nog. Hoe gaat het met de voorjaarsarbeid? De haver zal al wel zijn gezaaid en de eerste aardappelen zullen ook zijn gepoot. Hier bij ons wordt het weer iedere dag beter. De sneeuw is weg, alleen overdag is het heel modderig, omdat de vorst nog niet uit de bodem is. Maar het is dan best warm. Ik hoop dat het werk goed vlot. Nu wil ik afronden in de hoop dat het met jullie ook echt goed gaat. Schrijf maar snel weer.
Veel groeten van jullie zoon en broer.
Hinrich

---

14 In Rusland wordt 'soechari' gegeten, restjes brood die op tafel of op het aanrecht blijven staan na het ontbijt of avondeten, gewoon in hun broodmandje. Door het droge klimaat zijn ze na een paar dagen verworden tot een soort van droge beschuiten, die dan vrolijk worden opgepeuzeld.

15 I.I. Kalabin, in I.A. Ivanova, Tragedija Mjasnogo Bora: sbornikvospominanijoetsjastnikov i otsjevidtsev Ljoebanskojoperaatsii p. 139, 140.

De Duitsers moesten bijzondere moeilijkheden overwinnen om hun troepen geregeld te bevoorraden. Vanuit de basis in Novgorod voerde de route parallel aan de rivier, binnen bereik van de Russische kanonnen. De slechte en eindeloze wegen dwongen tot een verhoogde inzet van door paarden getrokken kolonnes karren. Door de hoge uitval aan Duitse zijde werden ook Russische burgers gedwongen om hun paarden en karren in te zetten.

Voor de Russen was de ongeveer 2 kilometer brede corridor over de Volchov van levensbelang. Zolang de grond was bevroren, brachten door paarden getrokken panjewagens [tweeassige karren] en sleeën voorraden naar het front. De Russische stellingen waren sterk uitgebouwd. In het gebied van de 'Rollbahn' en westelijk van het dorpje Teremez bood de iets hogere ligging van dit gebied de mogelijkheid tot ingraven. Daardoor kon een stelsel van onderkomens en gevechtsstellingen worden uitgebouwd. Deze stellingen werden versterkt met mijnen. Er was zelfs een kleine veldspoorbaan. Ten zuidwesten van Teremez stond een zogenaamd leerbataljon in het veld, bestaande uit Russische officieren in opleiding. Zij zouden zich tot het uiterste verweren. Als sluitstuk verdedigden tanks en zo'n 150 stukken geschut de corridor.

Op 18 mei schrijft Hinrich een kort briefje waarin hij zijn vader en zuster bedankt voor de ontvangen post. Het weer is beter geworden. Het heeft zelfs geonweerd en hevig geregend. Ondanks het feit dat hij zelf fruitteler is, blijft Hinrich de zoon van een landbouwer, en informeert of het vee al naar buiten is. Hij besluit zijn kattebelletje met de mededeling dat de natuur bij hem in één keer groen is geworden.

Voor de Russen westelijk van de Volchov zal de situatie spoedig hachelijk worden. De Duitse legerleiding heeft namelijk besloten andermaal aan te vallen in een poging verbinding te maken tussen de troepen ten noorden en zuiden van de corridor en de Russen zo in de tang te nemen. De 58[ste] en 126[ste] Infanteriedivisies zullen vanuit het zuiden aanvallen. Hinrichs 220[ste] I.R. is er bij. De aanval vindt plaats op 30 mei, de dag dat Hinrich zal sneuvelen.

Kort daarvoor heeft hij zijn laatste brief geschreven:

"29. Mei 1942.

Lieve Vader en zuster!

Een hartelijk groet stuurt Hinrich. Voor jullie pakketje van 16.4 mijn hartelijke dank en ook voor de sigaretten. [...] Jullie hoeven niet steeds rookwaren te sturen, dat is niet nodig. Ik weet dat ze bij jullie schaars zijn en op het moment krijgen wij wat meer rookwaren, dus doe maar niet te veel moeite. Zoals jullie schrijven willen jullie haver zaaien en aardappelen poten. Goed dat jullie daar al zo ver mee zijn. Bij ons is het weer nu ook heel goed, alleen nog wat ijle lucht en koude nachten. Verleden week had ik een dikke kaak, een tandontsteking en daarbij geweldig veel pijn. Eergisteren naar de tandarts geweest. Hij heeft de tand getrokken. Het was een lange tour, ik moest 32 kilometer ver, voor een deel lopend, al ben ik ook kleine stukken meegereden. Het is een afstand als vanaf jullie naar Hamburg. De kaak is nu weer geslonken en de pijn iets weggetrokken. Nu kan ik jullie nog zeggen dat er twee van onze mannen met verlof zijn gegaan. Een komt uit Stade, onderofficier Walter Nodop uit Steinkirchen.[16] Hij zal jullie bezoeken op een zondag of 's avonds als hij tijd heeft. Ik hoop toch, dat als het zo verder gaat, dat ik ook nog een keer aan de beurt kom. Verder niet veel nieuws. Nu ga ik stoppen en laat het jullie goed gaan en schrijf weer snel.

Veel groeten van jullie zoon en broer Hinrich.

Onderoffic r Walter Nodop, ook van de 4[de] Compagnie en kennelijk een vriend van Hinrich, heeft inderdaad tijdens zijn verlof diens vader bezocht. Die had hem een pakketje meegegeven voor zijn zoon. Helaas heeft Hinrich het pakketje nooit meer in ontvangst kunnen nemen. Walter Nodop [zie foto] zelf sneuvelde op 25 juni 1942, ongeveer drie weken na Hinrich, anderhalve kilometer westelijk van Teremez.

Onderoffic r Walter Nodop.

Een noodlottige dag

In het 'Tagesbefehl' van 30 mei 1942 krijgt de 58ste Infanteriedivisie opdracht om, pal na de tweede Duitse luchtaanval, omstreeks 11.20 uur, de aanval te openen. Doel daarvan is de linie aan de bosrand westelijk van de spoorlijn kerkhof Teremez-kruising Cäsar/Ostschneise[17]-Ostschneise-Doraschneise en de rechtervleugel van Infanterieregiment 154 te bereiken. Vervolgens de aanval doorzetten op de linie Schneise [500 meter oost-westelijk van het kerkhof van Teremez] – oostelijke rand Teremez tot Zwischenschneise, om bij de Zwischenschneise de vanuit het noorden aanvallende troepen van het 1[ste] Infanterieregiment de hand te kunnen reiken en de nieuwgewonnen linie tegen iedere aanval te houden.

Welke rol had Hinrich tijdens deze aanval? Als onderoffic r in een infanterieregiment had hij waarschijnlijk de leiding over een mortier- of machinegeweergroep. Tussen het stapeltje veldpostbrieven vonden wij een intrigerende, handgetekende en ingekleurde, zeer gedetailleerde landkaart van Teremez en omgeving. Waarschijnlijk

---

16 Walter Nodop, geboren op 4 oktober 1914, gesneuveld op 26 juni 1942, anderhalve kilometer westelijk van Teremez.

17 Schneise is een in het bos gekapt pad, sleuf.

een stukje handwerk van Hinrich. De kaart is zeer acuraat en zorgvuldig getekend. De schaal is 1:10.000. Bovenaan ligt het dorpje Teremez. Beneden, over de gehele breedte van de kaart loopt een blauwe lijn. Dat moet de frontlijn zijn. Tussen Teremez en de frontlijn is zeer nauwkeurig een bosperceel geschetst. Bosschages zijn verspreid ingetekend. Alle opvallende punten in het landschap zijn gemarkeerd met een nummer, oplopende van 101 naar 147. Met blauw is een tweede dunnere lijn getekend. Deze loopt naar boven en volgt ongeveer de contouren van het bos. Daarboven zien we een gestippelde blauwe lijn die doorloopt tot Teremez. Links van dat bos is een sector gemarkeerd en aangeduid als PAK-GR, mogelijk het schootveld van een antitankkanon. Waarschijnlijk is deze kaart het aanvalsplan voor Hinrichs 2de Bataljon.

Aan de noordkant van het bos staat II/220, symbool voor dat 2de Bataljon, in het midden van het bosperceel zien we *Res.4.KP*. Vierde reserve compagnie? Hinrich was onderofficier in deze 4de Compagnie. Een vergelijking tussen de getekende kaart en het originele aanvalsplan van 30 mei 1942, maakt duidelijk dat de kaart precies het aanvalsgebied aangeeft van het 220ste Infanterieregiment op deze 30ste mei. Er is geen andere conclusie mogelijk: dit moet het plan zijn van de aanval op Teremez. Droeg Hinrich deze kaart bij zich tijdens de aanval? Is de kaart na zijn sneuvelen op zijn lichaam aangetroffen en samen met zijn andere bezittingen opgestuurd naar zijn vader? Het moet haast wel zo zijn.

Terug naar de kaart. Het aanvalsvak van 220 I.R. ligt oostelijk van Teremez, ingeklemd tussen de hoofdweg naar het dorp en de spoorlijn aan de rechterzijde van de tekening. Links van 220 I.R., aan de andere zijde van de hoofdweg, is het aanvalsvak van 209 I.R. Westelijk van 209 I.R. buigt de frontlijn iets naar het noorden en daar liggen 422 I.R. en 154 I.R.

Gedurende de nacht van 29 op 30 mei treft de divisie voorbereidingen voor de aanval op Teremez-Kurljanskij. Wat is er door Hinrichs hoofd gegaan? Heeft hij aan thuis gedacht? Zal hij angst hebben gevoeld? In de brief die hij een dag voor de aanval schreef is daar niets van te merken. Met geen woord wordt gerept over de komende strijd of zijn zorgen. In geen enkele brief schrijft Hinrich iets over zijn belevenissen aan het front. Is het omdat hij zijn zuster en vader niet wil verontrusten? Hij is onderhand een gelouterde veteraan. Ergens in de veldtocht heeft hij al een IJzeren Kruis 2de Klasse en het 'Aanvalinsigne van de Infanterie' verdiend. Ook daarvan is niets in de brieven terug te vinden.

Het is 30 mei 1942, een mooie, vrijwel onbewolkte voorjaarsdag. Er is helder zicht en een aangename temperatuur. Die dag om 11.20 uur, na het vuur uit de hemel, barst de hel op aarde los rondom Mjasnoj Bor. Een hevig artillerievuur daalt neer op de Russische stellingen. Volgens plan trekken vijf minuten later de Duitsers over de gehele breedte van het front ten strijde. Uit de lucht daalt het griezelige geluid van Stuka's in duikvlucht op de Russen neer. Tientallen Ju 87's bestoken de vijandelijke linies met bommen en mitrailleurvuur. Ook 220 I.R. verlaat zijn stellingen en rukt op. De aanval verloopt voorspoedig. Om 11.46 uur wordt de vijandelijke stelling 'Barbara' bereikt, om 12.05 uur 'Cäcilie'. Een half uur later wordt gemeld dat ongeveer 1 kilometer terreinwinst is geboekt.

Dan, om 13.35 uur volgt de volgende melding van Obertsleutnant Hoff ann: *"In het noorden 'Dieter' bereikt. Sterke tegenstand. Vooral de artillerie is zeer sterk. Grote verliezen. 6 PAK[18] uitgevallen. 1 tank uitgebrand, 1 blijven steken. Geen telegrafieverbinding met de tanks. De 4de Compagnie schijnt niet mee opgerukt te zijn. In de voorste linie bijzonder taaie weerstand. Bataljon Grossmann-Doerth is er perfect doorheen gekomen en zet nu aan naar het noorden. Verzoek: 3de peloton van Brüning in beweging te zetten, omdat er verschillende PAK's zijn uitgevallen."*

De 4de Compagnie is Hinrichs compagnie. Kennelijk is deze eenheid in moeilijkheden geraakt. Vijf minuten later krijgt het artillerieregiment van de 158ste Divisie bevel om de vijandelijke stellingen aan de westrand van Teremez-Kurljanskij, tussen het kerkhof en 'Dampfmühle', onder vuur te nemen. Ondanks de diep uitgebouwde en met mijnenvelden omgeven stellingen slaagt 220 I.R. er omstreeks 14.00 uur in om het aanvalsdoel te bereiken. De verliezen zijn nochtans uitzonderlijk hoog, wat vooral is te wijten aan het vuur van de Russische artillerie, mijnenwerpers en landmijnen. Nadat de Russen de aanval niet kunnen stoppen, trekken zij zich terug op stellingen aan de westrand van Teremez-Kurljanskij. Deze linie is sterk bezet. Kennelijk ook door artilleristen. Duitse waarnemers signaleren hun kenmerkende blauwe uniformen. Blijkbaar hebben de door de aanval vanuit het zuiden verraste Sovjettroepen uit de Oostschneise en Doraschneise weggetrokken om de linie te versterken.

Om 14.45 uur zet het regiment de 3de aanvalsfase in. Het percentage uitvallers is hoog, zo'n 30%, wat vooral is te wijten aan artillerievuur en granaatwerpers. Om 15.20 uur volgt de melding: *"Oostelijke rand van het bos ten westen van de spoorlijn bereikt. Delen van het 2de Bataljon liggen aan de Rollbahn bij Teremez".* 220 I.R. en buurregiment 209 I.R. stuiten daar op zwaar uitgebouwde en hevig verdedigde linies. Beide regimenten lijden zware verliezen door goed gericht artillerievuur. De Russen zetten, naast het gebruikelijke geschut, nu ook Stalinorgels in, raketwerpers die een grote hoeveelheid granaten gelijktijdig afschieten.

Tijd voor bezinning. Na enig beraad besluit de divisiecommandant om 16.30 uur om de bereikte linies vooralsnog te handhaven. Deze beginnen aan de oostelijke rand

---

18 PAK. Panzer Abwehr Kanone. Anti-tank geschut.

van het bos ten westen van de spoorlijn, buigen dan naar het noordwesten af richting de straatweg naar Teremez en vandaar naar de noordrand van het bos. Nu 220 I.R. en 209 I.R. zijn vastgelopen, wordt het forceren van een doorbraak kansrijker geacht in de sector van de meer naar het noordwesten opererende infanterieregimenten 422 en 154.

Om 17.10 uur meldt Obertsleutnant Hoff ann dat zijn tanks vastliggen bij punt 105 aan de westrand van het bos. Op de tussen de veldpostbrieven van Hinrich aangetroff n handgetekende kaart zien we dit punt 105 aangetekend. Het is inderdaad de westrand van het bos. 's Avonds om 19.00 uur komen er diverse meldingen binnen van infanterieregimenten, maar ook van verkenningsvliegtuigen, dat de Russen versterkingen aanvoeren. Er wordt voor 20.00 uur een luchtaanval gepland. Later worden er weer verschillende Russische tanks waargenomen bij Mjasnoj Bor.

Na de luchtaanval van 20.00 uur rukken stoottroepen van het 220 I.R. opnieuw op naar Teremez-Kurljanskij. Ze stuiten op sterke tegenstand. Het blijkt dat de Duitsers voor goed uitgebouwde en met prikkeldraad en mijnen versterkte stellingen staan, die bovendien zeer goed zijn bezet. Doorbreken is hier ook nu niet mogelijk, daarom besluit de divisieleiding zich verder te concentreren op een doorbraak bij het 422[ste] I.R. en 154 I.R. Voor het zwaar op de proef gestelde en verzwakte 220 I.R. betekent dit simpelweg linie handhaven. Ook het buurregiment 209 I.R. heeft het zwaar te verduren gehad. Hun verliezen bedragen 40%.

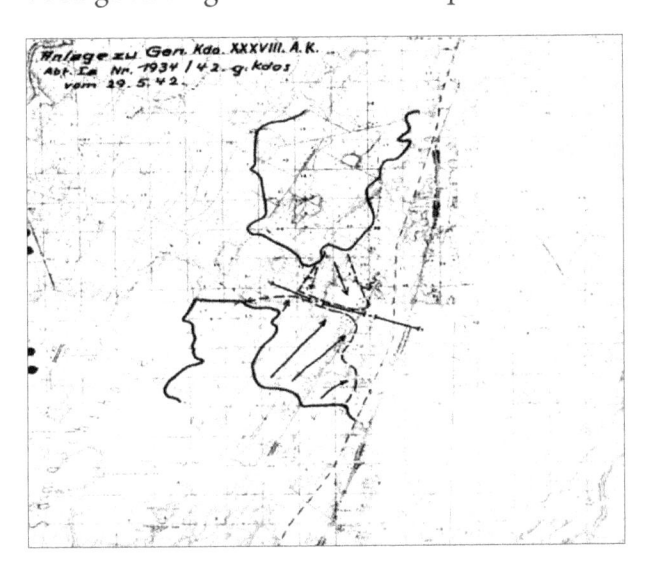

Handhaven van de linie betekent echter iets anders dan rust. Om 21.00 uur meldt 220 I.R.: "2 tanks uitgeschakeld op de straatweg Teremez-Semtizy en 3 tanks bij 209 I.R. voor de linie van het 2[de] Bataljon. Om 21.15 uur een middelzware tank uitgeschakeld door het 3,7 cm PAK". Even later volgt er een nieuwe melding waaruit blijkt dat nu een van de eigen tanks is uitgeschakeld en dat de eerder uitgeschakelde pantservoertuigen twee T-34's betrof en een van een zwaarder model. De hele nacht door wordt 220 I.R. aangevallen. Ze weten hun linie te houden.

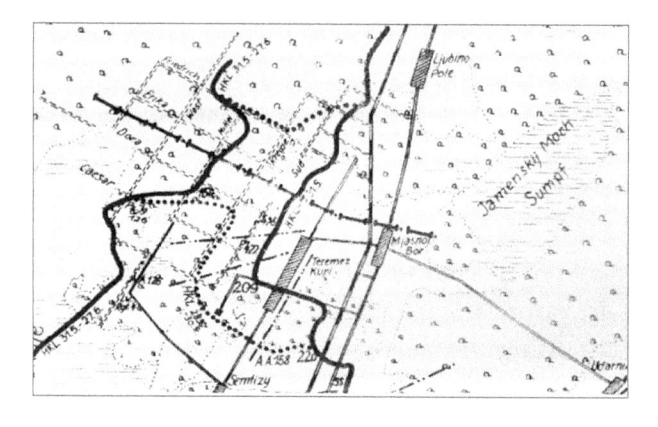

In de daaropvolgende dagen lukt het de Duitse troepen om westelijk van Teremez een doorbraak te forceren en contact te maken met het 1[ste] Legerkorps, echter niet dan na een hevige strijd in de zompige bossen. Het Tweede Russische Stoottroepenleger is nu geheel omsingeld.

De nasleep

De strijd bij Mjasnoj Bor ging vrijwel de gehele maand juni door. Het lukte het Tweede Russische Stoottroepenleger maar niet om uit te breken. Sterker nog, hun situatie werd met de dag uitzichtlozer. Midden juni waren de restanten teruggedrongen in een klein stuk moerasland ten westen van Mjasnoj Bor. Een Russische soldaat vertelde: *"Witte nachten, zodat we vierentwintig uur per dag Duitse vliegtuigen boven ons hadden, die ons beschoten en bombardeerden. Het lawaai van granaatvuur was aanhoudend en oorverdovend, evenals het geluid van explorerende en brandende bommen [...]. We waren geen leger meer – we waren een zootje ongeregeld. Een volslagen chaos – geen verbinding tussen de eenheden, niemand die nog een bevel gehoorzaamde. Geen informatie over onze eigen situatie [...]. Het bos brandt, het veen smeult. Overal zijn bomkraters en verwrongen, gebroken bomen – hopen nutteloze geweren, kapotte affuiten. En lijken – waar je maar kijkt, lijken. Duizenden, stinkend, bedekt met vliegen, in staat van ontbinding door de junizon. Je loopt langs zo'n lijk en een vliegenzwerm bedekt je gezicht – je ziet niets meer, ze zitten in je ogen, in je neus, overal. Grote dikke zoemende strontvliegen – ik word naar als ik eraan terugdenk. Op elk stukje droog terrein liggen gewonde soldaten te schreeuwen, te kreunen, te smeken – de een om water, de ander om iemand die bereid is hem af te maken. Maar niemand kan het wat schelen. Mensen struinen door de bossen, onverschillig, murw geslagen, halfgek; ze hebben hun mutsen op met de oorflappen onder de kin vastgemaakt, om de muggen op afstand te houden. Hun ogen zijn rood en gezwollen door slaapgebrek [...]. Niemand heeft een horloge, we verliezen alle besef van tijd. De hoeveelste is het? Is het dag of nacht?"*[19]

Voor het Tweede Russische Stoottroepenleger viel het doek definitief tussen 21 en 24 juni tijdens een reeks zelfmoordachtige uitbraken via een bres in de Duitse linies

---

19 I.I. Kalabin, in I.A. Ivanova, *Tragedija Mjasnogo Bora*, p. 142.

met een lengte van vier kilometer en een breedte van slechts een paar honderd meter. Wie nog de kracht had, droeg een geweer, de uitgemergelden en gewonden droegen niets. De Duitse beschietingen waren zo heftig dat alles in de lucht vloog, mensen, aarde, bomen. Zij die achterbleven in de moerasbossen kwamen jammerlijk aan hun einde of raakten in krijgsgevangenschap.

Even bijkomen in het moerasbos.

Voor Hinrich was het doek al eerder gevallen. Ergens in het brute geweld is hij gesneuveld, door een schot in het hoofd zoals de familie later werd medegedeeld. Hij was niet de enige die dag. Het verlies van 220 I.R. bedroeg 18 doden, 236 gewonden en 1 vermiste. In het stapeltje veldpostbrieven bevond zich, naast de kaart, een klein vodje papier, ondertekend door soldaat Eerste Klas Ewald, met een opsomming van de erfenis van onderofficer Hinrich Corleis:

1 horloge met ketting en kast;
1 pakje tabak;
1 geldbeurs;
1 doos inhoudende een borstel, zakmes en aansteker;
1 zaklamp en 1 paar sokken;

1 een tasje met scheerspullen;
1 portefeuille;
1 stuk zeep;
1 IJzeren Kruis 2de Klasse;
1 Sturmabzeichen;[20]
1 boek.

---

20 Militaire dapperheidsmedaille.

Erebegraafplaats van de 58ste Infanterie Divisie in Novgorod.

III

Otto Friedrich Wilhelm Servay

Aksay bij Stalingrad, 27 augustus 1942

Gevaar van boven

De opmars van het 4de Tankleger richting Stalingrad begon op 21 juli 1942 toen het XXXXVIII^{de} Tankkorps [onder generaal Werner Kempf], onder aanvoering van de 14de Tankdivisie en de 29ste Infanteriedivisie, vertrok vanuit een over de Don gevestigd bruggenhoofd bij Zymlianskaya [Tsimlyanskiy]. Ondersteund door het IV^{de} Duitse Legerkorps en VI^{de} Roemeense Legerkorps maakten de tanks en de gemotoriseerde infanterie goede voortgang langs de spoorlijn, steeds in noordoostelijke richting, met als doel Stalingrad.

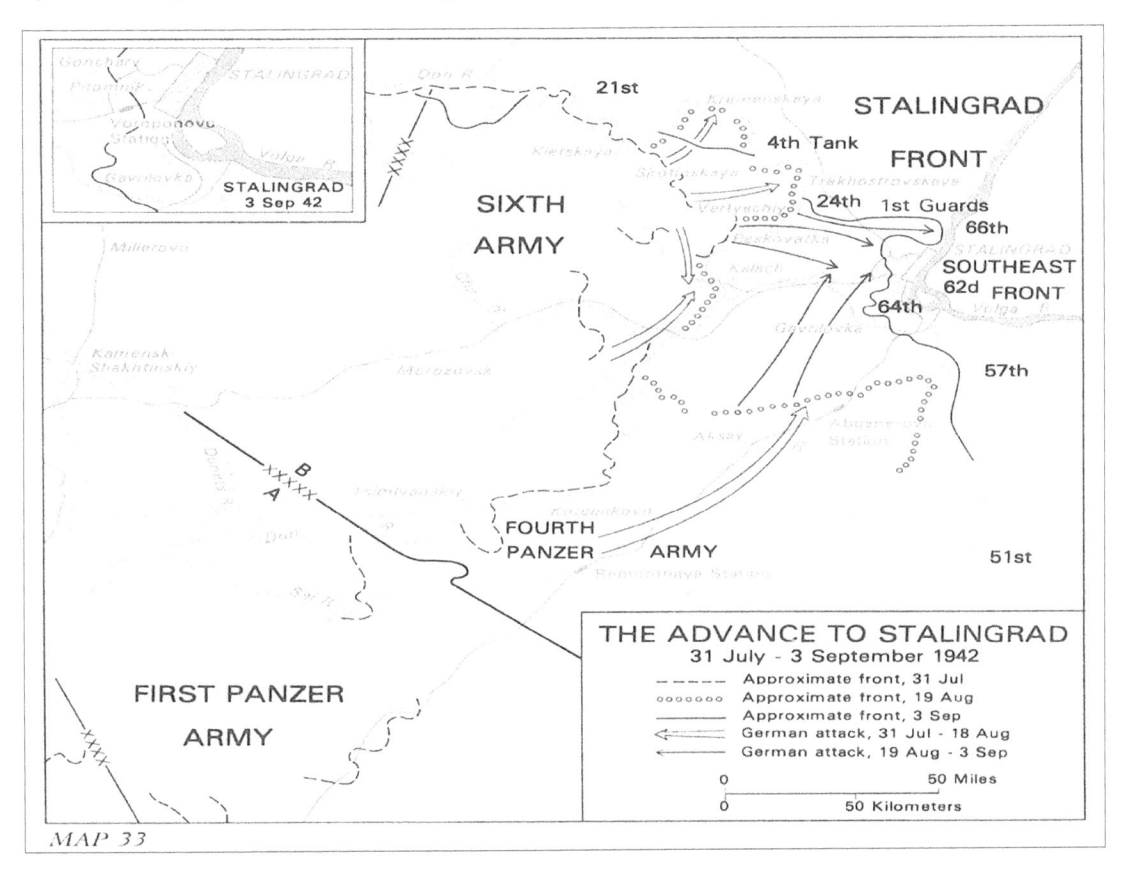

MAP 33

Het plan voor het XXXXVIII^{de} Tankkorps was om Stalingrad vanuit het zuiden te naderen, nadat het ver naar het oosten in een geconcentreerde beweging langs de Yergeni heuvels was afgebogen. Op 2 augustus werden Kotelnikovo en het station van Shutovo gepasseerd, waarna op 3 augustus de tanks vlotjes Abganerovo innamen. Op 7 augustus kwam het front iets ten noorden van Plodovitoye tot stilstand. En daar bleef het voorlopig. Generaloberst Hermann Hoth, bevelhebber van het 4de Tankleger, beval een tijdelijke stop om zijn dramatisch uitgerekte aanvoerlijn te verkorten en zijn verliezen aan manschappen aan te vullen. Daarnaast was het belangrijk om zijn voedsel- en brandstofvoorraad evenals het materieeltekort aan te vullen, om zodoende zijn off nsieve slagkracht te behouden. Ook de weken daarna nog consolideerde hij, opdat de door de snelle tankeenheden op de vijand veroverde posities overgenomen konden worden door infanteriedivisies. Hierdoor werden tankeenheden vrijgespeeld voor nieuwe verrassingsaanvallen.

Het dorp Aksay.

Op weg naar Stalingrad steekt Hoth op 4 augustus 1942 de Aksay over bij het gelijknamige dorp, een gehucht dat voornamelijk bestaat uit een verzameling schamele houten huisjes, een veel voorkomend beeld in dit deel van Rusland. De Aksay mag de naam rivier amper dragen. In de zomer is het een modderig stroompje met een klein laagje vrijwel stilstaand water. Op enkele plaatsen is zelfs dat opgedroogd.

Enkele dagen na de oversteek van Hoths 4de Tankleger ligt Aksay al op ruime afstand achter de frontlinie. Het is tijd om de volgende stap te zetten. Net buiten het dorp treff n de Duitsers een klein vliegveld aan dat zij direct in gebruik nemen. Het is een hete dag en, net als de afgelopen vijf weken, zonnig weer. Overdag heet, 's nachts koel. Alles is kurkdroog en stoffig. Een klein briesje blaast over de steppe, jaagt speels wat stofwokjes de lucht in en ritselt door het lange steppegras. Unteroffizier Otto Servay bevindt zich die dag op het vliegveld. Hij maakt deel uit van de eenheid *Luftnachrichten-Betriebs-Kompanie Nahaufklärungs-Gruppe 16*, een hele mondvol, onder leiding van kapitein Johannes Sieckenius. Als onderofficier heeft Servay een aantal manschappen onder zijn bevel. Hij is verantwoordelijk voor het onderhouden van de verbindingen tussen de luchtmacht en de aanvalstroepen in het veld. Normaal gesproken een drukke baan, maar vandaag is een redelijk rustige dag. Aan het front, dus ook op het vliegveld, is er weinig beweging. Otto's gedachten dwalen onwillekeurig af naar zijn ouders in het mooie Knittlingen in Baden-Württemberg en naar zijn jongere broer Willy, die, net als hij, zich ergens aan het Oostfront bevindt. Willy is officier. Otto staat op de nominatie om officier te worden, een zogenaamde Offiziersanwärter. Hij is lid van de nazipartij.

Eind augustus 1942. Die nacht heeft Otto afgesproken met enkele collega-onderofficieren van zijn eenheid: Karl Biermann, Georg Gille en Adolf Wewerink. Kort nadat de mannen elkaar hartelijk hebben begroet, horen ze in de verte het sonore motorgeluid van een Russische bommenwerper. Het is een vertrouwd geluid. Russische bommenwerpers vliegen vrijwel iedere nacht laag en traag over het landschap, op zoek naar doelen voor hun bommenlast. Alles rondom het vliegveld en het dorp is verduisterd. Het is zo goed als verspilde moeite. Iedere vijandelijke piloot kent de precieze ligging van het vliegveld. Langzaam komt het toestel naderbij. Dan slaat het noodlot toe. Hoewel de kans klein is dat de bom juist hen treft, beslist het toeval anders. Het projectiel slaat vlakbij de vier mannen in. Alle vier komen die nacht om het leven. Die ochtend regent het voor het eerst sinds vijf weken. Otto Servay maakt dat niet meer mee. Hij wordt diezelfde dag samen met zijn kameraden begraven op het Duitse kerkhofje bij Aksay.

De regimentsgeschiedenis noch veldpostbrieven vertellen het verhaal zoals het in werkelijkheid is gegaan. Maar toch, zo ongeveer moeten de gebeurtenissen zich in de nacht van 26 op 27 augustus 1942 hebben voorgedaan. Feiten en verbeelding lopen soms dooreen. Wat echter vaststaat is dat die dag vier jonge onderofficieren om het leven kwamen door toedoen van een vliegtuigbom op het vliegveld bij Aksay. Het betrof de 23-jarige Otto Servay uit Knittlingen, de 28-jarige Adolf Wewerink uit Dülmen, de 30-jarige Georg Gille uit Rydultau en de 26-jarige Karl Biermann uit Münster.

Naam en nummer

Deze keer is de achtergrondgeschiedenis kort. Otto Servays helm bevond zich in een Russische verzameling en werd, volgens overlevering, in of bij Aksay gevonden. Ook deze helm vindt zijn weg naar Nederland en het onderzoek wordt gestart.

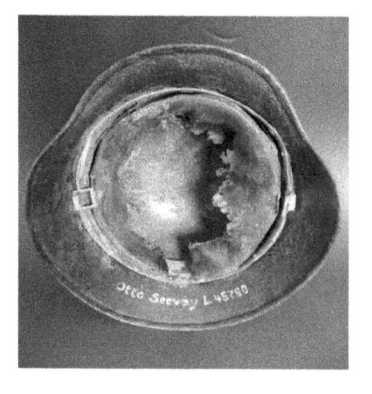

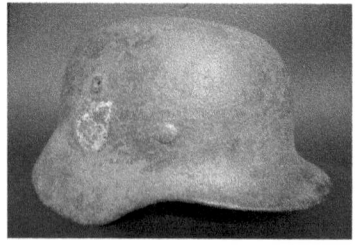

In de helm van Otto staat, naast zijn naam, enkel een veldpostnummer: L45790, dat destijds werd toegewezen aan de *Luftnachrichten-Betriebs-Kompanie Nahaufklärungs-Gruppe 16*. Dergelijke groepen werden in het leven geroepen om de samenwerking tussen het veldleger en de luchtmacht te organiseren en te verbeteren, wat voor een snelle opmars van groot belang was. Ze moesten ervoor zorgen dat de informatie van verkenningsvluchten zo snel als maar mogelijk ter beschikking kwam van de eenheden in het veld. Goede draadverbindingen waren daarbij uiterst belangrijk. Daarom werd onder andere gewerkt met zogenoemde '*Fernsprech Bautruppen*', telefoonverbindingsgroepen. Eén zo'n groep bestond uit een onderofficer, zes manschappen en een chauffer voor de voor vervoer noodzakelijke vrachtwagen. De groep beschikte onder andere over tien veldtelefoons en acht trommels met elk 1000 meter veldkabel.

De speurtocht naar Otto Servay begon met het opvragen van informatie bij de Duitse gravendienst en de Deutsche Dienststelle. Daaruit bleek dat onderofficer Otto Friedrich Wilhelm Servay op 27 september 1919 was geboren in Knittlingen en deel uitmaakte van *Luftnachrichten-Betriebs-Kompanie Nahaufklärungs-Gruppe 16*. Hij sneuvelde op 27 augustus 1942 bij Aksay en werd begraven op het Ehrenfriedhof A en B bij Aksay. Op zijn Erkennungsmarke [identiteitsplaatje] staat: – 372 – Ln.Kp. Memmingen/Allgau. Kennelijk heeft

Bidprentje van Otto Servay.

Otto zijn opleiding genoten bij de *Luftnachrichten-Kompagnie* op de Fliegerhorst [luchtmachtbasis] Memmingerberg bij de stad Memmingen in Zuid-Duitsland.

De naam Servay is van Franse herkomst en komt in Duitsland weinig voor. In 1699 vluchtten Franse protestanten naar Duitsland en stichtten daar enkele dorpen. Otto Servay was een van hun nakomelingen. Na enkele brieven aan families met de naam

Otto Servay.    Otto's ouders.    Ouderlijk huis.

Servay komen we in contact met de heer Arlt. Zijn overleden schoonmoeder was een nicht van Otto. In haar fotoalbum vinden we een foto van Otto Servay, zijn broer Willy, hun geboortehuis en een bidprentje. De heer Arlt stelt voor om een artikel in de lokale krant te plaatsen in de hoop dat er mensen reageren die meer informatie hebben. Een paginagroot artikel in de *Badische Neueste Nachrichten* levert echter geen nieuwe informatie op.

Het Duitse soldatenkerkhof in Aksay werd enkele jaren geleden door de Duitse gravendienst geruimd. Deze dienst is al jaren bezig om kleinere militaire begraafplaatsen te ruimen en de stoffelijke resten bij te zetten op een verzamelkerkhof ten westen van Volgograd [Stalingrad]. Van het voormalige kerkhof bij Aksay werden 191 Duitse soldaten uit niet meer herkenbare en deels geplunderde graven opgegraven en opnieuw bijgezet op het ereveld bij Rossoschka. Niet alle soldaten die volgens opgave daar zouden rusten konden worden geborgen. Het identiteitsplaatje van Otto Servay werd niet aangetroffen. Ook op basis van andere herkenningspunten was identificatie niet mogelijk. Waarschijnlijk is Otto een van de onbekende soldaten die rusten in Block 22 op het soldatenkerkhof bij Rossoschka.

Broer Willy Servay, Oberleutnant.

Samstag, 12. September 2015 — BRETTEN

UNTEROFFIZIER OTTO SERVAY starb am 27. August 1942 bei Stalingrad.

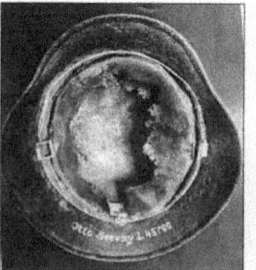

DER STAHLHELM ist das einzige verbliebene Relikt des gefallenen Soldaten.

DEN HELDENTOD bei Stalingrad vermeldet die Todesanzeige. *Repros: BNN*

OBERLEUTNANT WILLY SERVAY, Ottos Bruder, überlebte den Zweiten Weltkrieg.

Rostiger Stahlhelm gibt Geschichte nicht preis
Militärhistoriker forschen nach persönlichem Schicksal des Knittlinger Soldaten Otto Servay

Von unserem Redaktionsmitglied Hansjörg Ebert

Knittlingen/Stalingrad. Dem Rost hat er über Jahrzehnte erfolgreich Widerstand geleistet, gegen den Tod konnte er nichts ausrichten. Der, der ihn einst trug, starb am 27. August 1942 beim Dorf Aksay nicht weit entfernt von Stalingrad. Die näheren Todesumstände von Otto Servay, Unteroffizier und Offiziersanwärter in einer Luft-Nachrichten Kompanie, sind nicht bekannt. In der Todesanzeige des 23-jährigen Knittlingers wird später stehen, dass er bei den schweren Kämpfen bei Stalingrad den Heldentod gestorben sei.

Doch laut den Recherchen etlicher Militärhistoriker, war der 27. August ein überaus ruhiger Tag ohne größere Gefechte. Otto Servay, so vermuten sie, könnte auch bei einem Unfall oder infolge einer Krankheit gestorben sein. Oder vielleicht doch durch einen überraschenden Granateinschlag? Wie dem auch sei, an diesem Spätsommertag verlieren Gottlob und Friederike Servay aus Knittlingen ihren ältesten Sohn und Willy Servay seinen großen Bruder.

Letztes, greifbares Relikt des im Ostfeldzug verheizten deutschen Soldaten, der wohl auch Parteimitglied war, ist sein Stahlhelm. Der fiel einem russischen Militärhistoriker in die Hände, der schickte ihn dem befreundeten holländischen Militärforscher Rob Jansen, der wiederum zusammen mit einem australischen Militärgeschichtler ein Buch über einzelne Soldatenschicksale des Zweiten Weltkriegs in Arbeit hat. Jede Geschichte ist dabei mit einem besonderen Gegenstand verbunden, der wiederum etwas über die persönliche Geschichte des Soldaten erzählt. Ein Stahlhelm beispielsweise. Aus diesem Grund machte sich Rob Jansen auf die Suche nach der Identität des Stahlhelmbesitzers, dessen Name Otto Servay auf der Innenseite des Nackenteils zu lesen ist. Hilfreich war dabei die mit angegebene Feldpostnummer L 45790. Über diese Nummer fand der Niederländer heraus, dass Otto Servay möglicherweise aus Oberderdingen stammt, denn dort leben noch zwei Brüder mit dem gleichen Waldenser-Namen: Kurt und Werner Servay. Beide sind bereits über 80, aber wenn überhaupt, dann nur weitläufig mit besagtem Otto verwandt.

Den Brief des Holländers gaben die Brüder an Herbert Arlt aus Kürnbach weiter, dessen Schwiegermutter Hedwig Fischer eine geborene Servay und die Cousine von Otto Servay ist. Beim Stöbern in alten Familienalben stießen Arlt und seine Frau Brigitte dann auf zwei Fotos und die Todesanzeige von Otto Servay, die am 6. Oktober 1942 in Knittlingen veröffentlicht wurde.

Das eine Bild zeigt den Verstorbenen in Felduniform mit blondem, nach hinten gekämmten Haar, das andere dessen Bruder Willy als Oberleutnant, der den Krieg zwar überlebte, aber laut Berichten aus dem Ort nach seinen Kriegserlebnissen mit dem bürgerlichen Leben nicht mehr zurecht kam. Otto Servay gehörte zu einer Panzereinheit der vierten Armee, die in der Nähe von Stalingrad im Einsatz war.

Jetzt hoffen die verbliebenen Familienangehörigen und die Militärhistoriker, über Feldpostbriefe, die Otto Servay möglicherweise an Freunde, Verwandte und Schulkameraden verschickt hatte oder alte Bilder noch das eine oder andere über das Schicksal des viel zu jung gestorbenen Soldaten zu erfahren.

Rob Jansen hat bislang nur herausgefunden, dass die vierte Panzerarmee am 4. August 1942 in der Nähe des Dorfes Aksay den gleichnamigen Fluss überschritten hat. Am 27. August fiel dort nach fünf Wochen Sonne das erste Mal wieder Regen.

75 Jahre Zweiter Weltkrieg

FASZINIERT VON DER GESCHICHTE: Herbert Arlt aus Kürnbach hat alle verfügbaren Dokumente über Otto Servay, den Cousin seiner Schwiegermutter, gesammelt. *Foto: bert*

IV

Casjen Rosendahl
Een onbekend lot

Stalingrad, oktober 1942

Tijdens de Tweede Wereldoorlog maakten de Duitse troepen gebruik van een ingenieus systeem van veldpostnummering, de zogenaamde *Feldpostnummers*. Doel daarvan was, naast een voorspoedige postvoorziening, de versluiering van de actuele verblijfplaats van een bepaalde eenheid. De familie van een soldaat kreeg een kaart waarop het veldpostnummer van hun geliefde stond vermeld, zodat ze hem konden schrijven. In principe behield een eenheid haar veldpostnummer, tenzij zij werd ontbonden. Nummers werden op basis van willekeurigheid uitgegeven. Het was daarom niet mogelijk om enkel op grond daarvan de positie van een troepenverband te herleiden.

Ieder bataljon had een eigen *Feldpostnummer [FPN]*. Dat bestond uit vijf cijfers. Een achter het cijfer geplaatste letter had betrekking op een ondergeschikte eenheid, bijvoorbeeld een compagnie. Soms stond er voor het cijfer een L voor Luftwaffe of een M voor Marine. Soldaten schreven naast hun eigen naam wel eens het veldpostnummer in hun helm. Een goede manier om bij verlies deze helm weer bij de juiste eenheid terug te laten bezorgen. Zo deed ook de *Gefreiter*[21] Casjen Rosendahl.

Casjens helm en andere opgegraven artefacten.

---

21 Soldaat Eerste klas.

De helm van Casjen Rosendahl werd gevonden in Volgograd, het voormalige Stalingrad, in een stadsdeel genaamd Elshanka.[22] Boven zijn naam en rang is in witte letters het veldpostnummer 23501 geschilderd. In het register is eenvoudig terug te vinden dat dit nummer was afgegeven voor de 3*de* *Batterie schweres Werfer-Regiment 2*.

Stalinorgels

Werfertruppen, ook wel *Nebeltruppen* genoemd, waren eenheden die oorspronkelijk voor de chemische oorlogvoering werden opgericht. Met behoud van deze taak werden deze troepen ook uitgerust met de zogenaamde *'Nebelwerfer'*, een raketlanceerinrichting. De opdracht van een Nebeltruppe was het inzetten van rook- en chemische strijdmiddelen, gasdetectie en decontaminatie [ontsmetting] van soldaten, uitrusting en omgeving. De opleiding vond plaats in de Militaire gasbeschermingsschool in Berlijn en de *Nebeltruppenschule* in Celle, later ook in Bromberg en Th rn. Voor de tactische inzet van gas- en rookgranaten werden raketinrichtingen ontwikkeld. Adolf Hitler persoonlijk beval de productie van strijdmiddelen ter voorbereiding op een gasoorlog. Militaire overwegingen en de schaarste aan grondstoff n weerhielden het oppercommando van de Wehrmacht om strijdgassen daadwerkelijk in te zetten.[23] Ook aan geallieerde zijde werden er geen gaswapens gebruikt. De inzet van raketwerpers kreeg vooral betekenis nadat de Duitse troepen aan het Oostfront kennis maakten met de Katjoesja-raketwerper van de Sovjettroepen, een tot dan toe onbekend wapen dat voor zware verliezen zorgde. Op dit, door hen als Stalinorgel aangeduide mobiele en slagvaardige wapen, hadden de Duitsers tot dan toe geen antwoord. Men besloot daarom het wapen, dat oorspronkelijk was bedoeld om rook en strijdmiddelen als munitie af te vuren, verder te ontwikkelen tot een raketwerper die planmatig voor artilleriedoeleinden kon worden gebruikt. De naam Nebelwerfer werd als dekmantel gehandhaafd voor deze nieuwe raketwerper. De nieuwe Nebelwerferregimenten werden voor het eerst in de zomer van 1942 ingezet bij de belegering van Sebastopol. 21 batterijen [samen 576 lopen] namen de stad onder vuur met spring- en brandraketten met een kaliber tot 32 cm. Met succes. De Nebelwerfers waren voortaan een welkome aanvulling van de Korpsartillerie. De gevechtswaarde zat hem vooral in een hoge vuursnelheid en de overvalachtige werking met een hoge vernietigingskracht door een combinatie van spring- en brandmunitie. De vuurkracht van een *Werfer-Regiment* met meer dan 300 raketten per seconde was enorm.

---

22 Ельшанка.
23 Er wordt zelfs aangenomen dat Adolf Hitler, soldaat tijdens de Eerste Wereldoorlog, een dergelijk verwerpelijk wapen niet wilde inzetten.

De demoraliserende werking van een dergelijke aanval op de Russen, vergelijkbaar met de gevreesde duikaanvallen van Stukas, was groot. Alleen al een salvo van een batterij 15 cm Nebelwerfers bedekte een doelvlak van 350 meter breed en meerdere honderden meters diep, waarbinnen iedere vijandelijke beweging ogenblikkelijk werd verlamd. Het bereik van de *Werfers* was echter gering, waardoor ze het gevaar liepen om geraakt te worden door direct vijandelijk vuur. De uit zes Werfers bestaande batterij moest daarom na ieder salvo een positiewissel uitvoeren, anders zou het rookspoor van de raketaandrijving hun locatie kunnen verraden. Mobiliteit was voor deze troepen dan ook van levensbelang.

21 cm Nebelwerfer 42.

Soldaat Casjen Rosendahl maakte deel uit het zware Werfer Regiment 2. Dit werd op 1 april 1942 geformeerd en na de oprichting aan *Heeresgruppe Süd* ter beschikking gesteld. Het regiment bestond uit drie bataljons met ieder 18 x 280/320 mm NbW 41 raketwerpers.

Een naam, een gezicht en een verhaal
Wie was Casjen Rosendahl? De voornaam Casjen komt in Duitsland weinig voor. Het is de Oost-Friese benaming voor onze naam Christiaan. In het register van de Duitse gravendienst staat maar één soldaat met de naam Casjen Rosendahl. Het betreft een korporaal [Gefreiter], geboren op 6 december 1909 in Nordgeorgsfehn en gesneuveld op 25 oktober 1942 te Stalingrad. Geen twijfel. Dit is onze man.

Nordgeorgsfehn is een gehucht in de Duitse provincie *Ostfriesland*. Hier wonen maar weinig mensen met de naam Rosendahl. De familie van Casjen is dan ook snel gevonden. We komen in contact met een kleindochter, Anna.[24] Tot onze verbazing blijken er nog twee kinderen van Casjen in leven te zijn, een zoon en een dochter, Thodor en Edina. Als we de familie benaderen is zij verrast, maar ook zeer geïnteresseerd en heeft zij vele vragen. De ontdekking roept ook emoties op. Het gevoel van verbondenheid met Casjen is, na al die jaren, blijkbaar nog zeer sterk. Twee maanden eerder had Anna bij de Duitse oorlogsgravenstichting nog navraag gedaan over diens lot. Via Anna komen we meer over hem te weten.

Casjen was de zoon van Harm Rosendahl en Edina Hellmers. Zijn vader was landbouwer. Als jonge knaap bezocht Casjen de Volksschool en zondags de Evangelische Kerk. Toen hij 20 jaar oud was verloor hij zijn moeder. Casjen trouwde met Elisabeth Augusta Beyendorf. In 1938 kregen zij een zoon, Thodor. Een jaar later volgde Edina. Casjen werd weliswaar geboren in Nordgeorgsfehn, hij bracht zijn jeugd door in Augustfehn, enkele kilometers zuidelijker. Hij verdiende als landbouwer zijn brood, net als zijn vader. Op 14 februari 1941 werd hij in Oldenburg opgenomen in de Duitse Wehrmacht en ingedeeld bij een Nebelwerfereenheid. Nauwelijks een jaar later bereikte hij de rang van *Oberkanonier*[25] en al twee maanden daarna werd hij bevorderd tot korporaal. Veel meer weet zijn familie in eerste instantie niet te melden. Gelukkig zijn er een *Wehrpass*,[26] enkele foto's en veldpostbrieven bewaard gebleven. De veldpostbrieven zijn helaas in zeer slechte staat. Er waren er ooit vele, maar Elisabeth, Casjen's weduwe, moest noodgedwongen een paar maal verhuizen. Daarbij zijn brieven verloren gegaan.

Casjen Rosendahl

Tijdens het uitruimen van een kast na haar overlijden, vielen veel brieven uit elkaar, aangetast door vochtinwerking. Een paar konden nog worden gered. Ze zijn in zeer slechte staat en bovendien geschreven in het moeilijk leesbare Sütterlinschrift.[27] Voor de familie zijn ze onleesbaar, zoals weinigen in Duitsland nog de vaardigheid bezitten om Sütterlin te lezen. Elisabeth, de enige in de familie die mogelijk die vaardigheid nog bezat, stierf in 1997, op 92-jarige leeftijd.

---

24 Naam veranderd uit privacyoverwegingen.
25 Rang binnen de artillerie tussen soldaat en korporaal.
26 Militair zakboekje.
27 Handschrift ontwikkeld door Ludwig Sütterlin dat in 1915 in Pruisen werd ingevoerd. Vanaf 1920 werd geleidelijk in heel Duitsland deze standaardisatie gebruikt. In 1935 werd het Sütterlin zelfs het officiël schrift in heel Duitsland. Op 1 september 1941 werd het door Martin Bormann in opdracht van Hitler verboden.

Brief aan het thuisfront.

De kennismaking

We sturen de familie enkele foto's van Casjens helm. Al snel komt er een antwoord van kleindochter Anna: *"Hartelijk bedankt voor de foto's van de helm en de informatie over Casjen! Wij waren er zeer door ontroerd. Zoveel jaren hebben wij niets over Casjen vernomen, en nu is er opeens die helm. Dat was zeer aangrijpend en emotioneel. Gisteren zijn wij met de familie bij elkaar gekomen om over de ontvangen informatie te spreken. Wij zijn tot de beslissing gekomen dat u in uw boek over Casjen mag schrijven."*

Casjens boerderij.   Edina en Th odor.

Wij worden al spoedig uitgenodigd om naar Duitsland te komen en besluiten de familie te bezoeken. Uiteraard gaat Casjens helm mee in onze bagage. Op een mooie zonnige voorjaarsdag rijden we naar *Ostfriesland* met als reisdoel de boerderijwoning van Edina in Nordgeorgsfehn, dichtbij de Nederlandse grens. Niet ver van onze bestemming rijden we door een vlak maar boomrijk landbouwgebied met kleine dorpjes en mooie hoeves. De navigatie leidt ons via een in zeer slechte staat verkerend en nauwelijks berijdbaar boerenpad naar een boerderij. Achteraf bleek dit niet de gebruikelijke route, maar een soort van vergeten smokkelpad te zijn, niet geschikt voor auto's. De boerderij blijkt een prachtige oude en grote hoeve. Op de oprit staan een stuk of zes auto's en in de tuin staat een man die ons gelijk wenkt. We zijn kennelijk op de juiste plaats. Het voelt onwerkelijk. Daar zijn we dan, bij de nabestaanden van een Duitse soldaat die sneuvelde in Stalingrad, een plek nota bene waar de waanzin van de oorlog tot een dagelijks terugkerend gebeuren werd verheven.

Binnen is de hele familie verzameld. De ontvangst is allerhartelijkst. Zowel de voor- als de achterkamer zijn gevuld met gasten. Wij worden de voorkamer ingeleid en voorgesteld aan Thomas en Edina. Thomas is een vriendelijke 78 jaar oude baas met een baard, zus Edina, een struise rustige vrouw, is twee jaar jonger. Op de salontafel staan maar liefst drie zelfgebakken taarten van reusachtige omvang. Duitse gastvrijheid. Aangezien de hele familie is samengestroomd, is er in de voorkamer onvoldoende plek voor allemaal. Al spoedig vormt zich een groepje in de voorkamer en een in de achterkamer. Wij krijgen een ereplaats in de voorkamer, tussen Thodor en Edina in. Na de kennismakingsgesprekjes, de koffie en de taart, wordt het tijd voor de helm. Als ik de tas pak valt er een doodse stilte. Even hangt er een vreemde spanning in de lucht. Ik pak de helm, met, duidelijk zichtbaar voor iedereen, een groot inslaggat van een granaatscherf, en houd hem Thodor voor. Even lijkt het alsof deze een fractie van een seconde aarzelt. Dan pakt hij hem resoluut aan. Zwijgend betast hij de helm, alsof hij zich op dat moment bewust is van de trieste geschiedenis van het voorwerp. Niemand zegt een woord. Wat gaat er in de zoon van Casjen om? Dan, plotseling, geeft Thodor de helm door en zwijgend gaat deze de kring rond totdat hij bij Edina aanbelandt. Ze houdt hem kort vast en geeft hem weer aan mij terug. Het blijft ijzig stil. Als ik de helm weer in de tas stop, lijkt er iets van opluchting te ontstaan. De ban lijkt gebroken, net als de spanning. Er wordt weer gesproken. Wij moeten vertellen over Stalingrad. Het blijkt dat de familie erg weinig weet van wat zich daar heeft afgespeeld. Het hele gezelschap hangt dan ook aan onze lippen. Over de oorlog werd weinig gesproken in het naoorlogse Duitsland, merken we. We kunnen de familie veel nieuwe informatie geven over Casjens veldtocht in Rusland en over Stalingrad. We praten nog een tijdje met de familie, maar vooral met Thodor en Edina. Na het sneuvelen van hun vader hebben ze blijkbaar jarenlang in grote armoede geleefd. Het was sappelen. En dan, na ruim twee uur, nemen wij afscheid. De helm is niet meer uit de tas geweest. Niemand vroeg ernaar.

Enkele dagen na ons bezoek aan Duitsland, ontvangen we van Anna het volgende bericht: *"Het was zeer ontroerend voor mijn vader en mijn tante om de helm in de handen te houden! Ze waren erg onder de indruk van jullie informatie en de beelden. We hebben jarenlang nauwelijks iets over Casjen geweten, en nu, ineens, zo veel informatie! Dat is natuurlijk heel emotioneel. Mijn tante was eerst zeer nerveus, vooral de dagen voor jullie komst. Maar later was alles goed. Ze was op een of andere manier opgelucht, ook over jullie bezoek, dat zeer aangenaam was. Ik ben vaak bij mijn tante en we spreken veel over Casjen en jullie bezoek! Op een of andere manier is Casjen daardoor nu weer meer een deel geworden van onze familie. Ik hoop dat je begrijpt wat ik wil zeggen, meer aanwezig. Mijn oma had vroeger amper over hem verteld. Ik denk dat ze dat niet kon. Ze is ook altijd alleen gebleven en is nooit meer hertrouwd, hoewel ze toen nog jong was... maar ze had het Casjen beloofd. Zoiets is tegenwoordig eenvoudigweg niet meer voor te stellen! Voor mij was het ook ontroerend om de helm vast te houden... ook om dat inschotgat te zien. Eén gedachte was voor mij troostend. Mijn grootvader had zeker zo een zware hoofdverwonding dat hij niet lang heeft hoeven lijden."*

Casjen en zijn paarden.

Casjens veldtocht

De familie heeft ons kopieën van het militaire zakboekje van Casjen, de overgebleven brieven en enkele foto's gestuurd. Aan de hand van de lijst 'meegemaakte gevechten' en aantekeningen in diens boekje kunnen we Casjens militaire loopbaan enigszins volgen.

Casjen was dienstplichtig, werd opgeroepen en op 22 februari 1941 beëdigd. Hij werd ingedeeld bij de 1ste Batterie Nebel Ersatz Abteilung 4 in Bremen en opgeleid tot kanonnier van de 10,5 cm Nebelwerfer. In de periode tussen februari 1941 en 20 april 1941 verblijft hij in de Scharnhorstkazerne in Bremen. Uit deze periode zijn drie veldpostbrieven bewaard gebleven. Daarin adviseert hij zijn vrouw, die hij Guste noemt, over het rooien van de aardappels en stuurt hij haar geld. Het soldatenleven valt hem blijkbaar zwaar. Een kort citaat uit een van de brieven duidt daarop: *"[...] we stoppen meestal om 19.00 uur, dan eten en om 20.30 uur naar bed. [...]."*

Eind maart 1941 probeert Casjen verlof te krijgen om zondags naar te huis mogen. Zijn opleiding is bijna afgerond en hij hoopt dat de leiding hem daarom wil laten gaan. Hij krijgt geen vrijaf. Dat hij geen fanatiek soldaat is, en liever bij zijn gezin is, blijkt duidelijk uit de nu volgende brieven:

"[...] Onze opleiding is zo ongeveer ten einde. Ik probeer 'aanspraak te maken' op vrijstelling van dienstplicht. Volgende week hebben we inspectie. Er zijn er meer die een verzoek hebben ingediend. Ik geloof ook dat dit helpt. Als we zijn opgeleid, zullen ze onze aanspraken wel inwilligen. Het zou toch vreemd zijn als ze de anderen niet nodig hebben en ik zou in het leger moeten blijven. Wacht maar tot volgende week. Morgen komen de generaals voor de inspectie. Ik stop een foto in de brief, hopelijk vind je mij daarop terug. [...]."

"[...] Ja de kleintjes groeien goed. Het is eigenlijk heel triest dat ze mij bij mijn lieve familie hebben weggerukt. Het zou anders moeten zijn, dat ik weer bij jullie terugkom. Anders zijn de kinderen straks groot en is hun vader in het leger. [...] Zondagavond hebben we hier een feest. Omdat het verlof niet doorgaat, moet ik daar heen. Dat is mooi, maar ik zou liever naar huis zijn gegaan. Nu moet ik naar bed. We hebben met dit regenachtige weer veel te poetsen en dan blijft er weinig tijd over. Ik heb al weken geen hoofdpijn gehad. Welnu, veel groeten van je lieve Casjen en voor de kleintjes van hun lieve papa.
Afzender. Kan. [Kanonier] C. Rosendahl. Ers. Abt. 4 Bremen Scharnhorst Kaserne. Goede nacht."[28]

Vanaf 19 april 1941 wordt Casjen ingedeeld bij de Nebelwerfer-Abteilung 8. Een dag later vertrekt de eenheid naar het oosten, naar Polen, waar ze als bezettingstroep worden ingezet. Op 6 mei schrijft Casjen een brief. Ook vanuit het oosten probeert hij goed voor zijn gezin te zorgen.

---

28 Brief van 26 maart 1941.

"Ik heb jullie vandaag een pakket gestuurd met honing en bonbons. Ik heb ook suiker gekregen. Die wilde ik eigenlijk met de rest meesturen, maar een pakket mag niet meer dan 2 kilo wegen. De komende dagen stuur ik de suiker op. Ik heb al twee pond gehaald. Ik vermoed dat suiker voor jullie het belangrijkste is. Ik denk dat kleine Dienchen [Edina] de bonbons ook al wel mag eten. Lieve Guste en kinderen, tot nu toe heb ik hier nog geen honger geleden. Ik heb twee eieren in de hete koffie gedaan, wat suiker erbij, een paar sneden brood en dan heb ik genoeg. Daar red ik het prima mee. […]."

Casjen, links, tussen kameraden in een bos.

"[…] Ik zou zo graag bij jullie thuis zijn, maar we moeten maar afwachten. We mogen de moed niet verliezen. Je moet je ook geen zorgen om mij maken. Als je me steeds weer schrijft, gaat het met mij ook beter. Je moet maar denken, als hij weer thuiskomt, begint het leven opnieuw, met twee grote lieve kinderen. Jij hebt het meisje en ik de jongen. Ik denk altijd aan beiden met vreugde."

De relatieve veiligheid van Polen is intussen ingeruild voor een plek aan een toekomstig front. De legerleiding heeft heimelijk de aanval op de Sovjet-Unie voorbereid. Kort voor deze aanval krijgt Casjens eenheid een positie toegewezen voor de vestingstad Brest-Litowsk. Als op 22 juni 1941 een orkaan van vuur losbarst, als inleiding tot de aanval op de Sovjet-Unie, bezetten de raketwerpers een prominente plaats in het orkest van de dood. Ze nemen Brest-Litowsk onder vuur. Op

29 juni valt de stad. Voor Casjen volgt een maandenlange, slopende reis door de Sovjet-Unie, met eindeloze ritten door de uitgestrektheid van dit land. Het zijn ook maanden van bittere gevechten. De eenheid neemt deel aan een reeks veldslagen: Bialystok, de oversteek van de Dnjepr en de Duna, gevechten bij Mohilew, Beresina, Gomel, Kiew, Brjansk en Kursk. Uiteindelijk loopt het offensief vast tijdens de strenge winter van 1941-1942. Op 23 februari 1942 keert Casjen terug in Duitsland. Zijn zakboekje vermeldt 'Verwendung in Heimatsgebied', als bewijs dat hij het recht heeft om thuis te verblijven.

In maart en april 1942 wordt het nieuwe *SchwereWerfer-Regiment 2* opgebouwd en op 1 april in actieve dienst gesteld. Het is onder meer samengesteld uit andere raketwerperregimenten. Het verblijf thuis was van korte duur. Casjen maakt vanaf maart 1942 deel uit van dit nieuwe regiment. Op 8 mei 1942 vertrekt hij met zijn nieuwe eenheid vanuit de kazerne in Celle. Opnieuw is het oosten van Rusland de bestemming. Dankzij een flink aantal bewaard gebleven veldpostbrieven van een andere soldaat van Casjens regiment kunnen we de eenheid, en dus ook Casjen, volgen op zijn weg naar Stalingrad. Deze soldaat, Ekkehard Johler, was verbindingsman bij de staf, en schreef vrijwel dagelijks naar huis.[29]

De reis gaat per trein. In Gross Hehlen, bij Celle, versieren schoolkinderen de wagons met takken vers groen en worden er bloemen in de knoopsgaten van de soldaten gestoken. Dwars door Maagdenburg gaat het naar Wittenberge, waar de Elbe wordt overgestoken. Via Oppeln en Gleiwitz gaat het verder naar het oosten. Nadat de demarcatielijn[30] is gepasseerd, gaat de reis minder snel. De periodes van oponthoud worden nu langer en talrijker. Op 16 mei eindigt het vervoer per spoor en wordt het regiment uitgeladen. Het bevindt zich nu in Rusland. De reis verloopt rustig, zonder incidenten of aanvallen door partizanen. Het weer is gunstig. 's Nachts is het koud, overdag al behoorlijk warm, met blauwe luchten, zonneschijn en een aangename warme wind. Hygiëne is geen probleem. Zolang men bij stations in de buurt is, is er voldoende water om zich te wassen. Vanaf het laatste station wordt op een dagmars afstand een plek bereikt waar een tentenkamp wordt opgeslagen. Daar brengt het regiment enige tijd door. Veel tijd voor ontspanning is er echter niet. Er moet hard worden gewerkt en flink geoefend. Het weer blijft vooralsnog warm en mooi. De avond van de 2de juni schrijft Casjen een brief naar zijn gezin:

---

29 De veldpostbrieven van Ekkehard Johler, staf SchwereWerfer-Regiment 2
30 Grenslijn tussen Duits- en Russisch Polen.

"Mijn lieve Guste, mijn lieve zoon Theodor en mijn lieve dochtertje Edina.

Mijn lieve Guste, het is nu dinsdagavond 2 juni. Met mij gaat het nog steeds heel goed. Jullie ook, merk ik. Ik meen dat in jullie brief te lezen. Vanavond ben ik erg blij, want ik heb zojuist 4 lieve brieven van jou mijn lieve Guste gehad. [...] Zoals je schrijft, ben je weer flink aan het werk. Dat doet mij plezier. Mijn pakket is goed aangekomen. Mijn lieve Guste, je schrijft me dat het jou de laatste keer zwaar is gevallen toen ik wegging. Ja, mijn lieve Guste, ik kon dat merken. Ook voor mij was het erg moeilijk om van jullie lieverds afscheid te nemen, hoewel we wisten wanneer het ongeveer ging komen. Je moet je geen zorgen maken, het gaat allemaal goed. [...] Nu mijn liefste, ik wens je al het goede. Ik kan niet meer zien wat ik schrijf, het wordt te donker. Morgen schrijf ik weer. Nu, gezond blijven jullie en nog een keer hartelijk gegroet van jullie lieve Casjen en lieve papa.
   Goede nacht mijn drie lieverds."

De eerstvolgende bewaard gebleven brief van Casjen is van enkele maanden later, 9 oktober 1942, maar met behulp van Ekkehard Johlers brieven kunnen we Casjens eenheid ook in de tussentijd goed volgen. Tussen 16 en 25 juni ligt deze ongeveer 30 kilometer achter het front, ver weg van de bewoonde wereld. Ze zijn nog niet ingezet. Het is een rustig gebied waar ze zich bevinden, al krijgen ze wel regelmatig bezoek van vijandelijke vliegtuigen. Voor de soldaten voelt het als de stilte voor de storm. Ze wachten op hun eerste inzet sinds tijden. De rantsoenen zijn ondertussen vrij karig geworden. Aardappelen krijgen ze niet meer en het eten bevat weinig vet. Wel krijgen de mannen iedere dag een pil tegen dysenterie. Het weer is wisselvallig. Na zeer hete dagen, waarbij het door het stof op straat niet om uit te houden was, zijn er nu ook dagen van continue regen. 's Nachts worden de vuuropstellingen in orde gemaakt als voorbereiding op een offnsief.

Op donderdag 25 juni worden posities aan het front ingenomen en in de avond van zondag 28 juni gaat het offnsief van start. De tanks breken de eerste dag al door de vijandelijke defensie en stoten zo snel door dat Casjen en zijn kameraden onmogelijk bij kunnen blijven. Ze naderen in hoog tempo de rivier de Don.

Johler bericht:

"5 juli 1942,
   We rukken steeds dicht achter de gevechtslinie op om in een noodgeval ingezet te kunnen worden. Soms worden we naar een ander deel van het front gestuurd, zo ook de laatste paar dagen. We rijden dan dag en nacht. Twee keer zouden we in actie komen,

maar het landschap was te ongunstig en we kamen ook steeds iets te laat. De tanks hadden het intussen zelf al opgeknapt. We zijn nu weer in een onrustig gebied, op 10 kilometer van de Don. Misschien kunnen we vanavond baden. Sovjet bommenwerpers proberen ons sinds gisteravond te treffen. Ze vliegen echter op grote hoogte en komen alleen tevoorschijn als onze jagers elders zijn. Gisteren hebben we gezien hoe een van onze eigen jagers een bommenwerper afschoot. Een goede vuurstoot en dat 'beest' stortte brandend ter aarde, een kleine vijfhonderd meter bij ons vandaan. In de mangaten is een mens vrij veilig. We graven er steeds een aantal. De vorige nacht hebben we er zelfs in geslapen. Meestal dutten we zittend in onze voertuigen of gewoon op de grond, goed ingepakt in een deken, jas of tentzeil. Tenten bouwen loont de moeite niet voor die paar uur dat we rusten."

Een dag later wordt de Don overgestoken en ligt de eenheid voor Woronesh. De stad staat in brand. Stukas raken een munitiedepot. De tankdivisie aan welke het regiment is toebedeeld, wordt na enkele dagen bij Woronesh te hebben gevochten teruggetrokken en aan een ander deel van het front ingezet. Weer wordt er dag en nacht gereden, deze keer in zuidelijke richting. Het is bloedheet en de stofwolken die opdwarrelen zijn zo dik dat het zicht niet meer dan twintig meter bedraagt. Casjen en zijn kameraden zijn hondsmoe en ongelofelijk smerig. Vaak is er geen water in de buurt te vinden. Het rantsoen per dag per persoon is niet meer dan twee liter. De rit eindigt in een dorp op dertig kilometer van de Don. Hier wordt enige dagen rust gehouden. De huizen in het dorp zijn zo vies dat de soldaten liever in hun voertuigen slapen. Na tien dagen rust trekt de eenheid weer verder, om op 30 juli opnieuw haar kamp op te slaan in een dorpje genaamd Nicolajeff, het gebied van de Don Kozakken, aldus Johler: *"We bevinden ons momenteel in het gebied van de Don Kozakken. Van de mannen is hier echter weinig te zien. Er zijn hier alleen vrouwen, kinderen en bejaarden. De kinderen rijden hier paard als de duivel, natuurlijk zonder zadel. We blijven drie dagen in dit dorp. Dan gaat het weer richting Don. Het is de eerste keer dat de bevolking ons vriendelijk bejegent. We hebben weer verbindingsdraden gelegd naar alle afdelingen. De telefooncentrale staat in een huis, waar ook ons gecamoufleerde voertuig staat. De bevolking heeft het hier beter, omdat ze meer en beter te eten hebben. Voor het overige zijn ze nochtans vreselijk primitief. We krijgen ruim voldoende eieren en melk. Vandaag haalden we meel uit de keuken en lieten de vrouwen eierkoeken bakken. In het huis [één ruimte] wonen drie vrouwen [moeder, getrouwde dochter en schoondochter] en verscheidene kleinkinderen. De mannen zijn de oorlog in. Op het erf en in de woning lopen veel kippen met kuikens. Onder de bedden ligt ongemalen graan. De mensen moeten 'welgesteld' zijn, want hier staat een Duitse naaimachine, merk Pfaff. Bovendien hebben ze een melkkoe. Het weer is zwoel en men kan zich bijna alleen maar in de schaduw ophouden. In het witgekalkte huis is het enigszins koel. Echter word je daar door ontelbare vliegen lastiggevallen. Met de verzorging is het wel uit te houden, als je er iets bij kunt organiseren. Het is soms beter, dan weer slechter. Nu de zomer vordert, worden ook langzaam de appels, peren en pompoenen rijp."*

Nadat de eenheid het Kozakkendorp heeft verlaten, treffn ze niets dan steppe. Het gaat nu in de richting van Stalingrad. Weer wordt de Don overgestoken. De zon brandt onbarmhartig boven de schaduwloze grassteppe. Overdag is het verzengend heet, maar 's nachts koelt het behoorlijk af, tot net boven het vriespunt. Het oprukken gaat niet meer zo snel als voorheen. De weerstand die de Sovjets hier bieden is aanmerkelijk toegenomen. Er zijn hier goed uitgebouwde stellingen die overwonnen moeten worden. De omstandigheden in de steppe zijn zwaar voor de mannen. Johler schrijft hierover op 23 augustus: *"De steppe is zeker zo onaangenaam als de woestijn. Behalve dat er hier in plaats van zand verdroogde aarde ligt, waarop spaarzaam en verdord gras staat. Geen boom, geen struik, geen water. Heel af en toe een oase, een armoedig dorp. Je kunt je het niet voorstellen als je het niet zelf gezien hebt."*

Ergens in deze dorre, verzengde steppe ontvangt Casjen op 25 augustus zijn Ostmedaille.[31] In de gloeiende hitte krijgt hij zijn onderscheiding aangeboden. Is er een groter contrast denkbaar?

Vanaf de vlakte van de steppe ziet Casjen dagelijks de Stuka-bommenwerpers over komen. Stalingrad wordt nu zwaar gebombardeerd, dag na dag. 's Nachts verschijnen dan de vijandelijke bommenwerpers ten tonele, op zoek naar Duitse doelen. Op een afstand van ongeveer twintig kilometer zien de mannen in de verte Stalingrad branden. In de eerste week van september slaat het weer om. Het wordt herfst. De warme wind die men gewend was waait nu koel. De nachten zijn koud. De zon steekt niet meer, maar is nu overdag aangenaam warm. Er komt een stellingwissel en de eenheid verplaatst zich meer naar het noordelijke stadsdeel van Stalingrad. Johler begeeft zich in de stad en beschrijft zijn indrukken: *"5 Okt. 42, Gisteren op zondagmorgen was ik met een kleine groep in Stalingrad om hout te halen. Verwoestingen, vluchtelingen etc. Zo snel kun je niet beschrijven hoe bar het eruitziet. Ook in behouden gebouwen ben ik geweest. Lange smalle gangen met alleen deuren: een kamer, drie bedden, een*

---

31 De Medaille Winterschlacht im Osten 1941/42, ook wel Ostmedaille of Oostfrontmedaille genoemd, was een Duitse onderscheiding tijdens de Tweede Wereldoorlog. Hij werd uitgereikt aan zowel strijdend als aan niet-strijdend personeel dat van 15 november 1941 tot 15 april 1942 dienstdeed aan het Oostfront. De medaille werd op 26 mei 1942 ingevoerd. Vanwege de bittere Russische winter van 1941-1942 werd hij ook wel spottend 'Gefrierfleisch rden' [bevroren-vleesmedaille] genoemd.

bank, tafel, stoelen, kast. Een woning voor een familie. Aan de wanden verschillende afbeeldingen van de Sovjetmachthebbers, en overal een luidspreker, dus geen radio. Er kan alleen maar naar een centrale zender worden geluisterd. Op iedere etage is een gemeenschappelijke keuken."

"7 Okt. 42, We zijn in het noorden van de stad waar de 'Ruskis' zich bijzonder vastgebeten hebben. Hard werken. Zoals het er hier uitziet! Een poging om alles te beschrijven, zou nutteloos zijn. Niets is meer heel, alles is kapotgeschoten of afgebrand. Veel smeult nog en vaak staat een huis in vlammen en ziet het eruit als een reuzenfakkel. De meeste burgers zijn gevlucht, zoals hun vanaf Duitse kant is bevolen. Maar velen verblijven desondanks nog in bunkers die ze in hun tuinen gegraven hebben. We gooien ze eruit en kruipen er zelf in. Dat geeft vaak afschuwelijke scènes, maar we moeten hard blijven en de burgers naar achterliggende linies sturen. De luizen zijn walgelijk, in het bijzonder tijdens deze dagen, wanneer er geen tijd is om ze te zoeken en uit je kleren te halen. Ze nemen snel in aantal toe en het jeukt verschrikkelijk."

Op 9 oktober schrijft ook Casjen een brief naar huis. Het is de laatste brief die van hem bewaard is gebleven.

"Rusland-Stalingrad den 9. Okt. 42.
  Mijn allerliefste Guste en mijn beide zeer geliefde kinderen – Theodor en Edina!
  Mijn lieve Guste, het is alweer vrijdagmorgen, 9 oktober. Nu wil ik jullie, mijn allerliefsten, even een klein briefje schrijven. Met mij gaat het nog steeds heel goed. Gisteravond heb ik mij weer bijzonder verheugd, want het tweede 2-ponds pakket kwam aan, en drie lieve brieven van jou mijn lieve Guste, en een brief van Talke en ook een van Lisa. Mijn lieve Guste, dat was weer een mooi pakket. Ik heb me er zeer over verheugd toen ik het opende, maar tegelijkertijd moest ik ook bijna huilen, als ik dan bedenk dat jij mijn lieve Guste jezelf tekortdoet om mij dit te sturen. Ja, lieve Guste, ik weet wat voor een goede vrouw ik heb. Als ik terugkom zal ik het ook op waarde weten te schatten, dan krijg je het beter mijn lieve Guste. Ook heb je mij weer enveloppen gestuurd, nu kan ik weer schrijven. De worst en de beschuit smaken goed. Ja, zelfs een zak met bonbons heb je mij gestuurd. Ik kan ze bijna niet eten, omdat onze beide lievelingen ze niet krijgen. Maar omdat jij ze hebt meegestuurd, zal ik ze eten. [...]
  Je vraagt mij, mijn lieve Guste, wat je met het kalf moet doen. Dat moet jij weten, mijn lieve Guste. We hadden het graag behouden, maar als jij denkt dat het niet lukt en koe en kalf beiden mager worden, dan is het beter dat de koe een beetje meer voer krijgt."

Vanaf 13 oktober is het *schweres Werfer Regiment 2* weer actief. Op 23 oktober wordt het ingezet ter ondersteuning van de grote aanval op de Krasny Oktyabr-staalfabriek [Rode Oktober] in het noorden van Stalingrad. Twee dagen later sneuvelt Casjen. Zijn helm lijkt een zware inslag van een granaatscherf te hebben gehad. Als kannonier was hij dicht achter de frontlijn werkzaam. De maximale reikwijdte van de raketwerper was 2000 meter. Casjen was dus ruim binnen het bereik van de Russische artillerie. Casjen Rosendahl, 33 jaar oud, rust op het soldatenkerkhof in Rossoschka. Blok 44, Rij 4, Graf 146.

Casjens Wehrpass.

Casjen Rosendahl, 33 jaar oud, rust op het soldatenkerkhof in Rossoschka. Blok 44, Rij 4, Graf 146.

V

Adolf Hoffmann

Chugun, december 1942

Windhonden op de steppen van Kalmukkië

Een van de Duitse eenheden die het diepst in vijandelijk gebied doordrong, is de vermaarde 16de Infanterie-Division. Deze gemotoriseerde divisie, met de bijnaam 'Windhund', nam deel aan de Balkancampagne van 1941 en later dat jaar, als onderdeel van Legergroep Zuid, aan operatie Barbarossa, de inval in de Sovjet-Unie. Tijdens die weken rukte de divisie op richting de Kaukasus. Onderdelen naderden de in de Wolgadelta gelegen stad Astrachan tot op 20 kilometer. Daarmee waren zij van het Duitse leger de eenheden die het verst in oostelijk Rusland doordrongen. Terwijl bij Stalingrad de rampspoed zich voltrok, werd de divisie eind december 1942 teruggetrokken om zo een dreigende omsingeling te voorkomen.

Het wapen van de 16de Infanterie Divisie.

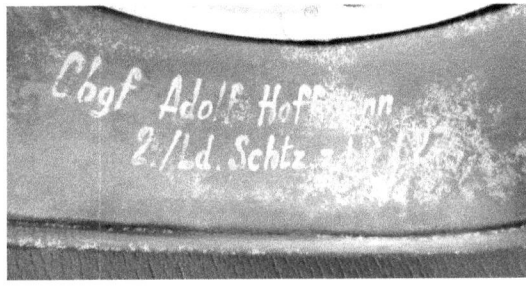

De helm waar het in dit hoofdstuk over gaat, zou, volgens de man in Volgograd in wiens verzameling hij zich bevond, zijn gevonden op de Kalmukkensteppe bij Schugut. Deze plaats hebben wij op de kaart niet kunnen vinden, maar mogelijk werd hier Chugun bedoeld. Dat zou goed kunnen kloppen, want in de helm is de naam Obergefreiter Adolf Hoff ann te lezen en een soldaat met deze naam is

6 kilometer buiten Chugun gesneuveld op 19 december 1942. Informatie van de Deutsche Dienststelle bevestigt onze aanname.

Obergefreiter Adolf Hoffmann werd op 15 november 1913 te Struth in de Duitse deelstaat Thüringen geboren. Hij maakte deel uit van Grenadier-Regiment 156 van de 16^(de) Infanteriedivisie. Zijn militaire identiteitsplaatje bevatte volgens de Dienstelle de tekst *'– 139 – 2. / Landesschutzen-Bataillonz.b.V. 627'*, wat wonderlijk genoeg overeenkomt met de tekst in de helm.

Adolfs graf zou zich bevinden in Jaschkul, een kleine nederzetting, niet ver van Elista, de hoofdstad van de deelstaat Kalmukkië. Via een behulpzame medewerkster van de gemeente Roderberg, waar Struth deel van uitmaakt, komen we in contact met een nichtje van Adolf Hoffmann. Zij schrijft:

"Zeer geëerde Heer,

Via onze gemeente hebben wij uw brief ontvangen. Het heeft ons zeer ontroerd te lezen dat u bij uw naspeuringen informatie over een familielid van ons hebt gevonden. Mijn naam is Annemarie [geboren in 1944]. Ik ben een nichtje van Adolf Hoffmann. Ik woon met mijn familie in het intussen omgebouwde geboortehuis van Adolf. We hebben de door u opgestuurde informatie vergeleken met datgene wat wij weten en het stemt geheel overeen. Adolf Hoffmann had twee broers en zeven zusters. Hij was een broer van mijn moeder. Mijn grootouders en mijn moeder hebben mij vaak verteld dat ze het bericht over zijn dood van de postbode kregen. Die bracht hen Adolfs naamplaatje met daarin een gat van een kogel of van een granaatsplinter. Helaas hebben we het naamplaatje niet meer. Jammer genoeg kan ik u niet veel over Adolf vertellen. Ik heb slechts vage herinneringen aan de verhalen die mijn moeder zaliger over haar broer vertelde. In mijn kindertijd sprak zij vaak over hem. Steeds weer benadrukte zij dat het een goed mens was. Van een oudere dame in ons dorp hoorde ik dat hij graag onder de mensen was en zich voor voetbal interesseerde. Hij maakte ook deel uit van het lokale voetbalteam van Struth. Adolf was niet getrouwd. Zijn tak van de familie is uitgestorven. Helaas kan ik u niet aan verdere informatie helpen. Ik stuur u bij deze brief een foto van Adolf, een foto van zijn geboortehuis en een bidprentje."

Op de door Annemarie meegestuurde foto kijkt Adolf ons recht aan. Hij heeft een zelfverzekerde, open blik en een fijnbesneden gezicht. Hij is hier nog zeer jong. Slechts 19 jaar oud was hij toen het noodlot hem trof, ver van huis op de kale Kalmukkensteppe. Om ons een beeld te kunnen vormen van

Adolfs laatste dagen, grijpen we terug op drie belangrijke bronnen: dagmeldingen van de 16de Infanteriedivisie, het dagboek van een van de divisieleden, Ernst Schwörer die zich als artillerist in de nabije omgeving van Adolf bevond, en de oorlogsgeschiedenis van de 'Windhonddivisie'.

Het is maandag 7 december 1942. Adolf bevindt zich op dat moment op de Kalmukkensteppe, op een plek die de Jaschkulstelling wordt genoemd. Een lid van Adolfs divisie beschrijft de omgeving als volgt: *"De bevolking hier bestaat uit Kalmukken, een Mongools ras met spleetogen. We kunnen niet in hun hutten, dus slapen we op de grond onder de blote hemel. Ze kleden zich in huiden die ze zelf looien. Hier vind je geen struik, geen boom. Hier zijn alleen kleine waterputten waar iedereen van afhankelijk is, en mensen, een paar koeien, schapen en veel kamelen. Vuur maakt men van gedroogde mest, want hout is hier niet te vinden. Alles wat de beesten bij elkaar schij... wordt verzameld en gedroogd. In de wijde omtrek is geen winkel te bekennen. De bevolking bedelt bij ons om koffie, tabak en thee. Wij ruilen dat voor melk en boter. Lucifers kennen zij niet. Iedereen heeft een vuursteen, een stuk ijzer en een lont. De lont is meestal gesneden uit een Russenjas, die ook hier gedragen worden. [...] De lemen hutten die de Kalmukken bewonen zijn meer dan armoedig. Geen pan of stro op het dak. Alles is van leem. Binnen is noch een tafel noch stoel. Waarschijnlijk zijn die hutten alleen voor de winter. Daarbuiten speelt zich hier alles in de buitenlucht af."*[32]

Naast 'windhonden' behoorden in die dagen ook kamelen tot het gewone beeld op de steppen van Kalmukkië.

---

32 'Die Kriegsgeschichte der Windhund-Division', Band 3, pagina 1307, 1308.

Op die 7de december 1942 noteert Schwörer het volgende in zijn dagboek: *"We hebben de hele nacht geen oog dichtgedaan, zijn echter toch blij dat de Russen zich koest houden. We zijn hier in deze hoek niet bijster sterk. Voor ons liggen twee armzalige machinegeweren, verder niets. Men heeft mijnen geplaatst, zodat we in elk geval merken als de Rus eraan komt. Ook bij de Turkmenen is het geen vrolijke boel. Daar gaan er 's nachts steeds weer mensen vandoor. Die vertrekken dan waarschijnlijk naar huis, want oorlog voeren is blijkbaar niet zo eenvoudig als ze hadden gedacht. Of ze overlopen weten we niet."*

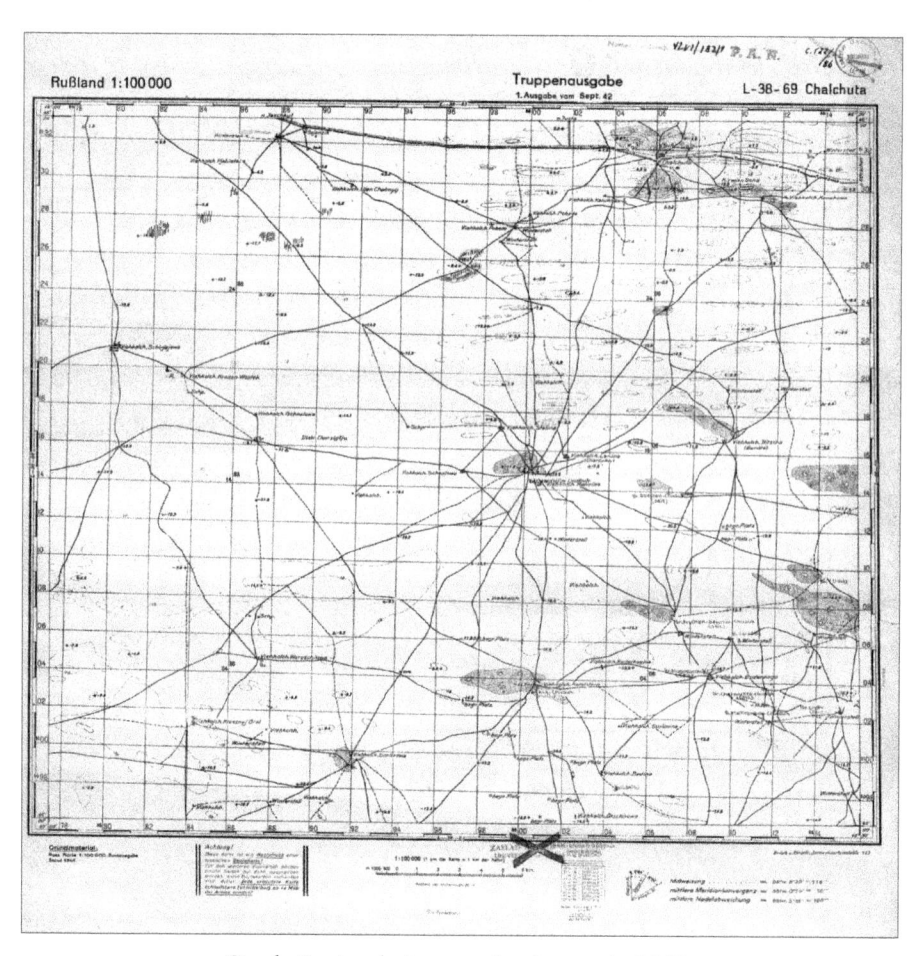

Op de Sovjets buitgemaakte kaart uit 1942.

We vermoeden van niet, want dan zouden ze door de Russen waarschijnlijk tegen de muur worden gezet. Vandaag was er een actie van de Kradschützen.[33] *Er moesten*

---

33   Militaire afdeling bestaande uit motoren met zijspan. Veelal gebruikt voor verkenningen.

voertuigen worden vernietigd op een paar kilometer voor onze stellingen. De opdracht luidde: niet in gevecht raken, maar er heenrijden, vernietigen en weer wegwezen. Een peloton van ons ging mee. De actie was niet bijzonder succesvol. Wel werd een vrachtwagen in brand geschoten, maar men moest zich snel terugtrekken want de Rus schoot met een 7,62.[34] *Een klein succes boekten we desondanks: we hebben de Russen een beetje in verwarring gebracht en dat is ook wat waard. 's Nachts was het rustig."*

De dagen erna is Ernst Schwörer zeer productief.

"8 december 1942, dinsdag.

Vandaag gaan we opnieuw naar Utta. Men wil weer de Russische bevoorrading treffen. Wij zijn daar bij nader order niet bij. Dan wordt de hele onderneming andermaal uitgesteld. We weten niet waarom. In de stellingen heerst rust. De Russische regimenten zouden weer volledig op sterkte zijn gebracht. Daarom verwachten we de komende dagen een grote aanval.

9 december 1942, woensdag.

De nacht was rustig. De wereld is, niet voor eerste keer, wit. De sneeuw blijft echter niet liggen, daarvoor is het veel te warm. Gedurende de nacht wordt storingsvuur afgegeven. Nauwelijks is het geluid van onze schoten weggestorven of daar beginnen de Russen. Ze nemen de vijfde batterij onder vuur. Dan komt er ook nog een verkenningsgroep, die echter in het mijnenveld terechtkomt en daar sneuvelt. Daarna wordt het rustig.

In het basiskamp gaan telkens de vreemdste geruchten rond. Er zijn de laatste dagen bij de Turkmenen weer enkele Tataren verdwenen. Vertrokken. In het basiskamp weet men te vertellen dat het een hele compagnie betreft. Verder zou richting Jaschkul een heel Russisch tankleger oprukken dat ons moet verslaan. Deze vervloekte schijtoorlog is om te kotsen. We zijn het meer dan zat. Onze divisie staat als enige grote eenheid moederziel alleen in de steppe. Wat moeten we eigenlijk hier? We willen heelhuids weg uit deze troosteloze leegheid. Het is genoeg geweest. Als een mens tijdens dit 'hondenleven' eindelijk tijd tot nadenken wordt gegund, ontstaan deze afvallige gedachten gemakkelijk. Ik merk het bij mijzelf.

De vierde oorlogsadventtijd is aangebroken. Onze enige troost heet Schwerin:[35] *die man weet wat hij wil en als hij bij ons blijft, dan weten wij dat hij ons op tijd hieruit zal halen. De divisie heeft de opdracht het opdringen van vijandelijke troepen uit de omgeving van Astrachan in de rug van het 4*[de] *Tankleger te verhinderen."*

---

34 Sovjetgeschut.
35 Gerhard Helmut Detleff Graf von Schwerin [*23. Juni 1899 in Hannover; † 19. Oktober 1980 in Tegernsee], Duits officr en sedert november 1942 commandant van de 16[de] Infanteriedivisie.

De Jaschkulstelling vormt een verdedigingslinie die schuin over de straatweg Elista-Astrachan, ongeveer 8 km oostelijk van de plaats Jaschkul loopt. De afstanden tussen de eenheden in deze stelling en de in het achterland gelegen verzorgingsplekken zijn buitengewoon groot en onvergelijkbaar met die van andere eenheden. Hierbij enige voorbeelden: in de steppe is geen hout te vinden. Het voor de veldkeuken en de bouw van stellingen benodigde materiaal moet uit de Noord-Kaukasus bij Woroschilowske worden gehaald. De afstand bedraagt 350 kilometer zoals de kraai vliegt. Artilleriemunitie moet helemaal uit Tichorezk komen, een afstand van 450 kilometer in een rechte lijn.

Het magazijn met reserveonderdelen voor tanks en vrachtwagens bevindt zich in Gigant bij Ssalsk, maar liefst 380 kilometer van Jaschkul. Deze afstanden worden over onverharde wegen, soms met lange omwegen door vrachtwagencolonnes afgelegd. Het is dan onvermijdelijk dat de aanslag op het wagenpark enorm groot is. Daarbij komt nog dat gedurende de al anderhalf jaar durende veldtocht meer dan 300 vrachtwagens van de eenheid zijn uitgevallen en dat er 200 met uitgebouwde motoren in de divisiewerkplaatsen staan.

Onderkomen in de steppe nabij Jaschkul.

Ondertussen pakken zich donkere wolken samen boven de hoofden van de meer noordelijk gelegen troepen bij Stalingrad. De situatie daar is hopeloos. Zij zijn volledig omsingeld. Er is een wonder nodig om hen te ontzetten. De voorbereidingen van het 4de Tankleger op operatie 'Wintergewitter' zijn in volle gang, met als gevolg een ver doorgevoerde besparing van brandstof. De 16de Infanteriedivisie is een van de slachtoffers. Het geruchtencircuit draait op volle toeren. Zo gaat het verhaal dat de divisie binnenkort afgelost zal worden om deel te nemen aan 'Wintergewitter'. Ook schijnt er sprake van te zijn dat het 28ste Russische leger zodanig met tanks en voertuigen is uitgerust dat een aanval spoedig te verwachten valt. Het is de gebruikelijke roddelmachine voor een gevecht die mannen onrustig maakt.

Ook deze keer is het dagboek van Ernst Schwörer een rijke bron:

"13 december 1942, zondag.
Gisteren was er andermaal een operatie. Weer gaat het naar Utta. Daar stuiten ze op sterke stellingen, toch brengen ze 200 gevangenen mee. Helaas zijn er ook aan onze kant

grote verliezen. Ook is er gisteren artillerievuur te horen uit de richting van Tschilgir. Verder is daar niets over bekend. Twee stukken geschut gaan morgen daarheen om de Turkmenen te ondersteunen. Vannacht zijn er opnieuw overlopers. Weer wordt er over een aanval gesproken. Om 04.00 uur hoort men iets bij de 'Signalberg': de Rus. Ons vuur brengt hun aanval tot staan. Het lukt de Russen bij de ochtendschemering niet meer om terug te trekken. De vijand blijft op 400 meter voor onze stelling liggen. De infanteristen beheersen met hun machinegeweren alles. Tot nu toe zijn er 170 gevangenen. In onze sector is het rustig.

14 december 1942, maandag.

Gedurende de nacht hoort men vanuit het noordwesten dof kanonvuur. Daar moet iets aan de hand zijn. We weten het echter niet. 02.00 uur: alarm. Bij steunpunt Njukjun heeft de Rus de kleine bezetting van twee pelotons, meer dan 600 man, aangevallen en ingesloten. Een gevechtsgroep gaat direct die kant op om te worden ingezet. Wij zijn er ditmaal bij. Om 06.00 uur zijn we onderweg. We bereiken het eerstvolgende dorp en daar komen ons al de eerste melders met motoren met zijspan tegemoet. Zij melden dat de vijand zich al aan het terugtrekken is. Toch rijden wij door naar Njukjun. Daar was de afgelopen nacht heel wat aan de hand. De Russen hadden van alle kanten aangevallen en de kleine bezetting zwaar in het nauw gebracht. Met ongeveer 600 man bestormde hij de stellingen en naderde deze tot op 50 meter. Onze machinegeweren wisten hem echter tot staan te brengen. 50 doden lagen vlak bij elkaar. Allemaal door één enkel machinegeweer neergeschoten. De infanteristen vertellen bizarre verhalen. De Russen vielen in grote massa aan. Het veld zag er zwart van. Het vuren was zo hevig, dat voor twee machinegeweren negen man nodig waren om vanuit nabijgelegen huizen munitie aan te slepen. Een groep granaatwerpers van de Turkmenen weerde zich eveneens goed. Zij schoten onophoudelijk, waarbij hun vuur dekkend lag. In de ochtendschemering trok de massa Russen zich eenvoudig weer terug. Wij kwamen met onze grote strijdmacht helaas twee uur te laat. We hadden graag ook nog wat meegeholpen. Volgens de infanterie hadden we een groot succes kunnen boeken, want de vijand had geen zware wapens bij zich. Onze opdracht was snel ten einde. De tanks reden nog wat rond in de omgeving, maar Iwan was in geen velden of wegen meer te bekennen. Om 12 uur reden we terug naar de oude stellingen. We waren blij om daar weer aan te komen, want buiten was het akelig koud. Een overnachting in de buitenlucht is dan niet bepaald een pretje.

15 december 1942.

Bij de aanval van gisteren op de 'Signalberg' zijn ongeveer 500 Russen gesneuveld, daarbij zijn er ook nog 170 gevangen gemaakt. Maar wij vermoeden dat hij opnieuw zal komen. Bij het oprukken naar de Signalberg troffen onze tanks Russische soldaten die geen zware antitankwapens bij zich hadden. Verschillende van hun officieren hebben zichzelf met het pistool doodgeschoten. Vandaag heerst er rust.

Een keer werden we bestookt met 7,62, want links en rechts van ons hebben de infanteristen zich ingegraven. Hadden we maar een betere bunker. Ieder schot zou zo door het dak gaan. Wij schieten op veldstellingen en gebruiken tijdschokbuizen.[36] Daarvan hebben we er genoeg. We laten ze een paar meter boven de grond ontploffen. De werking is beter dan die van gewone granaten. In de avonduren is daar weer een gebruikelijke overloper. Hij meldt dat er een aanval komt. Dit keer zou deze bij ons plaatsvinden. Er zouden ook T-34's bij betrokken zijn. Morgenvroeg zal ook het K 156,[37] vervangen worden door het I/ 156.[38] We hopen allemaal dat we ondanks de aflossing vannacht rust zullen krijgen. Dat zou beter voor ons zijn.

We moeten weer in een nieuwe geschutstelling, maar die moet eerst nog uitgebouwd worden. Hij is nu niet geschikt voor ons. Onze chef windt zich daar geweldig over op, want dit wordt dan onze zesde geschutstelling en iedere keer moeten wij weer opnieuw graven en ons installeren.

Sandkuhl, onze chef, heeft zich ziek gemeld. Waarschijnlijk gaat hij naar Elista. Dan komt deze jongen, John heet hij, en wordt onze batterijchef. Het is toch grappig. Die van ons is oud genoeg om snel naar huis terug te mogen keren, en dan komt zo'n jonge kerel van de reservetroepen en neemt de gehele verantwoordelijkheid over. Hij is nog nat achter de oren. Ervaring moet hij nog krijgen.

16 december 1942, woensdag.

Aflossing van de infanterie 1/155,[39] verder rust. Sandkuhl gaat naar het lazaret in Elista. Wij hebben nu John als chef. Als bataljonscommandant ene Hauptmann Wolff. Ik moest hem wegwijs maken. Ik doe hierboven op de batterijstelling zo ongeveer al het werk. Altijd weer ik, want de heren doen niets zelf, anders kunnen ze namelijk, als er iets fout gaat, niemand uitschelden. Ik ben van 's morgens tot 's avonds in touw. Het hangt me behoorlijk de keel uit."

Het dagbericht van de 16[de] Infanteriedivisie meldt deze 16[de] december om 18.15 uur dat er in de ochtend vier tanks en 200 soldaten noordelijk van Njukjun een aanval hebben uitgevoerd op een Duits steunpunt. Na beschieting door hun tanks, trekken de Russen zich terug op de hoogtes westelijk van Tschaptschatschi. Verder is de

---

36 Granaten die werken door tijdsinstelling.
37 Zijspanbataljon.
38 1ste Bataljon, 156ste Regiment.
39 1ste Bataljon, 155ste Regiment.

positie van de vijand niet veranderd. Gedurende de dag is er een levendig vuur van granaatwerpers en artillerie op Oling en de frontlijn zuidoostelijk daarvan. Verder geen bijzondere gevechtshandelingen.

Schwörers aantekeningen schetsen een verre van vrolijk beeld:

"17 december, donderdag.
 De hele dag is het rustig. Van de Rus merkt men niet veel. Eenmaal schiet hij een salvo af op onze batterijstelling, maar het duurt maar kort. Hij heeft ook geen succes. John is kennelijk toch te jong voor batterijchef. Hij moet luitenant Stück aflossen, die met twee stukken geschut in Tschiligir ligt. Luitenant Stück komt dan hierheen.
 Met onze afdeling ben ik in het geheel niet tevreden. Hoe die zich de oorlog voorstellen, het is gewoon niet te geloven. We zijn steeds de klos en moeten van alles doen opdat de heren officieren hun rust hebben. Ik was altijd al in de observatiestelling, maar zo een poppenkast heb ik nog nooit meegemaakt. Als een officier een kleinigheidje heeft, dan gaat hij gelijk naar Elista voor ontspanning. Wij echter mogen pas weg als ons hoofd er

Duitse tankbemanning, in de buurt van Elista.

half af ligt. Op het moment is het zo dat er bij iedere batterij maar één officier is. Ze zijn allemaal ziek, maar wij, die altijd meer moeten doen, mogen niet ziek zijn. Naar ons wordt niet gevraagd en de arts smijt je er hoogstens nog uit als luiwammes.
 Tijdens de nacht is het rustig.

18 december, vrijdag.

Vannacht is er niets gebeurd. Wel zit de Rus nog overal, maar hij laat ons met rust. Als ochtendgroet schoot hij vrolijk in het rond. Actie. De eenheid motoren met zijspan is de klos. En wij moeten mee. Meer weten we nog niet. Om 11.00 uur zal het beginnen. Om 12.00 uur melden wij ons bij het motor met zijspanbataljon. Allen zijn echter al vertrokken. Het moet dit keer allemaal geheim blijven. De verschillende groepen vertrekken daarom met grote tussenruimten naar Tschilgir. Wij als laatsten.

De weg is goed. Wij bereiken het doel snel. Daar melden wij ons bij de eenheid motoren met zijspan. Eindelijk horen wij meer. Het bataljon heeft de opdracht om morgen de Russen in de omgeving Tschaptschatschi lastig te vallen. Er komen 17 tanks mee. Meest zware. We vertrekken in de duisternis. Men wil gedurende de nacht in de buurt komen en in de vroege ochtend ter plaatse zijn. Vertrek 19.00 uur. De maan wijst ons de weg. We komen snel vooruit, hoewel het van de bestuurders grote vaardigheid vraagt. Vooral moet iedereen wakker blijven, anders zit je direct tegen je voorganger aan.

19 december 1942, zaterdag.

Om 02.00 uur hebben we ons doel bereikt. We staan klaar voor de aanval. We hebben nog rust tot het ochtendgloren. 07.00 uur, de aanval op Tschaptschatschi. Tanks op de linkervleugel. De motoren met zijspan, alle bemand. Een mooi gezicht. Het zou alleen vrede moeten zijn. Om 07.00 uur zijn we in de stelling. Andermaal gaan we een paar heuvels verder in stelling. T. ligt nu vlak voor ons. Gelijk gaat het los. In het gehucht staan vier vijandelijke tanks. Onze eigen tanks gaan het gevecht stevig aan. Ons vuursalvo slaat in het gehucht in. De lemen hutten knallen uit elkaar. De vijandelijke tanks slaan op de vlucht. We zien een artillerietreffer op een vijandelijke tank inslaan. Later horen we van een van de aanvallende tanks, dat de Rus is doorgereden. Het moet een dikke T-34 zijn geweest. De aanval kwam tot op 100 meter van het dorp.

Dan zien we vanaf links ongeveer 10 vijandelijke tanks naderen. Kapitein Wenzer van de tankeenheden wil daar de strijd niet mee aangaan, dus terugtrekken en afschermen. Snel worden de bevelen doorgegeven en de infanteristen trekken zich uit het dorp terug. De verbindingen met de gevechtseenheden zijn goed. De infanteristen trekken zich met pijn in het hart terug, ze staan immers vlak voor het dorp. Maar bevel is bevel. De Russische tanks buigen linksaf in een poging ons in de rug aan te vallen. Ook wij verplaatsen ons nu. Onze commandant wil het gevecht niet aangaan. We trekken ons met de hele groep terug naar het westen. We nemen nog een keer stelling en schieten enige schoten op de tanks af, maar de Russen laten zich niet onbetuigd en nemen ons stevig onder vuur. We trekken ons daarom verder terug."

De dagmelding van de 16de Infanteriedivisie meldt op 19 december 1942 om 18.45 uur het volgende:

"Verkenningen op de grond en vanuit de lucht wijzen uit dat de omgeving Busgi Sand-Chargata vrij van vijanden is. De vijandelijke posities zuidelijk van Schalda en Bol. Schalda zijn onveranderd. Aan het front van de divisie, behalve bij enkele artilleriesalvo's op punt 3.2 en Scharadrykl, geen gevechtshandelingen. Een actie van K 165[40] tegen Tschaptschatschi wees uit dat het dorp bezet was door 4 tanks, waaronder een KV-tank[41] en zwakke infanterie-eenheden. De hoogte ten westen van het dorp is sterk bezet door vijandelijke infanterie. De vijand week na onze aanval in zuidelijk richting, waarbij de aftocht werd gedekt door de KV-tank, die door twee treffers werd beschadigd. De vijand zette vervolgens met 18 tanks, waaronder enige KV's en infanterie een tegenaanval in vanuit Dord-Tschaptschatschi-Jundun-Tolga. Daarbij probeerde hij vanuit het oosten om de aanvalsgroep heen te trekken. K 165, dat intussen Tschaptschatschi en de hoogte noordwestelijk van het dorp had ingenomen, moest zich onder hevig vuur van artillerie en tanks terugtrekken. Eigen verliezen: 2 gewonden. Vijandelijke verliezen: ongeveer 40 doden en twee tanks beschadigd. De inzet heeft bewezen dat de vijand zich gedwongen ziet om, zoals al eerder, sterke eenheden in te zetten ter bescherming van zijn noordelijke flank. Eigen verkenningen in de Kalmukken toonden aan dat de staatsboerderij Ssarpa, Nr.1 Chasyk Kolja vijandvrij is.

Behalve van de aanval op Tschaptschatschi, waarbij twee gewonden vielen, rept de dagmelding van de 16de Infanteriedivisie niet over andere gevechten op die 19de december 1942, de dag waarop Adolf Hoffmann sneuvelde. Hij is een voetnoot in een dagrapport dat twee gewonden meldt. Nam Adolf deel aan de aanval op Tschaptschatschi en was een van die beide gewonden. Stierf hij later die dag aan zijn verwondingen? Of was hij wellicht slachtoffer van een beschieting door Russische artillerie op zijn stelling? Zijn nicht Annemarie bezit een bidprentje dat een tip van de sluier oplicht. Adolf sneuvelde volgens die tekst door een granaattreffer, juist toen hij bij een

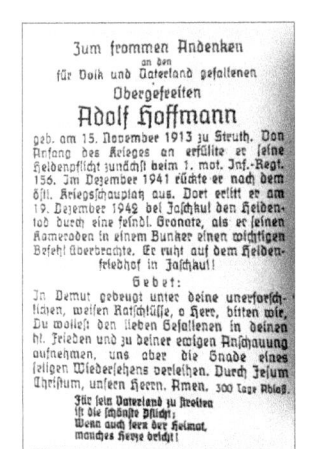

---

40 Zijspanbataljon 165.
41 Zware Sovjettank van de KV serie. KV staat voor Kliment Voroshilov [KV]

Geboortehuis van Adolf Hoff ann.

bunker een belangrijk bevel overbracht. Amper 19 jaar jong vond hij zijn einde in de oneindige leegte van de Kalmukkensteppe. Ongeveer een week later zou zijn divisie de terugtocht naar het westen aanvangen.

VI

Rudolf Handschuhmacher

Stalingrad, januari 1943

De kale heuvel
Enkele kilometers ten zuiden van Stalingrad, daar waar de Wolga in een flauwe bocht naar het oosten afbuigt, ligt een heuvel. Het is niet de hoogte die bij de toevallige toeschouwer in het oog springt. Het is het volkomen gebrek aan begroeiing dat opvalt. Kort steppegras dat in de hete zomermaanden verdort, en hier en daar wat lage boompjes tooien deze verder naakte hobbel in het landschap. Meer niet. De heuvel draagt in de volksmond dan ook de toepasselijke naam 'Kale heuvel'.[42] Eenzaam op de top staat een ongeveer 5 meter hoog Russisch kruis, gedenkteken voor de hier gesneuvelde Russische soldaten. Het strategische belang van deze uitkijkpost is niet moeilijk te begrijpen. Vanaf dit punt heb je een prachtig vergezicht over het zuidelijke deel van de stad van Stalin. Verderop, in het oosten, glinstert het lichtblauwe lint van de Wolga. De heuvel domineert de omgeving.

De 'kale heuvel'.

---
42 Лысаягора.

Hij is 145 meter en een beetje hoog. De afwezigheid van vegetatie wordt veroorzaakt door de zanderige bodem en de sterke winden die deze heuvel van alle zijden bestormen. Hier, op deze plek, woedden van september 1942 tot januari 1943 bittere gevechten. In september 1942 namen de Duitsers de plek in en veranderden deze in een vrijwel onneembare vesting. Zij groeven loopgraven, plaatsten mijnen en omringden de heuvel met rollen prikkeldraad. Het werd het begin van niet aflatende pogingen van de Sovjets om hen te verdrijven. Op 17 januari, na maanden van brute confrontaties, geraakte de heuvel eindelijk weer in Sovjethanden. De verliezen aan beide kanten waren enorm. De omgeving was bezaaid met gesneuvelde soldaten, Duitsers en Russen.

Oxaalzuur

Sindsdien zijn er vele jaren verstreken. De heuvel van nu is de heuvel van toen gebleven, onveranderd, ondergronds nog steeds getekend door de strijd van honderdzeventwintig eindeloze dagen en nachten. Onder de schrale oppervlakte is de zandbodem verzadigd van duizenden scherven van granaten en mijnen, verwrongen stukken en stukjes staal, met grillige, scherpe randen in alle mogelijke vormen. Daartussen liggen munitiepatronen, uitrustingsstukken en hier en daar menselijke resten. De aarde geeft de erfenis van de vele duizenden slachtoff rs maar moeizaam prijs. Dan, in de herfst van 2015, vinden schatzoekers een helm, aangetast door roest, met in de linkerzijde een scherfgat. Opvallend is dat de leren binnenhelm nog in een redelijke staat is. Nog frappanter is dat er in de binnenrand, door alle roest heen, een naam leesbaar is: Handschuhmacher. Het is een naam die men weinig hoort.

De schatgravers verkopen de helm aan een Russische verzamelaar. Deze ervaren man begint aan een proces van zorgvuldige reiniging. Geheel zonder gevaar is dat niet, want oxaalzuur, ontweringswater, is een bijtend zuur, zeker in verbinding met water. Mits voorzichtig is deze risicovolle methode van werken nochtans zeer de

86

moeite waard. Oxaalzuur heeft namelijk de eigenschap dat het roest oplost, maar de originele verflaag niet aantast. De Russische verzamelaar is een meester in zijn vak. Helaas is het lederen binnenwerk verloren gegaan. Desondanks is het resultaat verbluffend.

Via de Russische verzamelaar komt de helm in het bezit van een van de auteurs. Onderzoek met behulp van de Deutsche Volksbund en de Deutsche Dienststelle leidt al spoedig tot resultaat. Er is maar één soldaat met de naam Handschuhmacher in Stalingrad gesneuveld: Rudolf Handschuhmacher, geboren op 12 mei 1912 in Raab, een gehucht in de Oostenrijkse deelstaat Opper-Oostenrijk, niet ver van de Duitse grens. Rudolf maakte deel uit van de 11de batterij van Artillerieregiment 297. Sinds januari 1943 staat hij als vermist te boek. Na wat speurwerk blijkt er nog een neef in leven te zijn. Via hem krijgt Rudolf een gezicht. Er is een foto bewaard gebleven en zijn laatste brief vanaf het front naar huis. Rudolf was ongehuwd, woonde aan de Brünning 15 en verdiende zijn brood als landarbeider. Op 14 december 1942 schreef hij zijn ouders en zus zijn, naar, wat later zou blijken, laatste brief.

Rudolf Handschumacher

Oosten, op 14.12.1942
  Mijn lieve ouders en zus!
  Allereerst de allerhartelijkste groeten. Ik heb weer enige postzegels ontvangen, zodat ik weer kan schrijven. Jullie kunnen mij ook gelijk weer antwoorden met de zegels, die ik bij deze brief insluit. Ja, lieve familie, het zijn nu zeer harde, zware tijden en ernstig zijn ze ook. We hebben het al eerder zwaar gehad, maar zoals nu nog nooit. Er zouden kerstpakketten komen met de vliegers, maar ik had er weinig hoop op. Ik hield de postzegels in mijn zak omdat ik eigenlijk met verlof geweest had

kunnen zijn of in ieder geval onderweg naar huis. Nu wordt het de treurigste kerst die er maar kan zijn.

Ik heb zoveel sigaretten gehad, maar nu wordt het hard minder, dat wordt nog leuk, we krijgen ze nu per half rantsoen, per dag drie stuks. Ik weet even niet wat ik met die Marken zal doen, of ik ze naar huis zal sturen of niet, ik wacht het nog wel even af. Of ik verder ergens op mag hopen weet ik niet. Het liefste zou ik nu een kilo spek krijgen.

Over verlof kan ik nu überhaupt niets zeggen. We moeten wachten tot de andere troepen vanaf de andere kant ons te hulp komen. We kunnen alleen maar volhouden. Zover wij weten is de zaak in volle gang, we hopen er het beste van, nietwaar? Het zal wel goed komen, maak jullie maar geen zorgen.

Ik eindig de brief weer in de hoop dat jullie gezond zijn zoals ik, en hoop op een spoedig antwoord.

Tenslotte hartelijke groeten aan jullie allen en een echt Vrolijk Kerstfeest en ook een zeer Gelukkig Nieuwjaar.

Tot ziens en blijf gezond.

Op 2 mei 1955, ruim twaalf en een half jaar na deze laatste brief, wordt Rudolf Handschuhmacher, op verzoek van zijn zuster Maria, officieel doodverklaard. Uit de aanvraag in handen van de auteurs blijkt dat zij op dat moment op hetzelfde adres woont als eens Rudolf en eveneens in de landbouw werkt.

Een klein monument gedenkt de ellende van toen.

VII

Bruno Seefeldt

Stalingrad, januari 1943

Vermist bij Pitomnik
Pitomnik is een begrip voor ieder die zich heeft verdiept in de strijd rond Stalingrad. De Russische betekenis van het woord is kwekerij, een onschuldig woord zonder diepere betekenis. In de maanden tussen november 1942 en januari 1943 was de naam echter vooral synoniem voor het laatste restje hoop voor het omsingelde 6de Duitse Leger. Later, toen het winterweer het invliegen van voedselvoorraden onmogelijk maakte en ontsnapping uit de ijzeren ring rondom de stad een illusie bleek, werd het vliegveld zelfs de ijzige verbeelding van de Duitse wanhoop.

Pitomnik was de belangrijkste van de zeven vliegvelden waar het 6de Leger gebruik van maakte tijdens de Slag om Stalingrad. Vluchten hadden over het algemeen de buiten de omsingelingsring gelegen luchthavens van Tatsinskaya en Morozovskaya als bestemming. Het 260 kilometer ten westen van Stalingrad gelegen Tatsinskaya werd het belangrijkste vliegveld voor de bevoorrading van de sinds 24 november 1942 ingesloten troepen. Vanaf Tatsinskaya had een Junkers JU-52 ongeveer een uur en een kwartier nodig om Pitomnik te bereiken. Inclusief het uitladen en het aan boord nemen van gewonden duurde een missie in totaal ongeveer 6 uur. Tatsinskaya diende als belangrijkste steunpunt voor de Junkers transportvliegtuigen, terwijl Morozovskaya vooral werd gebruikt als basis voor de Heinkel HE 111 bommenwerpers die tot transportvliegtuigen waren omgebouwd.

Pitomnik werd op 3 september 1942 door de Duitsers ingenomen, toen het 6de Leger zich op die plek voegde bij het 4de Tankleger. Het was het enige vliegveld binnen de omsingeling dat in staat was om intensief luchtverkeer te verwerken. Het was voorzien van lichtinstallaties om ook 's nachts te kunnen opereren. Met orders om zich bij generaal Paulus in Stalingrad te melden, vloog op 12 december 1942, de Duitse offic r Wilhelm Adam van Morozovskaya naar Pitomnik. Pitomnik moest toen al een bijzondere aanblik zijn geweest. Daar aangekomen merkte Adam het volgende op: *"Het vliegveld lag vol gecrashte vliegtuigen en vernietigde voertuigen: hier een Condor, daar een Focke-Wulf Fw 190. Tussen de wrakken verscheidene JU-52's en HE-111's, het werk van Russische bommenwerpers en jagers."*

Afweergeschut [Flak] en jagers van *Jagdgeschwader 3*, een deel daarvan was in Pitomnik gestationeerd, vormden het beschermende schild van de vlieghaven tot midden januari 1943. Toen kregen de laatste toestellen bevel om Pitomnik te verlaten. Zodra de hopeloosheid van de situatie duidelijk was, werd het vrouwelijk medische personeel van het 6[de] Leger vanaf Pitomnik uit de omsingeling gered. Het mannelijk personeel kreeg echter geen toestemming om zich in veiligheid te brengen. Er was werk aan de winkel. De randen van de landingsbaan lagen vol gewonde Duitse soldaten die hoopten op een kans uit de omsingeling te ontsnappen. Voor de meesten was het ijdele hoop. Vanaf 15 januari lag Pitomnik onder vuur van de artillerie van het Rode Leger. Twee dagen later werd het ingenomen.

Pitomnik in de ijzige kou. Hoop en wanhoop in een beeld gevangen.

Ongeveer 6 kilometer westelijk van Pitomnik, aan een klein meertje in het kale, door enkele balka's[43] doorsneden steppelandschap, ligt het voormalige gehucht Dubinin. Tegenwoordig is van Dubinin niets meer over dan wat sporen van een in het landschap opgegane bebouwing. Ook van Pitomnik is weinig over behalve een stenen trap, een betonnen brug over een balka en sporen in het landschap die duiden op voormalige stellingen en bunkers. Ergens in dit kale steppengebied tussen Pitomnik

---

43 Brede, vaak diepe kloof, kenmerkend voor het steppegebied rondom Stalingrad, ideaal voor het uitgraven van onderkomens in de wanden.

en Dubinin is de helm gevonden van *Obergefreiter*[44] B. Seefeldt. De helm heeft veel van zijn originele camouflageverf behouden. Het is de typische, met zand vermengde kleurstof die over de appelgroene fabrieksverf is aangebracht. In de achterrand is met donkergroene verf een rechthoek geschilderd met daarin de witte tekst Ogfr.[45] B. Seefeldt.

Na raadpleging van de Duitse gravendienst blijkt er bij Stalingrad slechts een B. Seefeldt vermist. Het betreft Bruno Seefeldt, geboren op 27 november 1913, en vermist sinds 1 januari 1943. Een aanvraag bij de levert meer aanvullende informatie op. Bruno Seefeldt blijkt te zijn geboren in Zerpenschleuse bij Berlijn. Zijn rang was Obergefreiter en hij maakte deel uit van 5. *Kleine Kraftwagen-Kolonne Nachschubtrupp 3*, als onderdeel van de 3de Infanteriedivisie. Volgens de Deutsche Dienststelle werd hij vermist sinds 7 januari 1943. Nu ook de rang klopt en er, volgens opgave van de Duitse gravendienst, slechts één B. Seefeldt bij Stalingrad is gesneuveld, is er geen twijfel meer mogelijk. Dit is de helm van Obergefreiter Bruno Seefeldt uit Zerpenschleuse.

Zerpenschleuse ligt in een dal aan de rand van een hoogvlakte, zo'n 38 kilometer noordelijk van het stadscentrum van Berlijn. In 1939 telde dit dorpje 1900 inwoners. Op zoek naar de familie van Bruno worden enkele, in de omgeving van Zerpenschleuse woonachtige families met de naam Seefeldt, aangeschreven. Helaas zonder resultaat. Wel weet een van de aangeschreven personen de hand te leggen op historische gegevens uit de lokale school. Daarin vinden we de schoolprestaties van de dan 13- of 14-jarige Bruno:

---

44 Korporaal.
45 Obergefreiter.

Schoolbezoek: regelmatig;   Verlangde kennis en vaardigheden: goed;
Vlijt: goed;   Gedrag: zeer goed.

Op 28 maart 1928 verlaat Bruno de school. Hij is dan 14 jaar oud.

Een van de andere aangeschreven personen is zo vriendelijk om het lokale archief te bezoeken en weet te achterhalen dat Bruno Seefeldt twee kinderen had. Een in 1937 geboren dochter, Helga, en een in 1941 geboren zoon, Ulrich. Uit de informatie blijkt verder dat Helga in de jaren vijftig met onbekende bestemming uit Zerpenschleuse is vertrokken en dat Ulrich zich zou hebben gevestigd in de omgeving van Lübenau. Een speurtocht naar beide kinderen blijft zonder resultaat. Daarmee lijkt ieder spoor dood te lopen. In het archief van de voormalige gemeente Zerpenschleuse, tegenwoordig Gross Schönebeck, vinden we echter een trouwakte waaruit blijkt dat Bruno op 7 november 1936 in het huwelijk is getreden met de in 1916 geboren Erna Paarmann. In de huwelijksakte is ook opgenomen dat de vermiste Bruno op grond van een op 6 mei 1959 door een militaire rechtbank genomen besluit met terugwerkende kracht vanaf 31 juli 1949 dood is verklaard.

Soldaat Bruno Seefeldt.

De naam Paarmann zorgt uiteindelijk voor een doorbraak. Via een willekeurig aangeschreven familie Paarmann in Zerpenschleuse komen we in contact met de dochter van Bruno, Helga Kersten. Na telefonisch contact stuurt zij ons enkele brieven met de informatie over haar vader.

"Zerpenschleuse,
Geachte Heer Janssen,

Mevrouw Paarmann heeft ons het goede nieuws medegedeeld. We hebben met haar afgesproken en uw brief ontvangen. Na zo veel jaren waren wij zeer verbaasd nog iets over mijn vader te horen. Mijn moeder is helaas op 25 mei 2000 overleden. Ook waren wij zeer verrast dat zijn helm is gevonden en dat zijn naam nog leesbaar is. Mijn vader heeft in Klosterfelde gewerkt als bureaubediende bij de firma Luis Bergemann & Zonen. Daar werden keukens gefabriceerd en verkocht. Na de oorlog werd dit bedrijf onteigend en werd het een Volkseigener Betrieb[46] waar ook keukens werden gemaakt en verkocht.

---

46 Een *Volkseigener Betrieb* [ook VEB] was een aanduiding die in de voormalige DDR werd gebruikt voor een bedrijf dat feitelijk in staatshanden was.

Wanneer hij in het leger gegaan is weten wij niet.

Mijn vader had drie broers. Otto, werkzaam als boer, Karl, postbode en Richard, officier in het leger. Richard en mijn vader zijn in de oorlog gebleven. De beide andere broers waren niet in de oorlog. Hun ouderlijk huis is afgebroken en daar is een nieuw huis voor in de plaats gebouwd.

Ik heb geen herinneringen aan mijn vader omdat ik nog zo klein was. Andere mensen die wat over hem zouden kunnen vertellen zijn overleden. In de erfenis van mijn moeder heb ik nog een trouwakte en twee foto's gevonden. Op de ene zien we mijn vader op zijn werkplek in het bureau. Hij is de tweede van links. Het ziet eruit alsof hij telefoneert. De andere foto is mijn vader als soldaat.

Wij willen u graag hartelijk bedanken voor de moeite die u hebt gedaan heeft en de vreugde die u ons hebt bezorgd. Eindelijk weten we wanneer en waar mijn vader is gestorven.

Veel groeten,
  Helga Kersten-Seefeldt.

Bruno Seefeldt, staand met de hoorn van de telefoon in zijn hand.
Op de voorgrond enkele collega's.

Wanneer Bruno toetrad tot de Wehrmacht weten we niet. Wel weten we dus dat hij deel uitmaakte van de 5. *Kleine Kraftwagen-Kolonne Nachschubtrupp* 3, als onderdeel van de 3de Infanteriedivisie. *Nachschub* betekent zoveel als bevoorradings- en intendance-eenheid. Daaronder vielen de *Krafwagenkolonne* [vrachtwagen- en auto-eenheid], *Betriebsstoffkolonne* [brandstoff nafdeling], *bespannte Kolonne* [bereden eenheid], *Nachschubkompanie* [aan- en afvoereenheid], *Werkstattkompanie* [herstelcompagnie] *Bäckereikompanie* [bakkerij] en *Schlächtereizug* [vlees- en slachthuiseenheid]. Een dergelijke *Nachschubtrup* had bij reguliere divisies een omvang van circa 800 man.

Vanaf 1926 lag de verantwoordelijkheid voor het plannen van de motorisering van de bevoorradingsdiensten bij de *Reichswehr*,[47] maar deze kwam pas op gang nadat in 1935 de Wehrmacht werd opgericht. Aanvankelijk werden de opleidingen verzorgd door het commando rijvaardigheidstrainingen van de cavalerieschool te Hannover. Vanaf 1937 ontstonden er echter zelfstandige opleidingsinstellingen voor de bevoorradingsafdelingen.

Wapens, verzorging en uitrusting voor de diverse legergroepen werden onder leiding van een kwartiermeester meestal over het spoor, maar ook via waterwegen naar grote opslagplaatsen vervoerd. Vandaaruit volgde dan weer transport naar de verzamellocaties van de betreff nde legeronderdelen. De *Nachschubdienst* [Bevoorradingseenheid] van actieve divisies verzorgde vervolgens het transport naar het betreff nde front. Deze eenheden werden geleid door de zogenoemde *Divisions-Nachschubführer* [Dinafü]. Deze was verantwoordelijk voor een probleemloze levering aan de troepen en gaf opdracht voor de inrichting en bedrijfsvoering van uitgiftelocaties van levensmiddelen, brandstof en munitie. Om de aanvoer tot aan de frontlijn te organiseren, werkte hij samen met offic ren van de bakkerij- en slachterijcompagnieën, de divisiearts en de staven van de actieve eenheden. Eenvoudig was dat echter niet vanwege de door gevechtshandelingen vaak wisselende standplaatsen van de troepen.

Transport naar het front vond veelal plaats in zogenoemde bevoorradingskolonnes. Dergelijke kolonnes bestonden uit kleine, middelgrote en zware vrachtwagens. Met een laadvermogen van 30 of 60 ton nuttige last waren de zware transporten meestal genoodzaakt gebruik te maken van verharde wegen. Maar ook dan schoot het vaak niet op met een beperkt bereik van 150 kilometer per dag en een gemiddelde snelheid van 25 tot 30 kilometer per uur. Speciale voertuigen zoals tankwagens werden, behalve door de luchtmacht, nauwelijks gebruikt. Daarom moest de voor de strijd o zo belangrijke brandstof in vaten van 200 liter en jerrycans van 20 liter

---

47 Voorloper van de Wehrmacht, het Duitse leger vanaf 1935.

worden overgeheveld en in de laadbak van vrachtwagens vervoerd. Hiertoe werden voornamelijk drietonner terreinwagens van Opel, Ford, Mercedes, Borgward, KHD en Büssing-NAG ingezet. Lossen en laden gebeurde door soldaten van bevoorradingseenheden, zodat bestuurder en bijrijder hun tijd konden benutten voor het onderhoud aan hun voertuig.

De organisatie van de bevoorrading en de verzorging van de troepen stond vooral vanaf 1941 voor vrijwel onoplosbare problemen die uiteindelijk in belangrijke mate bijdroegen aan de nederlaag van Duitsland. In het oosten zorgden seizoensgebonden weersinvloeden voor grote moeilijkheden. Soms maakten de omstandigheden het voor de vrachtwagens onmogelijk om de bestemming te bereiken. Hete zomers en opstuivend stof op onverharde wegen zorgden voor voortdurende slijtage aan motorvoertuigen. In de lente en herfst maakten modder en overstromingen wegen en paden vrijwel onbegaanbaar. Extreme vorst tijdens de barre winters maakte dat de olie en onderdelen van tanks en motorvoertuigen stijf bevroren.

Met behulp van het 'Kriegstagebuch der 6de Armee' en de geschiedenis van de 3de Infanteriedivisie kunnen we Bruno's reis in grote lijnen volgen. Op 22 juni 1941 stond de nieuw geformeerde 3de Divisie langs het noordelijke deel van het Oostfront paraat om onder commando van Panzergruppe 4 de Sovjet-Unie aan te vallen. Nadat de divisie in september 1941 Demjansk had bereikt, werd zij teruggetrokken om vervolgens ingedeeld te worden bij Heeresgruppe Mitte om de aanval op Moskou te ondersteunen. Ze kwam tot Burzewo, 40 kilometer voor Moskou, maar moest dan in de verdediging en zich deels terugtrekken.

Tot april 1942 verdedigde de 3de Divisie posities in het middelste deel van het Oostfront. Nadat de situatie aan het front was gestabiliseerd, werd de divisie teruggetrokken, opgefrist en vervolgens verplaatst naar het zuidelijke deel van datzelfde Oostfront. Hier ging de divisie op in het XXXXVII Tankkorps van het 4de Tankleger. Op 7 juli 1942 werd Woronesch [Voronezh] aan de Don veroverd. Daarna ging het verder zuidwaarts, op weg naar de positie van het 6de Leger, om, daar aangekomen, samen met het XIV Tankkorps aan de aanval op de Donbocht deel te nemen. Aansluitend voerde het pad richting Stalingrad.

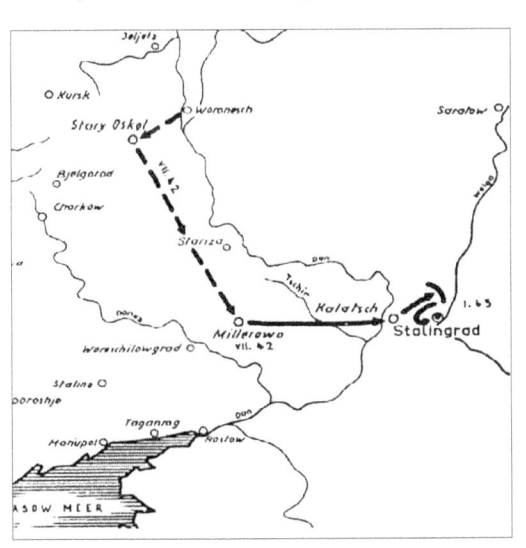

Nadat het 6de Leger bij Stalingrad was ingesloten, kreeg de 3de Infanteriedivisie de meest westelijke sector te verdedigen. Dat was het gebied westelijk van Pitomnik, waar de dorpen Marinovka en Karpovka lagen. Als soldaat van de *Nachschubtrupp* zal Bruno de tocht tussen de posities van de 3de Infanteriedivisie en het vliegveld Pitomnik, waar vandaan het grootste deel van de troepen werd bevoorraad, vaak hebben gemaakt. Maar hoe vaak hij over de kale steppen tussen Marinovka of Karpovka en Pitomnik heen en weer is gereden laten we aan de verbeelding van de lezer over.

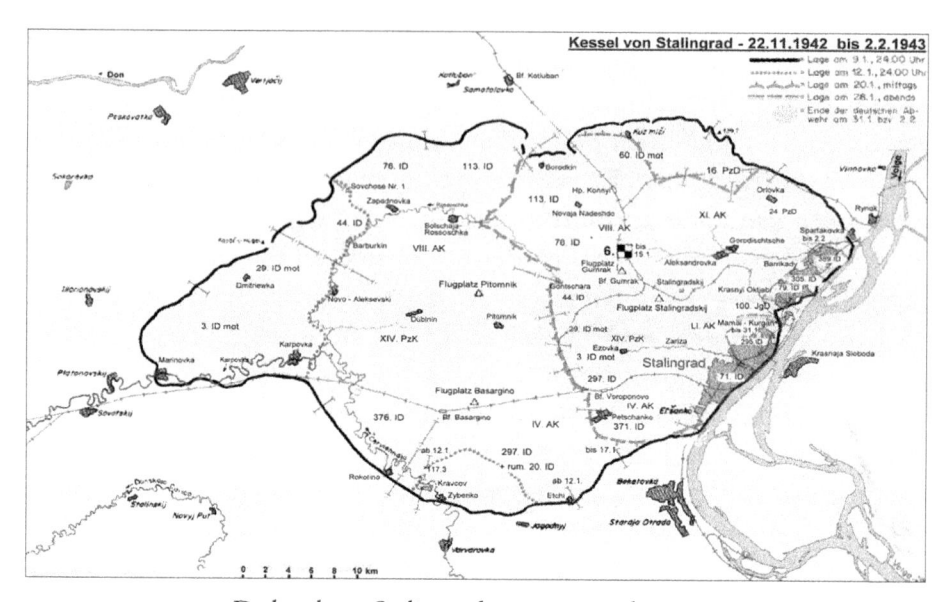

De ketel van Stalingrad, een wurgende strop.

In januari 1943 begon het bij de soldaten van het 6de Leger door te dringen dat 'Wintergewitter'[48] was mislukt. De uitgeputte en verhongerende mannen begonnen de wrede werkelijkheid van hun lot te vrezen. Desondanks bleef het moreel betrekkelijk hoog. Veel soldaten bleven hopen op een wonder en het vertrouwen in de legerstaf bleef vooralsnog behouden. Het Sovjet 62ste Leger onder Vasily I. Chuikov had het intussen eveneens verre van gemakkelijk. Het maakte deel uit van een stalen ring van 7 legers rondom de Duitse eenheden. Vooral de bevoorrading was een probleem voor Chuikov, maar de natuur zelf bracht daar verandering in. Lange tijd werd het vervoer over water gehinderd door ijsschotsen. Vrijwel alles moest door de lucht worden aangevoerd. De temperatuur in en rond Stalingrad daalde echter fors en de Wolga vroor dicht. Nu konden de voorraden per vracht-

---

48 Militaire operatie als poging om de omsingeling van Stalingrad te doorbreken.

auto over het dikke ijs worden aangevoerd. Chuikovs gehavende divisies voerden een klein off nsief uit tegen de Duitsers die nog steeds standhielden in de tractorfabriek en op de heuvel Mamayev Kurgan. Zonder resultaat.

Het 6de Leger bleef koppig weerstand bieden en wist nog altijd een aanzienlijk aantal Sovjettroepen, dat elders hard nodig was, aan zich te binden. Kolonel-generaal Konstantin K. Rokossovsky, bevelhebber van het Donfront, kwam tot de conclusie dat slechts een grootscheepse operatie de omsingelde Duitse troepen zou kunnen vernietigen. Kolonel-generaal Nikolai N. Voronov, de vertegenwoordiger van de Stavka,[49] en Rokossovsky besloten echter eerst het antwoord op een aanbod van een eervolle capitulatie af te wachten. Op 8 januari stuurden zij daartoe een paar afgezanten met een door hen opgesteld aanbod naar de vijand. Generaloberst Paulus, de bevelhebber van de ingesloten troepen, verwierp het voorstel echter. Daarop besloten Voronov en Rokossovsky om op 10 januari een operatie te starten onder de codenaam 'Koltso', wat ring betekent. Vanuit het noorden, zuiden en westen zouden de Sovjetlegers aanvallen, met als doel het opsplitsen van de Duitse eenheden binnen de omsingeling. De operatie begon met een zware artilleriebeschieting: 55 minuten lang teisterden duizenden kanonnen en mortieren de Duitse stellingen, terwijl tegelijkertijd honderden vliegtuigen hun bommen afwierpen. Daarna vielen de grondtroepen aan. Vier dagen lang hielden de Duitsers stand. Toen verloren zij hun belangrijkste vliegveld, Pitomnik, en daarmee vrijwel alle hoop.

Ergens in de eerste twee weken van januari 1943 moet het laatste levensteken van Bruno Seefeldt zijn vernomen. Als datum van vermissing houdt de Deutsche Dienststelle 7 januari aan. Via het Kriegstagebuch van het 6de Leger kunnen we de gebeurtenissen volgen in het gebied waar Bruno zich bevonden moet hebben. Aannemelijk is dat hij zich die dagen achter de posities van de 3de Infanteriedivisie dan wel westelijk van of op vliegveld Pitomnik zelf heeft opgehouden. Grofweg is dat het gebied waar ook zijn helm is gevonden.

We citeren hierna de letterlijke tekst van het Kriegstagebuch gedurende de volgende dagen:

01.01.1943:
Vijandelijke aanvallen in de sector van de 3. I.D.[50] *bij punt 135,1; 91,3, Marinowka en Karpowka worden afgeslagen. Aflossing van Krad. Schtz 29*[51] *nog in gang. In de*

---

49 Het Stavka Glavnogo Komandovania [Letterlijke vertaling: Hoofdkwartier van het Opperbevel.]
50 3de Infanteriedivisie.
51 *Kradschützen-Bataillon 29*. Gemotoriseerde, licht gewapende en zeer mobiele infanterie-eenheid.

avond druk gemotoriseerd verkeer van oost naar west op de Hogeweg, 3 km zuidelijk van het zuidelijke front.

-3. I.D. [mot]. Observeerde in de ochtend afzonderlijk verkeer [ongeveer 50 voertuigen] waaronder 5 lichte stukken geschut en 5 PAK[52] *van Platonoff richting het noorden en 5 gepantserde zelfrijdende kanonnen. Stalinorgels op weg vanuit de Tarnewajakloof Ssowjetskij naar het zuidoosten.*

-3. I.D. [mot]. [Groep Seidel] heeft sector K 29 overgenomen. Nieuwe grens 43.

03.01.1943:

Bij 3. I.D. [mot.] Veel vijandelijke bouwactiviteit in de sector Karpowka, evenals vrachtwagenverkeer op de weg Illarionowskij-Peskowatka, 30 zuid, 50 noord. Bij 3. I.D. [mot] verdediging tegen een vijandelijke verkenningsgroep in sector 127,1. Normaal vijandelijk gemotoriseerd bevoorradingsverkeer in beide richtingen op de weg Sswojetskij-Zarizynskij, evenals los verkeer van Platonow naar het noordoosten, daarbij werden 13 PAK's [7 daarvan uit de richting Kalatsch komend] waargenomen.

04.01.1943:

Bij 3. I.D. [mot.] normaal vijandelijk bevoorradingsverkeer van Kalatsch naar Ssowjetskij.

05.01.1943:

Bij 3. I.D. [mot.] wederzijdse verkenningsactiviteiten. Westelijk 129.0 werd een Russische stoottroep van 40 man teruggeslagen. Voor het front van 3. I.D. [mot.] 15 vrachtwagens van Platonow naar het zuidoosten. Vijandelijke luchtaanvallen in het gebied Marinowka en op de westelijke vleugel van 3. I.D. [mot.]

07.01.1943:

Bij 3. I. D. [mot.] vijandelijke verkenningsactiviteiten in Karpowka. Afgezien van versterkt vijandelijk vuur in sector 117,8 [westfront 3. I.D. [mot.], normaal vijandelijk storingsvuur op het gehele HKF van het korps. Bij 3. I.D. [mot.] toestand onveranderd. Voor sector 91,3; Marinwka, aflossing bij de vijand [compagniesterkte] waargenomen, vijandelijke aanval bij 3. I.D. [mot.] omgeving Ssowjetskij-Platonow gemeld.

---

52 PAK= Panzer Abwehr Kanone c.q. antitankwapen.

08.01.1943:
3. I.D. [mot.] normaal vijandelijk bevoorradingsverkeer voor het westelijke en zuidelijke front waargenomen evenals een trein [6 wagons] vanaf Kalatsch in Sowjetskij binnenlopend. Bij 3. I.D. [mot.] bracht de vijand een zware Flakbatterij bij 17,4, 1 kilometer noordwestelijk van Platonoff in stelling. De vijand bouwt aan stellingen in de sector Karpowka.

09.01.1943:
Voor het front van de 3. I.D. [mot.] zijn om 09.45 uur bij Marinowka Russische onderhandelaars afgewezen. Vanaf 10.00 uur versterkt infanterie-, artillerie- en granaatwerpervuur op Marinowka evenals aan beide zijden van Karpowka. Observatie van de vijand voor het front: van het noorden naar Platonoff 12 vrachtwagens en 1 tank, drukke vijandbewegingen op de hoogten zuidelijk van Karpowka, gedeeltelijk richting oosten naar 85,3.

Een dag later op 10 januari 1943 gaat operatie 'Ring' van start. In de aantekening van 11 januari in het Kriegstagebuch is dat ook duidelijk te merken aan de gevechtshandelingen: *Sterke aanvallen aan het westelijke front. Afloop nog onbekend. Vanuit doorbraken aan het zuidelijke front oostelijk Zybenko en zuidelijk 119,7 probeert de Rus met sterke troepenmacht en tanks het overige front naar het oosten en westen op te rollen. Of ingezette tegenmaatregelen dit kunnen verhinderen is nog onzeker. Leger zonder brandstof. Bij terugtrekken 3. I. D. [mot.] zullen veel vrachtwagens vernietigd moeten worden.*

Ondertussen komt ook Pitomnik onder vuur te liggen. *"Op Pitomnik vielen Russische granaten op de startbanen en verstrooiden het personeel dat de voorraden uit de vliegtuigen uitlaadde. Intendant Karl Binder reed met een kolonne vrachtwagens naar een nabijgelegen bevoorradingsdepot, toen zijn vrachtwagen onder vuur werd genomen en enkele munitieopslagplaatsen op de velden de lucht in vlogen. Binder zette de vrachtwagens met benzine, kleren en kisten met eten tot spoed aan en schreeuwde dat ze zich moesten verspreiden. Juist toen hij beduidde dat ze moesten vertrekken, werd hij door een granaatexplosie tegen de grond geslagen. Buiten bewustzijn lag hij urenlang in een pak sneeuw tot een andere vrachtwagenchauffeur hem daaruit haalde en snel naar Gumrak bracht. Toen Binder weer bij bewustzijn kwam, ontdekte hij dat hij als door een wonder niet gewond was, en dat zijn vrachtwagens genoeg proviand in veiligheid hadden gebracht om zijn divisie achttien dagen te eten te geven, voldoende voor bijna drie weken als de frontlinies het hielden."*[53]

---
53 Enemy at the Gates, William Craig 1973, p. 341.

Het Kriegstagebuch vermeldt de 12[de] januari: *3. I.D. [mot.] vecht zich te voet door diepe sneeuw naar het Rossoschka-dal terug. Daar is maar weinig mankracht aanwezig om een opvangstelling te bezetten.*

Diezelfde dag doet zich op Pitomnik een vreemd incident voor: *Op Pitomnik drong een verdwaalde Russische T-34 tank door de smalle verdedigingslinie en reed met veel gerammel naar de volle startbaan. Zijn verschijning veroorzaakte paniek onder de Duitsers. Die vluchtten weg van de vliegtuigen, weg van de hospitalen en de gewonden, naar het oosten, de weg naar Gumrak en Stalingrad op. De tank stak op zijn gemak de landingsbaan over en vuurde op een groot aantal doelen.*

Het 'hart van de vesting' sloeg op dat moment een paar keer over. Toen generaal Arthur Schmidt het nieuws van de verschijning van de tank hoorde, vloog hij naar de telefoon en koelde hij zijn woede op een stuk of vijf officieren die verantwoordelijk waren voor de bescherming van Pitomnik. Schmidts kwaadheid overspoelde de gekwelde bevelhebbers en deze zorgden ervoor dat het vliegveld na een kort oponthoud weer normaal functioneerde. In de verwarring verdween de Russische tank. Hij loste simpelweg op in de mist. Het is in een van die wonderbaarlijke oorlogsvoorvallen."[54]

Op 13 januari meldt het Kriegstagebuch: *Op de linkervleugel van de 3. I. D. [mot.] bij Karpowka wordt ook in de sector Rossoschka teruggeweken. De vijand geeft daar veel druk. Op de rechterflank 3. I. D. [mot.] is de situatie nog onbekend.*

De Russische aanval drukt de Duitse verdedigingslinies in elkaar en de aanvallers rukken op richting Pitomnik. In de steppe voor Pitomnik doet een Russische verkenningseenheid een bijzondere ontdekking: *"We naderden Pitomnik. Voor ons, midden op de steppe verschenen in de nachtelijke duisternis de contouren van een grote stad die niet op onze kaarten was aangegeven. "Het is een stad op de steppe", zei iemand. Het is als Serafimovich.*[55] *Toen we dichterbij kwamen, zagen we een massa voertuigen: het was een stad van voertuigen. De Duitsers hadden hier ongeveer 5.000 voertuigen achtergelaten. Ze waren in ordelijke rijen geparkeerd, soort bij soort. Vanuit de verte zag het eruit als een stad met veel straten. Er waren vrachtwagen met gesloten kap, reparatiewagens, gepantserde troepentransportvoertuigen, tanks, lichte voertuigen, Opels van ieder type. De humoristische korporaal Zhezhera zei tegen mij: "Kameraad Luitenant-kolonel! Ieder merk auto is hier: Opel 'kapitein', Opel 'admiraal'. De enige die ontbreekt, is de Opel 'korporaal', dus ga er maar vanuit dat korporaal Zhezhera, te voet zal moeten verder vechten!". De volgende ochtend begon er een soort van bedevaart van wagens*

---

54   Enemy at the Gates, William Craig 1973, p. 345.
55   Stad in het district Volgograd.

naar de stad. Onze mannen begonnen de voertuigen te strippen voor reserveonderdelen, of haalden de wielen eraf. Vooral de chauffeurs gingen met veel ijver te werk. De stad van voertuigen begon geleidelijk uit te dunnen. Veel onbetrouwbare types van verschillende eenheden doken op. Ze zochten voertuigen uit en reden ermee weg. Groepen van de oorlogsbuitafdeling verschenen om de zaak te inventariseren, maar kwamen te laat. Al de goede voertuigen waren al weggehaald door gevechtseenheden. Buiten Stalingrad reden alle officieren tot en met de pelotonscommandanten en in sommige gevallen zelfs sergeanten met hun verkenners en seiners, in buitgemaakte voertuigen."[56]

Op 14 januari ging het vliegveld Pitomnik verloren. Het *Kriegstagebuch* meldde: *Door de overweldigende vijandelijke superioriteit, in het bijzonder door gebrek aan artilleriemunitie en de vele bevriezingen, is het weerstandsvermogen van de mannen van 3. I.D. [mot.] en 377 I.D., die vanmiddag op het laatst man tegen man moesten vechten, gedaald. Zozeer zelfs dat de dag erna het houden van het huidige westelijke front een onmogelijke opgave dreigt te worden. Om die reden valt het leger in de nacht van 14 op 15 januari terug op de linie Bol. Rossoschka-Dubininskij-Bassargino en leidt daarmee de geleidelijke terugtrekking in tot de lijn Borodkin-Gontschara-Alexejewkij. Brandstofgebrek, verlies van mannen en wapens zijn eveneens mede oorzaak van het wijken. Een dag later is vliegveld Gumrak, in de westelijke buitenwijken van Stalingrad, 'aanvliegbaar'.*

15.01.1943:
   Resten van 29. 3. I.D. [mot.], 376 en 297 I.D. vallen op de uiteindelijke stelling aan de spoorweg bij en noordwestelijk van Joropoponowo terug. Het Roemeense 8. A.K. wordt de komende nacht teruggenomen op de tussenstelling Rossoschka-Pitomnik [vandaag niet aangevallen].

22.01.1943:
   76. I.D., 29. I.D. [mot.], 3. I.D. [mot.] en 297. I.D. weggevaagd. Zuidfront, Stalingrad en Noordfront houden het nog tegen aanvallen met overmacht. De munitie is bijna op.

Het staat er, zwart op wit: "3. I.D. [mot.] en 297. I.D. weggevaagd." De hele of nagenoeg de hele 3[de] Infanteriedivisie, en daarmee ook Bruno's *Kleine Kraftwagen-Kolonne Nachschubtrupp 3*, werd weggevaagd. Stonden Bruno's voertuigen ook tussen de enorme aantallen voertuigen ten westen van Pitomnik? Werd Bruno ge-

---

56   Voices from Stalingrad, Jonathan Bastable 2006, p. 23

vangengenomen? Is hij naamloos gestorven in een van de vele krijgsgevangenkampen? Of rust zijn lichaam in het lege steppengebied ten westen van Pitomnik, nabij de plek waar zijn helm werd gevonden? Deze vragen blijven helaas onbeantwoord. Wat rest is de helm, als stille getuige en overblijfsel van een verloren leven.

VIII

Hermann Franz Westphal

Orlowskaja, januari 1943

Wintergewitter

Ongeveer 320 kilometer ten zuidwesten van Stalingrad ligt Ssalsk. Eind 1800 werd daar een treinstation geopend. Hier zou de geschiedschrijving van een onbetekende plek kunnen eindigen, ware het niet dat het Duitse leger het stadje innam en het pardoes de Grote Vaderlandse Oorlog inrolde. We maken een sprong. Deze keer van zo'n 70 jaar, toen ergens op die onmetelijke steppe noordelijk van Ssalsk de helm van een Duitse soldaat werd opgegraven. Deze was niet alleen de stille getuige van een menselijk drama, maar ook het voorwerp van een uitzonderlijk verhaal.

Het noodlot bepaalde dat Hermann Westphal zijn einde zou vinden op een winterkoude 8ste januari 1943 in een dorpje met de naam Orlowskaja. Uit onderzoek blijkt dat de dan al wat oudere korporaal deel uitmaakte van de 23ste Panzer-Division. Deze tankdivisie opereerde aan het Oostfront tijdens *'Unternehmen Wintergewitter'* [Operatie Winterstorm],[57] codenaam voor de welhaast desperate poging om het bij Stalingrad omsingelde 6de Leger onder generaal Friedrich Wilhelm Ernst Paulus te ontzetten. Voordat we inzoomen op de gebeurtenissen rondom het sneuvelen van Hermann Westphal, staan we stil bij die vergeefse poging.

Operatsija Oeran [Operatie Uranus]

Met aan het hoofd de generaals Georgi Konstantinovitsj Zjoekov en Aleksandr Michailovitsj Vasilevski boekten de Sovjetrussen tussen 19 en 23 november 1942

---

[57] *Gewitter* betekent onder meer storm, onweer en donder. Hier wordt het woord *storm* aangehouden [Winter*storm*], maar de symboliek van onweer en donder dat de operatie over de Russen moet afroepen is onloochenbaar.

een formidabel succes. Een Russische armee van ruim 1.1 miljoen man, bijna 900 tanks, meer dan 13.000 stuks geschut en 1.500 vliegtuigen stond tegenover nipt meer dan 600.000 soldaten aan Duitse zijde. Niet alleen qua mankracht, ook op andere vlakken was er sprake van een wanverhouding. De Duitsers en hun bondgenoten beschikten over nauwelijks meer dan 130 tanks, iets meer dan 800 stuks geschut en amper meer dan 700 vliegtuigen, die bovendien niet allemaal operationeel waren. De uitkomst is historie. Stalingrad raakte in de ijzeren greep van de Sovjets en het 6[de] Leger werd hermetisch van de buitenwereld afgesloten.

De taak voor de kersverse commandant van Heeresgruppe Don was duidelijk, maar tegelijkertijd angstaanjagend. Fritz Erich Georg Eduard von Manstein, eigenlijke naam Erich von Lewinski, kreeg de weinig benijdenswaardige opdracht om met twee tankdivisies, waaronder zijn paradepaardje, de 6de Tank Divisie onder generaal Erhard Raus, Stalingrad te ontzetten. Deze eenheid uit Wuppertal was in uitstekende conditie met 160 tanks en 40 *Sturmgeschütze* [gemechaniseerd geschut]. De andere beschikbare divisie, de uit de Kaukasus teruggeroepen 23ste Tankdivisie, was alleen op papier volledig. Zij beschikte slechts over 30 tanks. Zeer zorgelijk, eigenlijk onaanvaardbaar en tegen iedere militaire logica in, was het ontbreken van infanterie, zoals gemotoriseerde infanteriedivisies. De twee tankdivisies vormden het speerpunt. Op enige afstand zou Roemeense infanterie volgen en troepen van de 17[de] Panzer-Division.

Generaal Paulus aan het Sovjetfront, herfst/winter 1941. Achter hem een Junkers Ju 52.

Operatie Winterstorm begon op 12 december 1942 en was aanvankelijk succesvol. De Sovjetlinies werden doorbroken, maar er moesten ruim 200 kilometers worden afgelegd. Maarschalk Zjoekov, die in toenemende mate de verantwoording was gaan dragen voor het optreden rond Stalingrad, was op de Duitse aanval voorbereid. Hij had tal van verdedigende stellingen laten bouwen. Toch verraste het moment van het offnsief de Sovjets.

Aan Duitse zijde ging er al meteen veel fout. Zo vertrok de hoofdaanvalsmacht een uur te laat. Een verkeerschaos in Kotelnikowo, een stad op bijna 200 kilometer van Stalingrad, gooide nog meer roet in het eten, waardoor diezelfde hoofdmacht enige tijd vastzat. Het was een ernstige misrekening, vooral omdat de infanteristen van de 6de Panzer-Division al in de aanval waren gegaan. Ieder uur telde, vooral omdat het al om 15.30 uur donker zou worden. Op de oostelijke flank trad de 23ste Panzer-Division aan. Later zou de 17de Panzer-Division op de westelijke flank volgen. Er gebeurde echter iets merkwaardigs. Terwijl de eerste tekenen wezen op een totale verrassing, koos de legerleiding toch voor een zeer omzichtige tactiek. Daar waar het motto van de Duitse tankexpert Heinz Wilhelm Guderian 'doorrijden, niet aanmodderen' luidde, kreeg hier flankdekking voorrang boven het uitbuiten van het verrassingseffct.

Er ontstond een haast surrealistisch beeld. De kernmacht van Winterstorm, de 6de Panzer-Division, had de eerste aanvalsdag niet één dode te betreuren. Het eerste doel, een bruggenhoofd over de rivier de Aksaj, was echter niet bereikt. Het leek erop dat de Duitse eenheden niet meer met het bekende elan en dezelfde vanzelfsprekendheid opereerden als voorheen.

De volgende dag, 13 december, meldden verkenningseenheden een snelgroeiende Sovjetweerstand. Het ontwaakte Rode Leger probeerde een verdere opmars richting Stalingrad te verhinderen. De dag erna, 14 december, namen de Duitsers weliswaar Werchne Kumskij[58] in, ruim 80 kilometer achter Kotelnikowo, hun optreden was desondanks aarzelend. De temperatuur werd alsmaar lager. Van een hecht front was geen sprake, wat al bij voorbaat zonder fatsoenlijke infanterieondersteuning een illusie was. De manschappen waren in toenemende mate angstig om zelf ingesloten te raken, in de wetenschap wat er bij Stalingrad was gebeurd. De 23ste Panzer-Division stond ondertussen ook aan de oever van de rivier de Aksaj en had op de noordoever zelfs een klein bruggenhoofd gevormd. Men besloot eenvoudigweg niet noordwaarts te rijden, maar eerst voor consolidatie te kiezen.

---

58 Nu Verchne-Koemski.

Ondertussen binnen de omsingeling

Terwijl de ontzettingsmacht van Von Manstein in de richting van Stalingrad oprukte, had Paulus voorbereidingen getroffen voor een ontsnapping uit de heksenketel. Geheel in lijn met de keuze voor de naam *Wintergewitter* werd *Donnerschlag* [donderslag] het wachtwoord. Tanks en andere troepenverbanden stonden klaar in het zuidelijke deel van het omsingelde gebied. Alle overbodige uitrustingsstukken en ander onnodig materieel waren vernietigd. De stellingen en bunkers aan de noordrand van de omsingeling waren verlaten. Men was er klaar voor.

Het opperbevel had ondertussen berekend dat een uitbraak, vanwege verlies aan troepensterkte en gebrek aan brandstof en ammunitie, amper 15 kilometer zou reiken. Met de poging zou dan ook gewacht moeten worden tot het moment dat de ontzettingsmacht tot die afstand zou zijn genaderd. Er was nog een ander probleem. Ook vanwege de te overbruggen afstand zou een smalle doorgang, een sluis of een corridor, onvoldoende soelaas bieden. De vijand zou deze te gemakkelijk kunnen afknijpen. Alleen een 'breed' vrijvechten van Stalingrad zou zoden aan de dijk zetten. Afwachten was geen optie, uitbreken zonder uitzicht evenmin. Bovendien speelde de tijd ook nog eens in het voordeel van het Rode Leger. Dit alles moet de ingesloten troepen een gevoel van machteloosheid hebben gegeven.

Terug naar de ontzettingsmacht

Tussen 14 en 17 december waren er regelmatig gevechten tussen Duitse tankeenheden en hun tegenstanders. Hierbij behaalden de Duitsers opmerkelijke successen, zoals bij een verrassingsaanval op een aantal verzamelde Sovjettanks. Daarbij werden maar liefst 34 T-34 tanks vernietigd. De bezorgde Sovjets stuurden in ijltempo eenheden van het 2de Gardeleger, onder bevel van generaal Rodion Malinovski en het 5de Stoottroepenleger onder generaal Markian Mikhaylovich Popov, naar de sector Kotelnikowo, zoals de Russische legerleiding dat deel van het front noemde. De 15de december kenmerkte de strijd ten noorden van Werchne Kumskij zich vooral door onoverzichtelijke tankgevechten. Hierbij trad vooral Regiment 11, onderdeel van de 6de Panzer-Division, onder Walther von Hünersdorff,[59] op de voorgrond. De strijd verliep anders dan gebruikelijk. De Sovjets hadden deze keer antitankgeschut achter hun tanks gekoppeld, dat de Duitsers succesvol onder vuur nam. De Duitse gevechtskracht slonk, mede daardoor, die dag ziendereogen. Zo meldde de 6de Panzer-Division het verlies van 23 tanks en acht veldhouwitsers. Het verhinderde hen niet om door te vechten. Ze zetten nevelgranaten in om hun eenheden aan het zicht te onttrekken en zo de vijandelijke PAK te vernietigen.

---

59 Von Hünersdorff zou in 1943 bij Charkov sneuvelen.

Terwijl de slag zich langzaam in zijn voordeel ontplooide, kreeg von Hühnersdorf een slecht bericht uit Werchne Kumskij. Het kleine garnizoen dat daar was achtergebleven, dreigde te worden opgerold. Tankregiment 11 maakte onmiddellijk rechtsomkeer, net op tijd om de overblijfselen van het garnizoen te ontzetten. Von Hühnersdorf besloot Werchne Kumskij te ontruimen en terug te vallen op het bruggenhoofd bij Saliwskij,[60] amper 10 kilometer verderop. De weg voorwaarts was veranderd in een weg terug.

De hoop was nu gevestigd op de 17de Panzer-Division. Maar deze was lang niet op volle sterkte, en zelfs zo haastig uit Orel[61] vertrokken dat de reparatie-eenheden niet waren meegekomen. Op 18 december sloeg de 17[de] een bruggenhoofd over de Aksaj bij Generalowskij,[62] terwijl het Rode Leger zich concentreerde op Saliwskij en Werchne Kumskij. Regiment 63 stak als eerste de rivier over. Bij de opmars stuitte de 17[de] Panzer-Division echter bij de kolchoz '8 maart' op verbeten Sovjetweerstand. Na een tankduel van een uur werd Werchne Kumskij ingenomen. Bij dit gevecht werden vijftien tot de koepel ingegraven T-34's vernietigd. De terreinwinst bood de 17[de] Panzer-Division en de 6[de] Panzer-Division de kans om een tangbeweging uit te voeren, waardoor Sovjeteenheden ingesloten dreigden te raken. Die wisten echter net op tijd naar het noorden uit te breken. Het bezit van Werchne Kumskij stelde de 17[de] Panzer-Division, met bevelvoerder generaal Fridolin von Senger und Etterlin in de spits, in staat om door te stoten naar de Myschowka. Heel even gloorde er weer hoop op succes, maar tussen 20 en 22 december 1942 viel het doek definitief voor Operatie Winterstorm. De 23ste Panzer-Division probeerde tevergeefs haar bruggenhoofd te vergroten, maar flankdekking ontbrak. Weliswaar werd een klein bruggenhoofd geslagen, maar iedere volgende stap voorwaarts creëerde een probleem op de flank. De Sovjets zetten nu alle beschikbare troepen in en boekten veel terreinwinst. De stad Nish Kumskij zag verbeten straatgevechten, maar de uitbouw naar een groot bruggenhoofd bleef uit. Marinesoldaat Ilja Kaplunow schreef hier geschiedenis door geheel zelfstandig negen Duitse tanks te vernietigen. Ilja's kameraden vonden diens lichaam door zijn bloedspoor te volgen tussen de nog brandende tankkarkassen.

Dilemma
Het moment was voorbij. De verliezen aan mens en materieel waren aanzienlijk. Er was onvoldoende infanteriesteun. De 17[de] Panzer-Division bevond zich nu in

---

60 Nu Zalivski.
61 Nu Orjol.
62 Nu Generalovski.

Kerst en Nieuwjaarsgroet van het front.

dezelfde positie als eerder de 23ste en de 6de Panzer-Division. De vijand was overal. Men moest zich naar alle kanten verdedigen. Het was tijd om de balans op te maken. In tien dagen tijd was het LVII Panzerkorps onder commando van de oude generaal Friedrich Kirchner tachtig kilometer opgerukt. Op de meest noordelijke positie stond men op een gegeven moment op slechts 48 kilometer van Stalingrad. Over de kale steppe kon men zelfs lichtkogels waarnemen, afgeschoten vanaf de zuidgrens van de omsingelde troepen. Het moet een dramatisch beeld zijn geweest voor hen die te hulp schoten. De impasse moest op de een of andere manier worden doorbroken. Hitler weigerde echter halsstarrig om het 6de Leger toestemming te geven om uit te breken. De 6de Panzer-Division had 1.100 man verloren. Zij beschikte nog slechts over een fractie van haar materieel. Het was duidelijk dat vernietiging dreigde, niet alleen voor hen, maar voor het hele LVII Tankkorps. Standhouden op een zo ver vooruitgeschoven positie was geen optie. Terugtrekken was daarom onvermijdelijk. Op 20 december 1942 kwam dan toch eindelijk het langverwachte bevel. Drie dagen voor de Kerst nam het Rode Leger het initiatief over. De Duitse aanvalsmacht werd van achtervolger achtervolgde.

Horten en stoten

De 23ste Panzer-Division, met Hermann Westphal in de gelederen, wordt gedwongen om zich vechtend terug te trekken. Het numeriek sterkere Rode Leger duwt hen steeds verder terug. Een anoniem gebleven soldaat van het 2de Bataljon van het 201ste Panzerregiment, net als Westphal lid van de 23ste Panzer-Division, legde zijn belevenissen vast in een dagboek. Tweede kerstdag 1942 schrijft hij: *"We proberen onze gevechtsgroep en de ondersteunende voertuigen los te maken van de vijand. Onze beperkte voorraden verhinderen iedere aanvalsmogelijkheid. Kapitein Stiewe heeft tot taak onze bevoorradingskolonne naar het westen te escorteren met drie tanks en een motorfiets. De rest van de groep verdedigt Schwstakoff. Onze antitankkanonnen met hun lange lopen weten 7 T-34's buiten gevecht te stellen. Toch lukt het de Russen om het dorp binnen te dringen. Wij verliezen 2 tanks van het type Mk.III. De rest ontkomt via de brug over de rivier, waarna onze pioniers de brug opblazen en wij ons terugtrekken op Tschilekoff*[63]

---

63 Nu Tsjilekovo.

waar de Russen een doorwaadbare plek hebben gevonden en een bruggenhoofd hebben gevormd. We proberen dat te elimineren. Kapitein Wolf weet met een kleine eenheid van 4 tanks de vijand weer de rivier over te gooien. Om 19.30 uur krijgen we opdracht om uit Tschilekoff terug te trekken. Alle antitankkanonnen en andere uitrusting die we niet mee kunnen nemen wordt vernietigd. Onze pioniers hebben de verkeersbrug over de Aksaj opgeblazen. We hebben een Russische patrouille te paard aangetroffen en gevangen genomen. Twee Russische verkenningsvoertuigen en een groepje infanterie dat probeerde de stad binnen te dringen voordat wij de brug hadden opgeblazen, is onder vuur genomen door een 20 mm afweergeschut. Zij zijn weggevlucht."[64]

Eindstation

Nieuwjaarsdag 1943 betrekken de 23[ste] Panzer-Division en de 17[de] Panzer-Division defensieve stellingen langs de westoever van een riviertje, de Bolschoi Kuberle. De 23[ste] Panzer-Division heeft posities ingenomen tussen de dorpjes Adrianoff en St. Pestschanyj. Ongeveer 20 kilometer westelijk van de Bolschoi Kuberle ligt Orlowskaja,[65] de belangrijkste Duitse verbandplaats in deze sector van het front. De ligging aan een spoorlijn, enkele kilometers achter de frontlinie, maakt de plaats zeer geschikt voor het vervoer van gewonden. Orlowskaja is het werkterrein van de 1[ste] Medische Compagnie van de divisie. Het is ook de werkplek van hospitaalsoldaat Hermann Westphal. In de houten huisjes en in enkele stenen bouwwerken liggen 58 zwaargewonde soldaten. Met uitzondering van enkele logistieke eenheden zijn er verder geen Duitse troepen meer in het dorp.

Koud en winderig is de vooravond van de dag dat Hermann zijn tragische einde zal vinden. In het vlakke besneeuwde land bibberen de mannen in hun uit sneeuw en bevroren ondergrond gehakte schuttersputten. De frontlijn is geen doorlopend geheel, maar een linie van op enige afstand van elkaar gelegen steunpunten. De witgekalkte staalhelm op, het hoofd deels weggedoken in de kraag van de overjas, turen wachtposten de leegte van het niemandsland in.

02.00 uur. Het is midden in de nacht en stikdonker. Over de vlakte blaast een sneeuwstorm. Het is moeilijk om iets te horen met de suizende wind in je oren en koude sneeuwvlokken die in je gezicht en ogen prikken. De wachtposten zijn gespannen. Ze weten dat de Rus deze weersomstandigheden maar al te graag benut om aan te vallen. Ver weg is de vijand niet. Ondanks het geluid van de wind horen de wachten vanuit het zuidwesten geregeld verontrustende geluiden. Ze komen uit de

---

64 'Two soldiers, two lost fronts.' D. A. Gregory & W.R. Gehlen.
65 Nu Orlovski.

richting van Nish Sundoff, waar al vanaf 23.00 uur een hevig gevecht gaande is. Wie vrij van dienst is, ligt opgerold in overjas en tentzeil in een uitgehouwen sneeuwhol en tracht zichzelf wat warmte en slaap te verschaffen.

Terug naar de frontlinie. 02.30 uur
Nog altijd raast de witte storm. Dan is er plotseling onrust in de stelling. Enkele soldaten van de verbindingsdienst worden op pad gestuurd. Kennelijk is de telefoonlijn onklaar geraakt, want de verbinding met de in het achterland gelegen commandopost is verbroken. Eén voor één verdwijnen de mannen in de leegte, in het spoor van de telefoondraad, tot op de plek waar deze is waarschijnlijk gebroken. Lang zwerven ze over de verlaten vlakte, gebogen onder de striemende wind. Zelfs door de straffe wind heen horen ze stemmen en het gebrom van gemotoriseerde voertuigen. Onmiddellijk laten de mannen zich vallen. Dan duiken er silhouetten op uit de duisternis. Op slechts enkele meters, nauwelijks afstekend tegen de witte ondergrond, trekt een stoet Russische panjekarren en gemotoriseerde voertuigen aan hen voorbij. De panjekarren, typisch Russische karretjes, worden getrokken door kleine paardjes en bemand door infanteristen. Even later verdwijnt de kolonne, in totaal ongeveer 70 karren en voertuigen, uit het zicht in de richting van Orlowskaja. De mannen haasten zich terug, verbijsterd. Door de sneeuwstorm hebben de Russen blijkbaar kans gezien om ongemerkt tussen de Duitse steunpunten door te trekken.

Bij dageraad openen de indringers de aanval op Orlowskaja. De wachtposten slaan alarm. Er heerst verwarring en chaos, maar wie kan pakt een wapen en opent het vuur. Officieren en onderofficieren formeren gevechtsgroepen om de vijand een halt toe te roepen, terwijl anderen koortsachtig de gewonden naar de vrachtwagens dragen om het stadje zo snel mogelijk te evacueren. Het lukt om de Sovjets in dekking te dwingen. Ook alle gewonden worden haastig geëvacueerd.

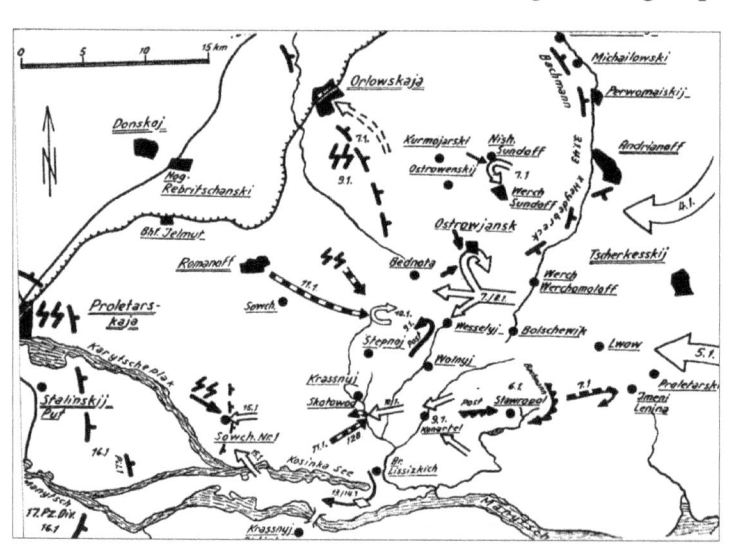

Daarna trekken de soldaten van de 1ste Medische Compagnie zich terug.

Het strijdtoneel.

Net als zijn kameraden werkt Hermann als een bezetene om de gewonden in veiligheid te brengen. Het lijkt te lukken. De tegenstanders worden nog altijd door een razend Duits vuur op afstand gehouden. Terwijl de laatste gewonden worden ingeladen en iedereen zich klaar maakt om zich uit het dorp terug te trekken gaat het mis. Terwijl Hermann vecht om het leven van gewonde kameraden te redden, slaan enkele kogels door zijn met witte kalk gecamoufleerde helm. Dodelijk getroffen blijft hij liggen, terwijl zijn kameraden zich uit Orlowskaja terugtrekken. Hermann is de enige gesneuvelde Duitser die achterblijft. Niet veel later staan er enkele Russische soldaten bij zijn lichaam. Een van hen doorzoekt de zakken. De portemonnee, het horloge en nog wat persoonlijke spulletjes verdwijnen. Het 'Soldbuch'[66] wordt aandachtig doorgebladerd en eveneens meegenomen. Dan wordt het weer stil in Orlowskaja. Niet voor lang echter.

Om 07.40 uur krijgt de 5de SS-Panzergrenadier-Division Wiking, onder commando van generaal Felix Steiner, bevel om Sovjets in en rond Orlowskaja uit te schakelen. Uiteindelijk krijgt Regiment 'Germania' die taak toegewezen. Samen met een eenheid van Panzerjäger-Abteilung 128 en ondersteund door vijf zelfrijdende antitankkanonnen worden de Sovjeteenheden aangevallen en in zuidelijke en oostelijke richting verdreven. Na de strijd blijven er meer dan 800 dode vijanden op het slagveld achter, een enorme prijs. Later die dag wordt het lichaam van Hermann Westphal gevonden en naar Ssalsk overgebracht.

De eerder aangehaalde anonieme soldaat van het 2[de] Bataljon van het 201[ste] Panzerregiment schrijft over zijn belevenissen bij Orlowskaja op die 8[ste] en 9[de] Januari:

"8 januari 1943:
Er zijn geen voorraden in Wessely aangekomen. We hebben een ernstig tekort aan pantserdoorborende granaten. Vannacht is er een vrachtwagen naar Orlowskaja gestuurd met de boodschap vandaag de dringend benodigde munitie te brengen. Een zware sneeuwstorm maakt elk verkeer moeilijk. Even voor 08.00 uur komt de bijrijder te voet terug. Het konvooi met de zo hard nodige munitie is aangevallen. Alle anderen zijn doodgeschoten. Het is een flinke tegenslag. Niettemin verzamelen wij ons voor een tegenaanval. Hevig schieten is hoorbaar vanuit de stad en een patrouille schat de sterkte van de vijand op twee bataljons. Om 8.00 uur gaat onze groep, gevoegd bij het 51[ste] Pionier-Bataillon, bestaande uit slechts 150 man, naar de rand van Orlowskaja. We stuiten daar op vijandelijke tanks en antitankkanonnen. Een dringende radiobood-

---
66 Soldatenzakboekje.

schap naar de Divisie zorgt ervoor dat er een eenheid 'Tigertanks' te hulp schiet die de linie van de Iwans doorbreekt. Iwan trek zich voorlopig terug.

Nu hebben we vrije doorgang naar Ostrowanskij, maar Iwan heeft het dorp bezet en een defensielijn van 3 T-34's en 8 zware PAK's opgezet. Ondanks dat we geen ammunitie en brandstof hebben, dringen we het dorp binnen. Om 19:00 uur kunnen we de Divisie een radiobericht sturen dat de plaats in ons bezit is. Onze verliezen zijn minimaal, 1 Panzer MK.III, 2 mannen gedood en 12 gewonden. We inventariseren de beschikbare brandstof en munitie en ontdekken dat we nog maar 20 antitankgranaten hebben. Ook is er maar heel weinig machinegeweerammunitie. De brandstof reikt voor amper 25 mijl. Daarom laten we Wessely en Orlowskaja achter ons en vestigen wij ons voor de nacht 3 km ten westen van Wessely. Wessely wordt in dezelfde namiddag door de vijand ingenomen.

9 januari 1943:

Zware gevechten gedurende de nacht uit de richting van Orlowskaja. Een bataljon van SS Panzergrenadier-Regiment Germania 9 van de 5de SS-Panzergrenadier-Division Wiking herovert Orlowskaja rond de middag."

Het boek 'Viking Panzers – The German 5th SS Tank Regiment in the East in World War II' van Ewald Klapdor beschrijft de verovering van Orlowskaja: *"Vroeg in de ochtend van de 8ste januari, omstreeks 06.00 uur, bereikte het tankbataljon Kuberle, ongeveer 25 kilometer ten zuidwesten van Simowniki, gelegen aan de spoorlijn Tichorezkaja-Stalingrad. Het bataljon was acht uur onderweg om de 25 kilometer af te leggen. Er was geen rust voor de vermoeide tanksoldaten. Er werd gemeld dat de Sovjets in Orlowskaja waren, ongeveer 20 kilometer ten zuidwesten, in de achterhoede van het bataljon. Dat zou betekenen dat de enige toevoerroute en spoorlijn verloren waren gegaan. Onmiddellijk werd de 2de Compagnie ingezet. Tegen de middag stuurde de divisie het hele bataljon erheen. Toen dat arriveerde was de situatie al onder controle.*

Ook vanuit een andere invalshoek wordt de verovering van Orlowskaja beschreven: *"Een Russisch infanterieregiment was plotseling vanuit het oosten verschenen, had de verrassing uitgebuit en was het slechts zwak verdedigde Orlowskaja binnengedrongen. Het nam de helft van Orlowskaja in. Het geniebataljon, door de divisie in reserve gehouden, ondersteund door een paar tanks en tankafweerkanonnen had de Russen teruggeworpen. Deze tanks en tankafweerkanonnen waren juist in onderhoud geweest en weer op de weg terug naar hun bataljon. Op het moment dat het gevecht op zijn hoogtepunt was arriveerde Flügel's 2de Compagnie en veranderde de Russische terugtocht in* *een catastrofe. De onderhoudsploeg telde later 700 dode Russen. Het Russische regiment was volledig uitgewist."*[67]

In het dagrapport van het LVII. Tankkorps staat het volgende geregistreerd: "07.45 uur: De officier operaties van de Vikingdivisie heeft het Korps telefonisch geïnformeerd dat de divisie zijn geniebataljon, ondersteund door zes tanks heeft ingezet om de situatie in Orlowskaja op te lossen. 16.00 uur: Orlowskaja is door de genisten en tanks van de SS opnieuw ingenomen, waarbij de vijand zware verliezen heeft geleden [drie bataljons vernietigd]. Terwijl het tankbataljon nog bezig was om zich in Orlowskaja te installeren, werd het onmiddellijk teruggevolen naar Kuberle. Het rolde terug in het pikdonker van de nacht, verduisterd omdat vijandelijke bommenwerpers het probeerden te traceren. Enkele Sovjetformaties reden echter volledig zonder verduistering. Zodra het bataljon in Kuberle aankwam, kreeg het een nieuwe opdracht. Het werd naar de linkervleugel van de divisie gestuurd, waar een Sovjetaanval werd verwacht. De tanksoldaten brachten hun vijfde nacht aan boord van hun voertuigen door op weg naar Nowo-Lodin, een paar kilometer ten noordoosten van Kuberle. Lokale penetraties door de Sovjets werden daar opgeruimd. De 2de Compagnie elimineerde Sovjettroepen met de omvang van bijna een bataljon. Een compagnie tanks werd ingezet tegen vijandelijke troepen die naar het westen over de Kuberle kwamen tot in het noordoosten van Trudowoj. De meeste vijandelijke troepen werden vernietigd. De rest ontsnapte naar het oosten."

Als kameraden Hermanns lichaam aantreffen, ligt daar ook zijn door kogels beschadigde helm. Door oorlogsgeweld onbruikbaar geworden. Wellicht is de helm achteloos in een krater of greppel gegooid, mogelijk heeft hij gediend als grafmarkering op een houten kruis. We weten het niet. Hoe dan ook, de helm verdwijnt in de aarde ergens op de godvergeten steppe ten noorden van het nietige Ssalsk. In 2014 wordt hij opgegraven door gelukszoekers en verkocht. Door de roest van de helm is deels nog de groene verf te zien, maar heel opvallend zijn de restanten van witte camouflageverf over het groen. De helm was qua kleur aangepast aan het sneeuwlandschap van januari 1943. Aan de voorkant zijn drie uitschotgaten zichtbaar. Kogelinslagen. Bovenkant en achterkant tellen zowel uit- als inschotgaten van kogels of scherven. In de binnenrand staan door de roest rood uitgeslagen letters. De tekst luidt: *Ob GefrWestphal Hermann 1/ San. Ers. Abt. 9.*

Wie was deze hospitaalsoldaat die sneuvelde, terwijl hij de aan zijn zorg toevertrouwde gewonde kameraden probeerde te redden? Navraag bij de Duitse Volks-

---

67 Onbekende bron.

bund levert de volgende informatie op: "Op 8 januari 1943, sneuvelde in Orlowskaja korporaal Hermann Westphal, geboren op 27 januari 1912 in Halle. Hij is nog niet naar een door de Volksbund opgericht verzamelkerkhof overgebracht. Zijn graf bevindt zich in Ssalsk." We nemen contact op met het bevolkingsregister in de stad Halle en ontvangen de volgende informatie: "De ouders van Hermann, Wilhelm Westphal en Marie Anna Hertel, trouwden op 1 juli 1911 in Halle. Korte tijd later, op 27 januari 1912, wordt zoon Hermann geboren. In augustus 1914 wordt vader Wilhelm onder de wapenen geroepen. Als soldaat doet hij dienst in het Reserve Infanterieregiment 36 [RIR 36] en neemt hij deel aan de veldtocht in Frankrijk. Op 11 januari 1915 slaat het noodlot toe. Wilhelm sneuvelt bij Soissons door een granaattreffer. Hermann, amper drie jaar oud, blijft achter met zijn moeder." Een volgend en laatste spoor van de familie Westphal vinden we in het adresboek van 1920 van het bevolkingsregister. Daaruit blijkt dat de weduwe Westphal met de dan 8-jarige Hermann, haar moeder en invalide schoonvader in de Mansfelder Strasse 11 in Halle woont. Daarna zijn er geen meldingen meer over de familie Westphal. Mogelijk zijn ze verhuisd naar een andere stad of is Marie hertrouwd en heeft ze en andere naam aangenomen.

We zoeken desondanks verder. In het Landesarchiv in Sachsen-Anhalt treffen we een aantekening van het overlijden van Hermann Westphal. In deze notitie uit 1943 staat dat Hermann woonachtig was in het stadje Krumpa en getrouwd was met Hertha, geboren Thieme.

Hoofdstraat in Krumpa.

Een nieuwe aanwijzing! Het spoor leidt dus naar Krumpa. Dat ligt ongeveer 25 kilometer ten zuiden van Halle. In het bevolkingsregister daar vinden we interessante informatie. Obergefreiter Hermann Franz Westphal beleed het Evangelische geloof, was woonachtig in de Hauptstrasse 52, en sneuvelde op 8 januari bij Orlowskaja in het oosten van de Sovjet-Unie. Ook is te lezen dat hij samen met zijn vrouw Hertha een zoon had. Via vriendelijke ambtenaren van het bevolkingsregister krijgen wij contact met Horst, Hermanns zoon. Hij is verrast, maar vooral aangedaan dat de helm van zijn vader is gevonden na zoveel jaren. Veel weet hij helaas niet, maar toch kan hij wat informatie delen.

Zijn vader was van april 1926 tot september 1929 kappersleerling in Merseburg, enkele kilometers noordoostelijk van Krumpa. In september 1929 deed hij zijn 'Gesellenprüfung', het afsluitende examen. Daarna werkte hij tot 1939 als kappershulp in een zaak in Merseburg. In 1939 deed hij met goed gevolg zijn 'Meisterprüfung'[68] en opende in Krumpa zijn eigen kapperszaak. In 1937 trouwde Hermann met Hertha Thieme. In september 1942 werd zoon Horst geboren. Hermann zou zijn kind nooit te zien krijgen. Hij zat toen al diep in de Sovjet-Unie als lid van de 1ste Sanitäts-Kompanie 128 van de 23ste Tankdivisie. Horst heeft zijn vader dus nooit ontmoet, maar wist uit overlevering dat het een erg vriendelijke en hulpvaardige man moet zijn geweest. Bewaard gebleven is er weinig, behalve een brief van Oberstabarzt Dr. Ostermann, een briefje met een opsomming van zijn soldatennalatenschap en enkele foto's van de begrafenis in Ssalsk.

Hermann Westphal

De brief van Dr. Ostermann geeft gedetailleerde informatie over het sneuvelen van Hermann.

"Oberstabarzt Dr. Ostermann
 In het veld, de 11.1.1943

Mevrouw Hertha Westphal
 Krumpa Kr. Geisetal

Zeer geëerde mevrouw Westphal!
 Ik heb de droeve plicht u mede te delen dat uw man, korporaal Hermann Westphal, op 8.1.1943, om 6 uur vroeg, getrouw zijn eed aan Führer en Vaderland, is gevallen. Uw man was op de hoofdverbandplaats die door de Russen werd overvallen. Als dappere soldaat heeft hij belangrijk daaraan bijgedragen dat 43 [andere notities spreken van 58] gewonden die in de hoofdverbandplaats lagen, nog in veiligheid gebracht konden worden. Steeds weer had hij mee aangepakt om de gewonden te helpen. Toen al het werk gedaan was, trof hem het dodelijke projectiel. Hij kreeg een schot in zijn hoofd en viel ter plekke dood neer. Orlowskaja, na de overval gespleten, was op 8.1. in Russische handen, werd echter in de avond heroverd, zodat we uw man nog konden bergen. Hij lag daar geheel onaangeroerd en zag er vredig uit. De Russen hadden hem enkel zijn horloge,

---

68 'Meisterprüfung' wordt georganiseerd door de Kamer van Ambachten op basis van de evaluatie van een 'meesterstuk'.

portemonnee, Soldbuch en nog wat kleinigheden afgenomen. We hebben uw man de volgende dag meegenomen. Hij wordt vandaag op 11.1.43 door de compagnie met militaire eer begraven bij zijn laatste rustplaats op het oorlogskerkhof van Ssalsk. Het graf ligt op Feld F, graf Nr. 1. Namens de compagnie spreek ik mijn diepste medeleven uit. We weten allemaal hoe onmenselijk groot het offer is, dat we door de heldendood van uw man moesten brengen.

Onze gedachten zijn bij u en de kleine zoon, die uw man niet meer heeft gezien, maar waarover hij met grote liefde vertelde. Ik hoop dat de jonge telg precies zo'n geweldige man wordt als zijn vader, en dat hij in het leven maar veel plezier mag maken. We zijn allemaal diep getroffen onze goede Westphal zo plotseling verloren te hebben. Hij was een flinke en betrouwbare soldaat en een trouwe kameraad die anderen het leven redde en zichzelf opofferde. We zullen hem in de compagnie niet vergeten en hij zal voor ons altijd een lichtend voorbeeld zijn. De nagelaten zaken zullen u zo spoedig mogelijk worden toegezonden, en ik hoop dat ze spoedig in uw bezit zullen zijn.

Moge de tijd de zware wonden helen die door het verlies zijn ontstaan.

Met een stille handdruk groet ik u.
  Heil Hitler!
  Dr. Ostermann

Tussen de door Hermann Westphal nagelaten zaken die zijn vrouw werden toegezonden, bevonden zich een opvallend aantal kappersbenodigdheden: drie scheermessen, vier kappersscharen, een scheerapparaat, een borstel, een haarknipapparaat, drie kammen en een haarborstel. Er bestaat geen twijfel over dat Hermann zijn kapperszaak bij zijn dienstonderdeel gewoon voortzette. Menig soldaat zal door hem met zorg piekfijn zijn gekapt. Uit alles blijkt dat Hermann een geliefd man was.

De begrafenis van Hermann vindt plaats op een wat sombere koude en enigszins heiige januaridag. Het landschap bij Ssalsk is besneeuwd. De compagnie staat drie rijen dik aangetreden. De lange winterjassen aan en de staalhelmen op. De gezichten staan strak, somber. Bij het graf zelf staat een erewacht van soldaten, geweer aan de voet. De laatste rustplaats voor de kapper uit Krumpa die zijn zoon Horst nooit zou zien en die waarschijnlijk deze oorlog ook niet had gewild.

De helm vond in 2020 als geschenk zijn weg naar Krumpa, waar hij als tastbaar aandenken aan zijn vader nu in het bezit is van Hermanns zoon Horst.

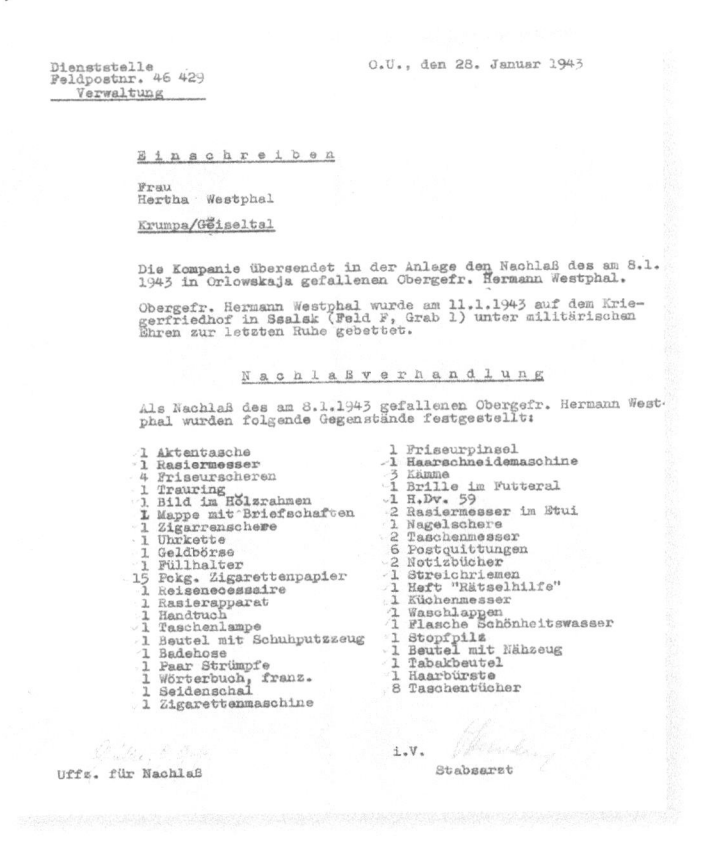

IX

Franz Kopp

Stalingrad januari 1943

Een dramatische familiegeschiedenis

Voorjaar 1938
In Schrettenbrunn in de Duitse deelstaat Beieren ligt, eenzaam weggestopt in het zacht glooiende landschap, de boerderij van de familie Kopp. Rode dakpannen sieren de gebouwen die, zoals vaak in deze streek in carré staan. Ze worden omgeven

Boerderij van de familie Kopp.

door groen uitgelopen bosschages. Vader Josef Kopp en zijn vrouw Thrèse hebben drie kinderen: Amalie, 27 jaar oud, Josef van 24 en Franz van 16. Josef, de oudste zoon, is in het leger. Er is op dat moment geen wolkje aan de lucht. In mei 1938 echter voltrekt zich onverwacht een drama. Josef, die in Berlijn op wacht staat, voelt zich ziek, zelfs zo beroerd dat hij om aflo sing vraagt. Zijn meerderen nemen zijn klachten niet serieus. Josef moet zijn wachtdienst tot het einde toe volbrengen. Kort daarna gaat het steeds slechter. Josef blijkt een longontsteking te hebben en het gaat snel bergafwaarts. Op 16 mei overlijdt hij.

Na het uitbreken van de Tweede Wereldoorlog moet Franz, de jongste, in het leger. Hij doet dat niet van harte. Liever was hij op de boerderij gebleven. Verzet tegen de 'heren' van het Derde Rijk is zinloos. Zonder pardon wordt Franz ingedeeld bij de Radfahrer-Abteilung 162 van de 62ste Infanteriedivisie. Dan doen Franz' ouders een verzoek tot vrijstelling, met als motivatie dat de oudste zoon, Josef, tijdens diens dienstplicht is overleden en dat vader Josef zelf in de oorlog van 1914-1918 het land heeft gediend. Op het moment dat hun verzoek wordt ingewilligd is het echter te laat. Franz bevindt zich dan al in het omsingelde Stalingrad. Hij zal daar niet levend meer uit geraken.

Franz Kopp

Bij een laatste bezoek tijdens zijn verlof aan Schrettenbrunn lijkt Franz zijn einde te hebben voorvoeld. Hij zegt: "Als ik naar Rusland moet, is dit de laatste keer dat ik mijn thuis zie." Met een zwaar gemoed verlaat hij zijn ouderlijk huis. Als later zijn moeder het overlijdensbericht krijgt, het bericht dat ook haar tweede zoon niet meer leeft, wordt zij getroffen door een zware hartaanval. Ze sterft kort daarna.[69]

Jaren later
Franz Kopp's helm wordt aangetroffen op de steppe bij Stalingrad en belandt vervolgens in de collectie van een verzamelaar in Rostov aan de Don, bijna vijfhonderd kilometer verwijderd van Stalingrad. De helm is voorzien van een sierlijke inscriptie: Gefreiter Franz Kopp en vermeldt verder zijn onderdeel 2. Schw.[70] Radf. Abt. 162.

---

69 Deze informatie is afkomstig van diens nicht Franziska Sextl, geboren Kopp.
70 Schw staat voor Schwadron = eskadron. In de Tweede Wereldoorlog kende de Wehrmacht ruitereskadrons, maar ook fietseskadrons en zelfs zware eskadrons met gepantserde verkenningswagens.

Over Franz' militaire loopbaan is weinig bekend. Desondanks kunnen we zijn belevenissen tussen 11 november en 12 december 1942 op de voet volgen. Interessant, want juist in deze periode voltrok zich de omsingeling van het 6de Leger. Het gevechtsbericht van 'Kampfgruppe Simons',[71] waar Radfahrer-Abteilung 162 deel van uitmaakte, is daarbij een belangrijke leidraad.

Terug naar 1942
"Gevechtsgroep Simons [KG Simons][72]

Te velde 12.12.1942

Gevechtsbericht. Volledig uitgeschreven

11.11.42.
   De gevechtsgroep treedt aan in Perelasowskij in de volgende samenstelling:

Stab. Gr. Reg.190 [staf Grenadiers Regiment 190]	3 officieren, 3 onderofficieren en 5 soldaten
Nachr. Zug N.A.162 [verbindingspeloton 162]	1 officier, 4 onderofficieren en 22 soldaten
Pz.Jg.Abt.162 [antitankafdeling 162]	7 officieren, 35 onderofficieren, 241 soldaten
Radf.Abt.162 [wielrijdersafdeling 162]	4 officieren, 24 onderofficieren en 184 soldaten
II./ AR 54 [2de afdeling artillerieregiment 54]	12 officieren, 44 onderofficieren, 224 soldaten
Pz.Jg.Abt.611 totaal	27 officieren, 110 onderofficieren, 676 soldaten

Gevechtsgroep Simons opereert als afgrendeleenheid voor het XXXXVIII-Panzerkorps en is ondergebracht bij het 3de *Roemeense leger. De groep heeft kwartier betrokken in Perelasowskij.*

12. – 18.11.
   Op bevel van het XXXXVIII-Tankkorps wordt de omgeving ten zuidoosten van Kletskaja verkend voor het geval van een verwachtte vijandelijke aanval [voor artilleriestellingen etc.]. Pz.Jg.Abt.611 wordt met een speciale opdracht uitgezonden om op voorhand stellingen in de tweede linie te betrekken op de overheersende hoogtes 218,8 en 196,7 [5 km ten zuidwesten van Kletskaja].

---

71 Gevechtsgroep Simons.
72 Oberstleutnant Arnold Simons, commandant van Grenadier-Regiment 190 [62ste I.D.].

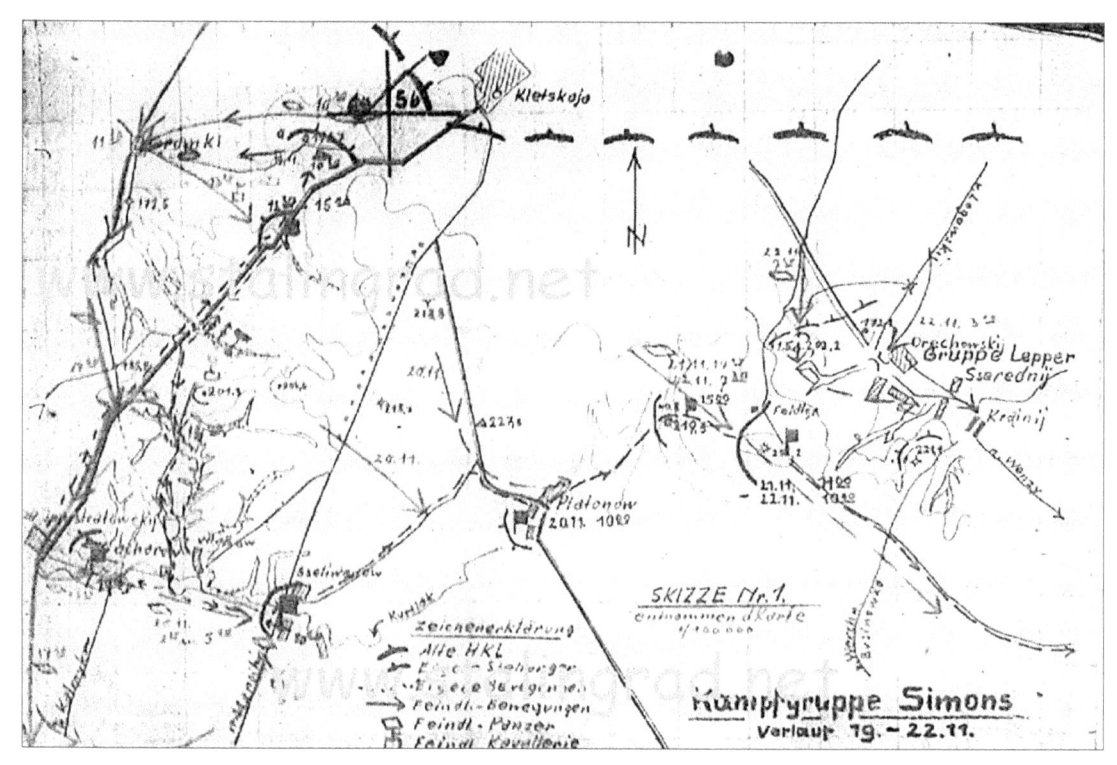

Originele overzichtskaart van de gevechten tussen 19 en 22 november 1942.

19.11.

08.00 uur. Er wordt melding gemaakt: de vijand valt aan bij Kletskaja en Blinoff.

08.30 uur. De groep wordt gealarmeerd. Zij moet zich inzetgereed houden.

09.30 uur. Inkomend bericht. Bevel van de commanderende generaal: de groep begeeft zich direct naar Hoogte 196,7 en verhindert een vijandelijke doorbraak naar het zuidwesten. Bij het oprukken raakt de groep in de omgeving van Jewstratowskij [18 km zuidwestelijk van Kletskaja] verzeild tussen terugtrekkende Roemeense troepen.

10.30 uur. De afdelingen worden ongeveer 3 kilometer ten zuiden van Hoogte 196,7 uitgeladen en rukken tussen terugtrekkende groepen Roemenen op naar 196,7, die al door zelfrijdende kanonnen van Pz.Jg.Abt.611 is bezet. De hoogte wordt bezet. De artillerie betrekt de al van tevoren verkende stellingen in een kloof die zich ongeveer 2 km noordelijk van Hoogte 201.3 bevindt. Alle pogingen om de vluchtende Roemenen te stoppen, om ze alsnog in de tweede linie [Hoogte 196,7] als infanterie bij de zelfrijdende kanonnen in te kunnen zetten, mislukken. Zonder wat voor leiding dan ook en geheel onsamenhangend trekken de Roemenen zich verder terug.

11.30 uur. Pz.Jg.Abt.611 heeft voor de linies zes tanks uitgeschakeld. De vijand rukt op naar het westen met sterke tankeenheden en cavalerie buiten schootsbereik en langs

Hoogte 196,7. Gromki wordt ingenomen. De daartegen ingezette 7,5 cm zelfrijdende kanonnen van Pz.Jg.Abt.611 schieten voor Gromki vijf tanks kapot. Zij kunnen echter niet verhinderen dat de tegenstander de groep in de open linkerflank en in de rug aanvalt.

12.30 uur. De groep bouwt bij de commandopost om de kloof [5 km zuidoostelijk van Gromki] een egelstelling en slaat een zwakke vijandelijke aanval [cavalerie] uit de richting van Gromki af.

14.00 uur. Vanuit de artilleriestelling komt het bericht dat de vijand met sterke tankeenheden vanuit Gromki verder naar het zuiden is opgerukt en al de stratenkruising nadert [ongeveer 1,5 km zuidelijk van Hoogte 185,9]. Na de vlucht van alle Roemeense troepen staat de groep nu alleen. Er is geen telegrafieverbinding met het korps. Bij het invallen van de duisternis besluit de commandant, oostelijk teruggaand, naar Sacharow-Jewstratowskij te vertrekken om daar een bruggenhoofd over het dal van de Kurtlack te bezetten. De zelfrijdende kanonnen van Pz.Jg.Abt.611 worden bij de stratenkruising, 1,5 km zuidelijk van Hoogte 185,9 ingezet tegen de Russische tanks. Dit om het terugtrekken van de troepen en in het bijzonder van de artillerie te dekken.

16.00 uur. Persoonlijke contactopname met de 14de Panzer-Division. In Platonow wordt de groep bij deze divisie ondergebracht en stemt in met de ondertussen in gang gezette maatregelen.

17.00 uur. De staf van de groep bereikt, samen met enkele zelfrijdende kanonnen, Sacharow. De kanonnen worden vervolgens ter directe beveiliging naar het noordwesten vooruitgeschoven. De officier van de verkenningstroep [Lt. Israel] neemt waar dat Jewstratowskij sterk door de vijand is bezet, en neemt over de weg Jewstratowskij-Kalmykoff verkeer waar van tanks en kolonnes in zuidelijke richting. De vijand is dus verder naar het zuiden doorgestoten. De voorgenomen opbouw van een bruggenhoofd bij Jewstratowskij is om die reden niet uitvoerbaar. Bovendien komt de volgende melding van de in mars zijnde afdelingen binnen: de kolonne is in de kloof [2 km. zuidelijk van 201,3] op zware, tijdrovende wegbelemmeringen gestoten; het einde van de kolonne [Eskadrons Radf.Abt.162 en Pz.Jg.Abt.162] is in de kloof door vijandelijke tanks en cavalerie aangevallen. Het lukt door nietsontziende inzet van delen van Pz.Jg.Abt.162 en Pz.Jg.Abt.611 het verder terugtrekken van de groep te dekken, zodat de artillerieafdeling, delen van Pz.Jg.Abt.162 en infanteriedelen van Radf.Abt.162 Wlassow kunnen bereiken. Rijtuigen en wapens van Radf.Abt.162 en enkele PAK's van Pz.Jg. Abt.162 zijn uitgevallen en moeten ter vernietiging worden opgeblazen.

18.00 uur. Wachtposten van de staf van de groep melden vijandelijke tanks in de onmiddellijke nabijheid van commandopost Sacharow [80 m.]. De vijand is vanuit zuidwestelijke richting onopgemerkt het dorp binnengedrongen. In de nacht weet de staf in het duister en in stilte ongemerkt te vertrekken naar Ssellawanow.

19.00 uur. Onderweg worden de in Wlassow binnengekomen delen van de groep verzameld en naar Ssekkawanow gestuurd.

20.00 uur. De groep betrekt een egelstelling naar het noorden, westen en zuiden. Een eskadron tanks van de 14de Panzer-Division wordt, samen met II./ AR 54, met het front naar het westen ingezet. Vanuit die richting moet, gelet op het landschap, een verdere aanval op de 20ste november worden verwacht.

20.11.42

02.00 uur. Ongeveer 20 vijandelijke tanks, met daarop gezeten infanterie, naderen in het donker snel de eigen stellingen. Er ontwikkelt zich een buitengewoon hevig nachtgevecht, waarin de artillerie met directe schoten ingrijpt. Binnen korte tijd is de nacht door brandende vijandelijke tanks, maar ook door eigen brandende voertuigen, verlicht alsof het dag is. Het gevecht duurt tot het eerste ochtendgloren.

04.30 uur. De aanval is afgeslagen. Er zijn 16 vijandelijke tanks uitgeschakeld, maar ook de eigen verliezen zijn aanzienlijk. De artillerieafdeling is zwaar aangeslagen; alle 10 cm kanonnen zijn uitgevallen en een groot deel van de trekvoertuigen is verbrand. Een zelfrijdend kanon en enkele vrachtwagens functioneren nog. Van de eigen tanks is er 1 uitgevallen.

05.00 uur. Opnieuw een vijandelijke tankaanval vanuit het westen, gelijktijdig met een cavalerieaanval vanuit het zuiden, gericht tegen de egelstelling. Vanaf de 14de Panzer-Division wordt het bericht geseind: "Bij een onhoudbare situatie terugtrekken naar Platonow."

06.00 uur. De groep is ten gevolge van grote verliezen niet meer opgewassen tegen de nieuwe aanval. Onder dekking van de tanks lukt het om de rest van de groep te laten terugtrekken naar Platonow. De tijdens het nachtgevecht en de terugtocht geleden verliezen zijn nog niet te overzien.

10.00 uur. Nadat contact is gemaakt met de groep van kolonel Ludwig [Pz.Art.Rgt.4/ 14de Pz.Div.] neemt de groep de verdediging op zich naar het zuidwesten van Platonow.

12.00 uur. Door sterke vijandelijke druk uit noord- en noordwestelijke richting komt vanuit de 14de Pz.Div. het bevel dat de groep [ingedeeld bij de groep Ludwig] Hoogte 219,3 moet innemen om vandaar naar het zuidwesten te verdedigen en de hoogte te behouden.

15.00 uur. Einde van de terugtrekbeweging en inname van Hoogte 219,3.

18.00 uur. De commandant neemt verbinding op met de groep van kolonel Lepper in Orechowskij.

21.11.

05.00 uur. Ten gevolge van de door de zwakke krachten, zonder infanterie, noodzakelijk geworden inkorting van het front, ontvangt de groep het bevel om samen met delen van het Pz.Art.Rgt.4, ingedeeld bij de groep Lepper, een nieuwe stelling op Hoogte 232,2 [ongeveer 2 km west, zuidwest Sseredny] te betrekken. Deze stelling moet tegen alle aanvallen, in het bijzonder vanuit westelijke en noordwestelijke richting, worden behouden. De andere delen van de groep Lepper moeten hoogtelinie 172,1 – 202,2 [ongeveer 2 km noordwestelijk van Orechowskij] verdedigen.

11.00 uur. Na verkenning door de commandant wordt de groep op Hoogte 232,2 ingezet. 1 compagnie Pionierbataljon 376 en verzamelde delen van de Roemeense 1ste Cavaleriedivisie, ongeveer 400 man, worden bij de groep ingedeeld. Met deze onderdelen en de resten van de eigen groep lukt het om een samenhangend front te vormen vanaf Hoogte 232,2 over een lengte van ongeveer 3 kilometer. Teruggetrokken delen van Pz.Jg.Abt.611 en 670 worden eveneens ingedeeld.

14.00 uur. Een vijandelijke aanval met tanks en infanterie uit noordwestelijke richting wordt tot staan gebracht en afgeslagen. Vier tanks worden uitgeschakeld. De vijand graaft zich in voor de eigen stellingen.

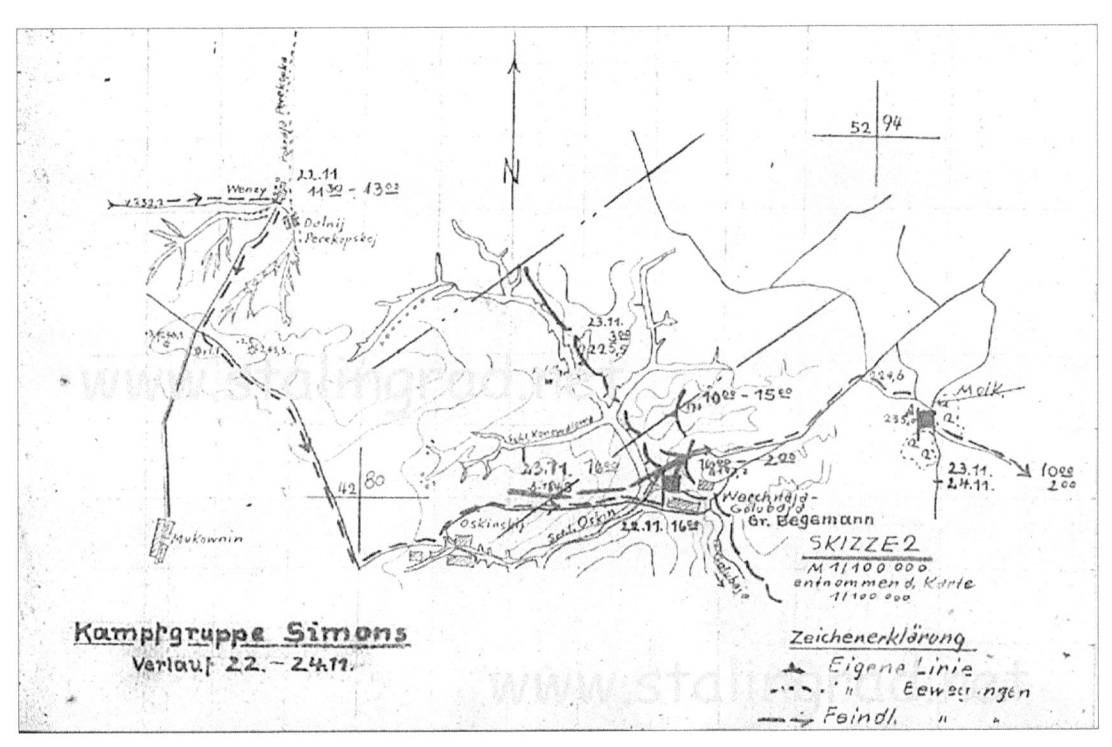

Originele overzichtskaart van de gevechten tussen 22 en 24 november 1942.

21.00 uur. Voor de nacht wordt luitenant-kolonel Simons door kolonel Ludwig, voor wat betreft de leiding over de sector, afgelost.

22.11.

05.00 uur. Oberstleutnant Simons neemt weer de leiding. 1. Panzercompagnie van de 14de Pz.Div. wordt ingedeeld.

07.30 uur. Hernieuwde vijandelijke aanval met infanterie en tankstrijdkrachten. Hoogte 202,2 bij de rechterburen wordt door de vijand ingenomen. Bovendien komt er een melding binnen dat de vijand, onder dekking van de nacht, vanuit het noorden Orechowskij binnengedrongen is. De rechterflank van de groep ligt open. Kolonel Lepper wil Sseredny behouden.

08.30 uur. Een aanval op de eigen sector wordt afgeslagen. De tegen Hoogte 202,2 ingezette tankcompagnie schakelt 6 vijandelijke tanks uit.

09.00 uur. Er komt een melding binnen: Sseredny is gevallen. Kolonel Lepper is met overblijfselen van zijn groep op 221,1 [1,5 km. zuidwestelijk Krainij]. De commandant geeft bevel de stelling tot de laatste kogel te verdedigen. Een doorbraak van sterke vijandelijke tankeenheden wordt vermeden, maar tegen 10.00 uur heeft de groep, inclusief de artillerie, vrijwel al zijn munitie verschoten.

10.00 uur. De commandant besluit om een dreigende vernietiging van de groep en zijn artillerie te voorkomen, en zich onder dekking van tanks en zelfrijdende kanonnen over 221,1 [daar samenvoegen met de groep Lepper] naar Wenzy terug te trekken.

10.45 uur. Uit persoonlijk contact met kolonel Lepper op 221,1 blijkt dat de hoogte met de resterende zwakke krachten niet is te houden. Onder dekking van tanks en zelfrijdende kanonnen trekt de totale groep Lepper zich terug naar Wenzy, terwijl de vijand oprukt met tanks en andere cavalerie.

11.30 uur. In Wenzy krijgt de groep van de 376ste Infanteriedivisie opdracht om via Oskinakij Werchnaja Golubaja te bereiken, daar te verzamelen en zich op te stellen voor een nieuwe inzet. De delen van het Pz.Art.Rgt.4 worden in Wenzy weer bij kolonel Ludwig ondergebracht. Deze groep heeft de volgende sterkte:

Staf en verbindingspeloton	26 man
Pz.Jg.Abt. 162	118 man
Radf.Abt. 162	55 man
Pz.Jg.Abt.611	124 man
II./A.R.54	36 man
Totaal	359 man

De eenheid van Franz Kopp heeft sinds 11 november een behoorlijke jas uitgedaan. Van de oorspronkelijke sterkte op die dag, 212 officieren, onderofficieren en manschappen, zijn er elf dagen later blijkbaar nog maar 55 inzetbaar.

13.00 uur. Vertrek van de in Wenzy verzamelde en voor een deel volledig uitgeputte groep. Het hoge uitvalpercentage aan doden, gewonden en vermisten, zieken [vooral bevriezingen], is nog niet te overzien.

16.00 uur. Werchnaja Golubaja wordt bereikt. Op zoek naar de commandopost van 14 Pz. Div. Persoonlijk contact met de 44ste Infanteriedivisie.

20.00 uur. De commandant krijgt via de 14 Pz.Div. bevel om samen met delen van N.A.G. 4 en Pioniercompagnie 376 een nieuwe frontlinie langs de oostelijke oever van het Golubajadal te bezetten in een linie 3 km. noordwestelijk van 225,5 – 225,5 – Werchnaja Golubaja. De linie moet op 23.11 worden bezet over een lengte van ongeveer 7,5 km.

23.11.

00.00 uur. 14 Pz.Div. geeft een alarmmelding door: de vijand zou via Teply het Golubajadal binnendringen. Het bevel om voor de dageraad de nieuwe frontlinie in te nemen wordt direct uitgevoerd.

04.00 uur. Het alarm wordt ten gevolge van een vastgestelde foutmelding opgeheven.

08.00 uur. Nieuw bevel: de frontlinie wordt van Werchnaja Golubaja uit naar het noordoosten omgebogen. Pioniercompagnie 376 wordt weer bij de eigen divisie ondergebracht. N.A.G. 4 wordt met een nieuwe opdracht elders ingezet. Restdelen van Pz.Jg. Abt.162 en Radf.Abt.162 worden bij de groep Begemann ingedeeld en ter afscherming van de rechterflank op Hoogte 170 en later op de noordhelling van Hoogte 297,7 ingezet. De staf van de groep krijgt de opdracht zich te melden bij de commandopost van de 14de Panzer-Division in Molkerei [10 km noordoostelijk van Werchnaja Golubaja].

12.00 uur. Op bevel van de divisie volgt een ingrijpende vermindering van de nog voorhanden zijnde voertuigen, om met de nog beschikbare brandstof de voor de nacht van 24 november geplande uitwijkmanoeuvre over de Don naar Peskowatka te kunnen volbrengen. Er komt een melding binnen dat de vijand Kalatsch vanuit oostelijke richting heeft ingenomen.

15.00 uur. Het vertrek van de rest van de groep binnen het verband van de 14de Pz. Div. wordt bevolen voor 24.11. om 02.00 uur. De tocht gaat via Radionow-Sommerhaus-Lutschinskoj naar Peskowatka. De vijand rukt met tanks en infanterie op naar Werchnaja Golubaja.

24.11.

02.30 uur. Vertrek van de groep. De volgende voertuigen worden meegenomen: 2 vrachtwagens 15, 2 vrachtwagens 17 [zonder apparatuur], 1 vrachtwagen 23, 2 personenauto's, 4 vrachtwagens met 4 x 3,7cm. PAK, 2 motoren met zijspan. Alle andere nog voorhanden zijnde voertuigen en 3,7 cm. PAK werden vernietigd dan wel opgeblazen. De mars naar Peskowatka werd zonder bijzonderheden of grote verkeersopstoppingen volbracht.

09.30 uur. Aankomst in Peskowatka.

15.00 uur. De groep bereikt binnen het verband van de 14de Pz.Div. het verzorgingskamp [ongeveer 10 km. zuidwestelijk van Peskowatka]. De commandant krijgt daar opdracht om met verschillende samengestelde delen op 25.11 een nieuw verdedigingsfront naar het noordwesten te organiseren.

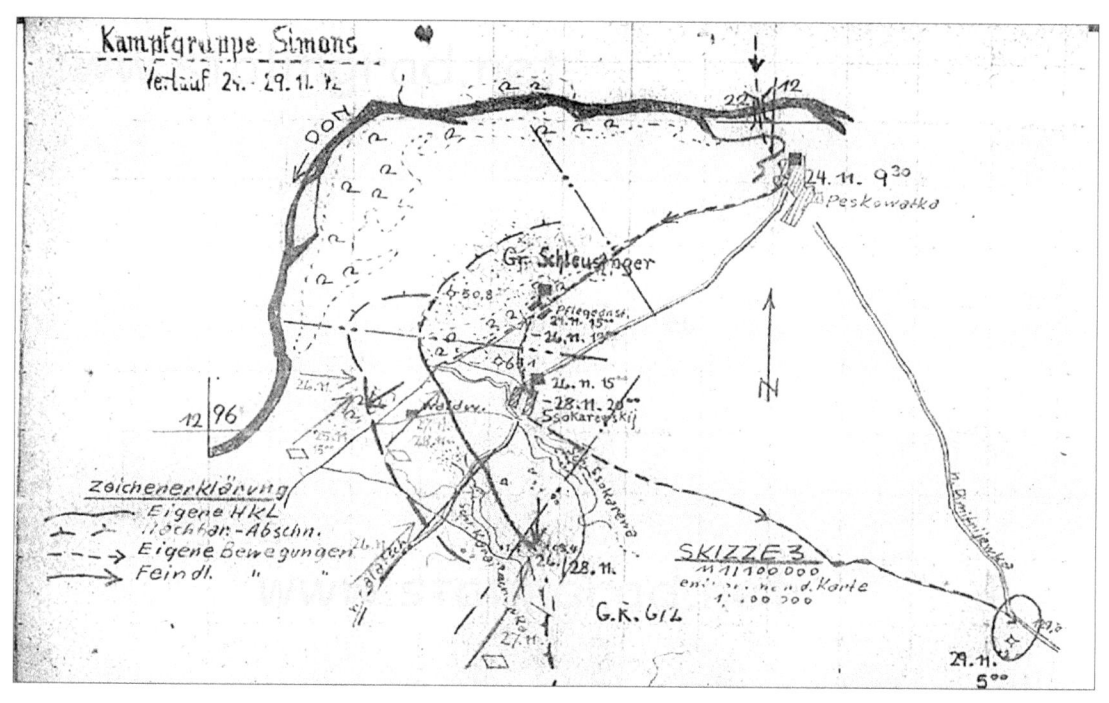

Originele overzichtskaart van de gevechten tussen 24 en 29 november 1942.

25.11.42

In de loop van de ochtend veranderen door de onderverdelingen de bevelsbevoegdheden. De commandant neemt het bevel over de sector van ongeveer 1 km noordwestelijk Waldwärterhaus, inclusief de weg Ssokarewskij-Kalatsch, met het front naar het zuidwesten, terwijl rechts aansluitend met het front naar het noordwesten de groep Oberst Schleusinger [Gr.Rgt.536] wordt ingezet.

15.00 uur. De commandopost van de groep wordt naar Ssokarewskij verplaatst. Van daaruit wordt met hulp van de telefoondienst van de divisie verbinding gemaakt met de in de nieuwe opstelling ingedeelde eenheden. De eenheden worden in de nieuwe sector vanaf het kruispunt 1 km. westelijk 65.1 – 103,4 als volgt opgesteld:

- groep kapitein Wiese [384 Inf. Div.],
- delen van pionier bataljon 384,
- 3 en 4 aan en Fahrkolonne 84,
- resten van Pz.Jag. en Radf. Abt. 162,
- Roemenen die hun eenheid kwijt zijn,
- groep ritmeester Lange [Bouw bataljon 540],
- 1./-, 2./-, 4./- bouw bataljon 540,
- groep ritmeester Scharping [Radf. Abt.113],
- delen van Radf. Abt. 113,
- Feld reservebataljon 113,
- groepskapitein Bogner [III. Gr.Rgt.261],
- III. Gr.Rgt.261.

Aan zware wapens zijn ingedeeld:
- III./A.R. 87,
- 3./Pz.Jg. Abt.113 [zelfrijdende kanonnen],
- 14./G.R.472,
- III./Werf.Rgt.53 [mortieren],
- I./Fla.Rgt.241[afweergeschut].

27.11.42
De tegenstander valt gedurende de gehele dag aan op verschillende plaatsen langs de 6.5 kilometer brede sector. Vooral langs de linker- en rechtervleugel en deels ondersteund door tanks. De aanvallen worden echter steeds met zware verliezen voor de tegenstander afgeslagen. Op de linkervleugel is een gat van ongeveer 1,5 km, dat door de linkerburen [II./ Gr. Rgt. 672] ondanks meerdere verzoeken niet wordt gesloten. Hoogte 103.4 wordt in een tegenaanval ingenomen. 3./Pz.Jg.Abt. 113 schakelt daarbij 3 tanks uit. Onjuiste, onnauwkeurige en overdreven meldingen maken het leiding geven bijzonder moeilijk, vooral voor wat betreft het inzetten van de antitankgrachten. Daarbij komen dan nog de door de gemengd ingezette en voor een deel uitgeputte en onervaren troepen veroorzaakte moeilijkheden. In de middaguren meerdere sterke vuurovervallen door Stalinorgels op Ssokarewskij.

28.11.42

06.00 uur. Krachtige aanval met ondersteuning van tanks op de rechterflank [kapitein Wiese]. Deze wordt omstreeks 11.00 uur met grote verliezen voor de vijand afgeslagen. 1 tank werd uitgeschakeld.

13.00 uur. Hernieuwde aanval van de vijand die tot aan het invallen van de duisternis doorzet en gedeeltelijk door tegenaanvallen wordt afgeslagen.

Op bevel van de 14de Pz.Div. moet de voorste groep en masse om 20.00 uur en de achterhoede om 23.00 uur zich losmaken van de vijand en vervolgens de wegenkruising 129,0 bereiken [2 km. noordwestelijk van Dmitrijewka]. Daar zullen de delen van de 14de Pz.Div. in Dmitrijewka aangekomen en alle overige onderdelen, onder bevel worden gesteld van Oberst Schleusinger [376 Inf. Div]. Eigen restanten van de groep Simons [62 Inf. Div.] zullen in opdracht van de commandant worden ondergebracht bij de 44ste Inf.Div.

20.00 uur. Het losmaken van de tegenstander kan volgens plan worden uitgevoerd. 's Nachts houden de Russen zich rustig.

29.11.42

De resten van de groep Simons verzamelen zich in Dmitrijewka. De commandant neemt contact op met de 44ste Inf.Div. in Baburkin. In de loop van de dag wordt de groep in de volgende sterkte ondergebracht bij de 44ste Inf.Div.: 9 officieren, 31 onderofficieren, 1 arts en 121 manschappen.

30.11.42

De commandant krijgt van de 44ste Inf.Div. de opdracht tot verkenning en tot het uitbouwen van een in het achterland gelegen verdedigingsstelling. Behalve de eigen resten van de groep krijgt hij hiervoor ter beschikking: 2 compagnieën van Bouwbataljon K. 1 [gezamenlijke sterkte ongeveer 80 man] en delen van de tros van de divisie die in het Rosschoska-dal liggen.

01.12.42

Begin van het uitbouwen van 2de stelling.

04.12.

De inzetbare restdelen van de afdelingen van de 62ste Inf. Div. worden in twee compagnieën van ieder 40 man samengebracht en onder bevel gesteld van Gren.Rgt.131.

05.- 11.12

De 2de stelling wordt in enkele delen uitgebouwd en voltooid.

12.12.
De commandant krijgt de opdracht tot het organiseren en leiden van de verdediging van het Rossoschka-dal.

Optelling van de in verschillende sectoren, vastgestelde, door de groep Simons vernietigde vijandelijke tanks:

19.11.42	11
20.11.42	16
21.11.42	4
22.11.42	11
25.22.42	3
27.11.42	3
28.11.42	1
Totaal	49

SIMONS
Oberstleutnant en commandant
Grenadier Regiment 190 [62 Inf.Div].

Zo eindigt het rapport van Oberstleutnant Arnold Simons. Het geeft een interessant inzicht in de terugtrekkende beweging die de Duitsers maken na het sluiten van de omsingelingsring bij Stalingrad. Na een maand vooruit vechten en terugtrekken is er van de gevechtsgroep Simons nog maar weinig over. De schamele resten betrekken stellingen in het Rossoschka-dal. Hoogstwaarschijnlijk maakt Franz Kopp op dat moment nog deel uit van deze groep. We hebben uit het gevechtsrapport van Simons kunnen opmaken wat voor zware gevechten Franz meegemaakt moet hebben. Zijn strijd is nog niet ten einde. Nog een maand lang zal hij op die plek in het Rossoschka-dal in de snijdende kou standhouden, samen met zijn kameraden. In die tijd heeft het Rode Leger in het geheim 200.000 soldaten extra laten aanrukken. Dan, op 10 januari 1943 om 08.05 uur, terwijl een razende sneeuwstorm over de steppe raast, verlicht het vuur van duizenden kanonnen en raketwerpers de hemel in de verte. Voor de Duitsers is het een voorspel op de hel die zodadelijk gaat komen. Dan doorbreekt een oorverdovend gebulder de stilte. De soldaten in de loopgraven kruipen dichter op elkaar, terwijl de Russische artillerie 55 minuten lang onophoudelijk op de stellingen beukt. Bij elke inslag vliegen aarde en dodelijke metaalsplinters door de lucht.

De beschieting is zo intens dat een Russische artillerieofficer met nauwverholen trots zegt dat de vijand er maar op twee manieren uit kan komen: dood of voor eeuwig krankzinnig. De Duitse generaal Edler von Daniels doet de dag droogjes af als een 'enigszins onrustige zondag aan het front'. Op de bevroren steppe zijn de loopgraven lang niet diep genoeg uitgegraven. Bovendien zijn de Duitse frontsoldaten uitgehongerd en uitgeput na weken te hebben geleefd op een dieet van waterige soep en een paar honderd gram brood per dag.

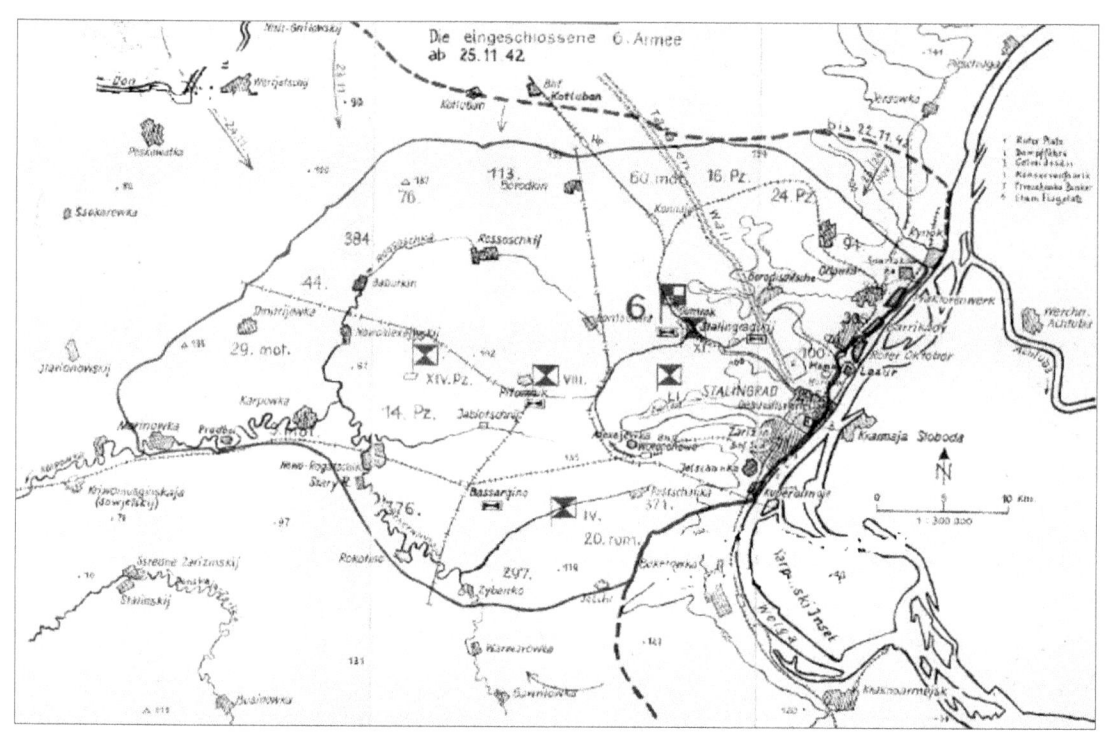

Kaart van het strijdgebied rond Stalingrad. Deze geeft en beeld van de omsingeling vanaf 25 november 1942. Direct aan de Wolga liggen de staalfabriek Krasny Oktyabr, Rode oktober, de Tractorenfabriek Dzerzhinsky, genoemd naar Felix Dzerzhinsky, de grondlegger van Tsjeka [eerste Russische geheime dienst], de kanonnenfabriek Barrikady en de chemische fabriek Lazoer. Deze fabrieken produceerden onmisbare producten voor het Rode Leger.

Ze hebben te weinig munitie, en de afstand tussen de zware wapens in de verdedigingslinie is veel te groot. Precies om 09.00 uur houdt het kanongebulder op. Dan klinkt het onheilspellende geronk van dieselmotoren. De aarde trilt als honderden loodzware Russische T-34-tanks op de kapotgeschoten Duitse stellingen afrollen. In hun spoor volgen duizenden en nog eens duizenden Russische soldaten, met bajonetten op hun geweren, in sneeuwwitte uniformen. Onder hoerageroep en het zingen van de Internationale zet de levende muur zich in beweging. De Duitse verdedigers zijn totaal overrompeld. 'Operatie Ring', zoals het off nsief tegen de Duitse troepen in Stalingrad wordt genoemd, is begonnen. Als verdediger van het Rossoschka-dal zal Franz zich, in die begindagen van januari 1943, in het brandpunt van de Russische aanval hebben bevonden. Het wordt hem noodlottig. Hij sneuvelt. Zijn bange voorgevoel is bewaarheid. Franz zal niet terugkeren naar de rustige boerderij in Schrettenbrunn.

Josef Kopp verliest zijn tweede zoon. Hij zal kort daarop ook zijn echtgenote verliezen. Dat vader Kopp geen aanhanger van de nazipartij was, blijkt uit het feit dat hij in 1945 door de Amerikaanse bezettingsmacht wordt aangesteld als burgemeester in de toenmalige gemeente Reicheneibach. Een functie die hij tot op hoge leeftijd, tot 1960, heeft vervuld. Hij is ook hertrouwd. In 1948 wordt uit dit nieuwe huwelijk een zoon geboren. Hij krijgt, traditiegetrouw, de naam Josef. Deze Josef verongelukt in 1967 tijdens een weekendverlof in zijn militaire diensttijd. Daarmee komt een einde aan de mannelijke lijn van deze familie Kopp. Een gruwelijk lot, drie zoons.... allen tijdens hun diensttijd gestorven: een vanwege een niet door zijn superieuren 'geaccepteerde' longontsteking, een zoon gesneuveld in de hel van Stalingrad, een derde zoon verongelukt. Dramatischer kan een familiegeschiedenis amper zijn.

X

Theodor Lindhauer

Stalingrad, januari 1943

Operatie 'Ring'
De helm van Th odor Lindhauer stamt uit een Russische collectie uit Volgograd [Stalingrad]. Het is bepaald een opvallende helm met zijn kap van gaas, geschikt om er camouflagemateriaal tussen te steken. Of de helm inclusief dit gaas ooit gevonden is, of dat dit stramien er later is opgezet om hem 'interessanter' te maken is onbekend. Misschien ook van weinig belang. De naamschildering in witte letters biedt een onderzoeker voldoende aanknopingspunten voor een nader onderzoek: Th odor Lindhauer 8.(M.G.) Gren. Rgt. 71 (mot).

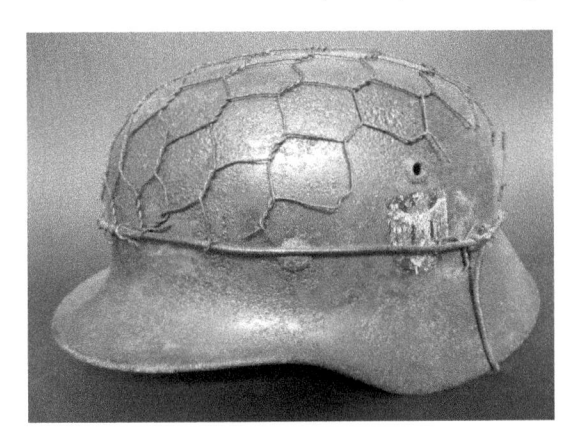

Geholpen door het duidelijke inschrift, inclusief het regimentsnummer, is de drager snel opgespoord. Via de Deutsche Dienststelle ontvangen wij de volgende gegevens: Th odor Lindhauer was een op 12 mei 1923 te Sankt Tönis bij Krefeld geboren grenadier. Hij maakte deel uit van de 8ste Compagnie van Grenadier Regiment 71. Th odor is op 14 januari 1943 dood afgeleverd bij oorlogslazaret 2/591 in het dorp Gigant-Manycht, vlak bij Ssalsk.

De zoektocht naar familieleden heeft al redelijk snel succes. We komen in contact met twee neven. Peter K. en Hans S. verschaff n ons nuttige informatie samen met een foto van Th odor in uniform en enkele familiefoto's: *"Theodor werd, zoals de Dienststelle al meldde, inderdaad op 12 mei 1923 geboren in Sankt*

Tönis, [tegenwoordig Tönisvorst] bij Krefeld, als jongste van 10 broers en zusters. Vader Hans kwam oorspronkelijk uit Oost-Pruisen en trouwde op de boerderij Guhlmanns in Sankt Tönis aan de Kehnerweg. Met zijn eerste vrouw kreeg hij zeven kinderen, onder wie mijn moeder Helene [moeder van Peter] en de moeder van Hans, Elisabeth. Er is ook een foto van hem met zijn zeven kinderen. Drie jaar na de geboorte van het zevende kind stierf de moeder. Hans Lindhauer nam een huishoudster in dienst, met wie hij enige jaren later in het huwelijk trad. Uit dit tweede huwelijk kwamen drie kinderen voort Sofie, Grete en als laatste Theodor. Als jongste kind groeide Theodor enigszins beschermd op. Hij was met het boerenbedrijf goed vertrouwd, zeker met paarden, omdat zijn vader fokte met Trakehners.[73] Hans heeft zijn oom Theodor nog persoonlijk gekend. Ze gingen samen op rattenjacht in de koestal. Theodor was een humorvolle, levenslustige jongen met een interesse voor techniek. Hij haalde een vakdiploma bij de firma Tolke & Fischer in Krefeld, een groot autobedrijf dat handelde in Volkswagens. Tot aan zijn oproep voor het leger werkte Theodor hier als medewerker. Theodors zusters Sofie en Grete trouwden op jonge leeftijd en verloren allebei hun mannen in de oorlog. Een van Theodors halfbroers, Hans, raakte in Sovjet-Russische krijgsgevangenschap en keerde pas in 1952 terug naar Duitsland. In de familie is bekend dat Theodor in Stalingrad gewond raakte en met een Junkers JU 52 uit de omsingeling is gevlogen naar een hospitaal waar hij is overleden."

Theodor maakte deel uit van Grenadier-Regiment 71, onderdeel van de 29[ste] Infanteriedivisie. Deze werd in oktober 1936 opgericht en in de herfst van 1937 uitgerust met vrachtwagens. Het was een zogenaamde gemotoriseerde divisie, in die tijd zelfs een van de best uitgeruste mobiele divisies van de Wehrmacht. Theodors divisie nam deel aan de Poolse veldtocht en was, onder meer, betrokken bij de omsingeling van Poolse strijdkrachten bij Radom. Eerder was de divisie ook betrokken bij de veldtocht in het Westen. Als onderdeel van Heinz Guderians tankeenheid maakte zij een snelle doorstoot in oostelijk Frankrijk, waar zij als bezettingsmacht tot het voorjaar van 1941 bleef gestationeerd.

Als onderdeel van het 2[de] Tankleger werd de 29[ste] Infanteriedivisie ingezet aan het Oostfront om aan operatie Barbarossa deel te nemen. In dit verband was de eenheid betrokken bij de omsingelingsslagen bij Minsk, Smolensk en Brjansk en ondersteunde zij Guderians tankeenheden bij Tula. Bij de slag om Moskou leed de divisie grote verliezen en verloor zij veel van haar voertuigen. In de eerste helft van '42 werden Theodor en zijn kameraden ingezet in het gebied van Orel. Daarna vertrokken zij via de Donbocht in de richting van Stalingrad.

---

73 De Trakehner is een gerenommeerd paardenras uit het oosten van Duitsland.

Vader Hans met zijn zeven kinderen. De halfbroers en zusters van Theodor.

Vanaf 3 september 1942 marcheerde de 29ste Infanteriedivisie met Theodor in haar gelederen in de richting van het zuidelijke deel van Stalingrad. De aanval begon vanuit de richting van het treinstation te Woroponowo, noordoostelijk van Elchi, en had tot doel de Wolgaoever te bereiken en het Sovjet-Russische 62ste en 64ste Leger te splijten. Op 3 september werden de verdedigingslinies van de 33ste Sovjet Gardedivisie ingenomen en de oostkant van Pelschanka bezet. Daarmee werd de zuidwestelijke sector van de stadsverdediging van Stalingrad ernstig bedreigd. Op 4 september dwongen de 29ste en 94ste Infanteriedivisies de vijand de omgeving van Elchi te ontruimen. In de nacht van 4 op 5 september begonnen de Sovjets, onder dekking van een zware inzet van Katjuscha-raketwerpers, een tegenoffnsief in deze sector. Dit werd echter al snel afgeslagen. Naarmate Theodor en zijn kameraden Stalingrad verder binnendrongen, werd de weerstand alsmaar groter. Terreinwinst ging langzaam en er ontwikkelden zich bittere straatgevechten. Op 12 september 1942 bereikte de strijd om de buitenwijken van Stalingrad een hoogtepunt. Het lukte de Duitsers maar niet om de opponent volledig in te sluiten en te vernietigen, noch om de tactisch belangrijke gebouwen van het zuidelijke deel van de stad te bezetten. De Sovjets slaagden wel daarin. Zij bezetten deze gebouwen met

Theodor Lindhauer

kleine eenheden op groeps- of compagniesniveau. Tot de bezette gebouwen behoorden de conserven- en houtfabriek en het ver boven de stad uittorende gebouw van de graansilo. Bijna een week lang, vanaf 14 september, hield een groep van nog geen vijftig Russen stand in deze betonnen toren. Ook Th odors 29ste Infanteriedivisie was betrokken bij de strijd om de graansilo, gevechten die de geschiedenis in zouden gaan als een van de meest heldhaftige en taaie verdedigingslagen tijdens de slag om Stalingrad.

Auteur William Craig schildert het gevecht in kleurrijke woorden: *"Het garnizoen, dat in de nacht van 17 september werd versterkt door luitenant Andrej Chojzjanow en een peloton mariniers, gekleed in gestreepte shirts en marinepetten, vocht met hernieuwde moed. De mannen maakten grappen onder elkaar terwijl de granaten door hun schuilplaats vlogen. Op een bepaald moment was een Duitse tank dichterbij gekomen en een officier en een tolk hadden, gewapend met een witte vlag, behoedzaam gevraagd om hun overgave aan het 'heroïsche Duitse leger'. De Russen hadden geschreeuwd "Loop naar de hel!" en waarschuwden de indringers dat ze de tank achter moesten laten en maken dat ze wegkwamen Toen de Duitsers terug in de tank probeerden te klimmen, bliezen de mariniers hem op. De daaropvolgende drie dagen beukte de Duitse artillerie het bolwerk, stak het graan in brand met brandbommen en doorzeefde de toren zelf met brisante springstoffen. Duitse infanteristen drongen de toren binnen en sloopten de trap op, maar de verdedigers dreven hen weer naar buiten met messen, vuisten en kogels. Op de avond van 20 september zat het uitgeputte garnizoen bijna zonder munitie en ook de watervoorraad was helemaal op. In een wanhopige zoektocht naar drinken, leidde luitenant Chotzjanow zijn mannen de deur van de toren uit, over het veld en de hoofdweg een ravijn in waar ze op een Duitse mortierbatterij stuitten. In het gevecht dat volgde, sloegen de geschrokken Duitsers op de vlucht met achterlating van liters koud water, voor de mariniers 'gefundenes Fressen'. Chojzjanow, die volkomen was uitgedroogd, viel na het drinken van*

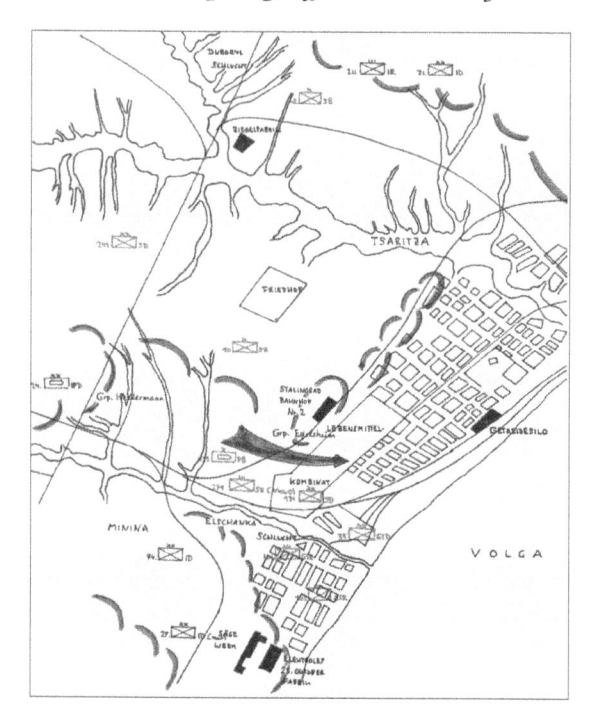

15 september 1942 in de buurt van de silo.

water plotseling flauw. Toen hij bijkwam, bevond hij zich in een donkere kelder. Zijn rechterschoen was verdwenen. Zijn overhemd was weg. Hij voelde zich licht in zijn hoofd en kon zijn armen en benen niet bewegen. Een soldaat van de 14de Duitse Tankdivisie bewaakte hem. Het graanpakhuis, dat hij zo heldhaftig had verdedigd, was nu in Duitse handen. De Duitsers blusten snel de branden en redden het grootste gedeelte van de tarwe, die voor hen de komende weken heel belangrijk zou blijken."[74]

Op 29 september 1942 werd de 29ste Infanteriedivisie uit het zuidelijke stadsdeel van Stalingrad teruggetrokken, om, na een week rust, weer opnieuw te worden ingezet. Zover kwam het echter niet. Op 29 en 30 september werd door dezelfde 29ste Infanteriedivisie, samen met de 14de Tankdivisie in het merengebied ten zuiden van Stalingrad, in de Roemeense sector, een Russisch tegenoffnsief afgeslagen. Pas daarna lag de divisie enige tijd in reserve.

De situatie van het sinds 22 november volledig ingesloten 6de Leger werd met het vorderen van de winter nijpender en nijpender. Nadat de 29ste Infanteriedivisie enige tijd bij Karpovka in positie had gelegen, bevond zij zich begin januari in verdedigingsstellingen bij Novo Alekseyevskiy.

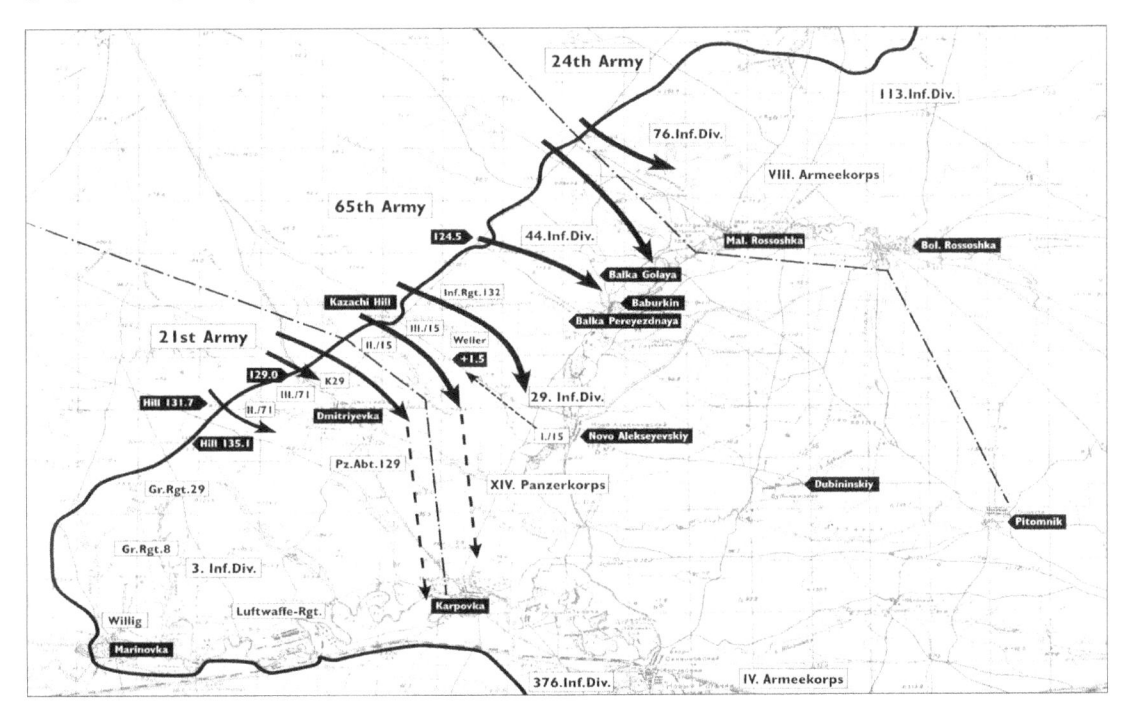

---

74 'Opmars en ondergang.' Auteur: William Craig Uitgever: De Centaur Amsterdam.

Op 8-9 januari 1943 deden de Sovjets het 6de Leger een voorstel tot capitulatie. De Duitsers weigerden, na het drinken van water plotseling flauw Op 10 januari 1943, om 09.05 uur, openden 8.000 stuks artillerie, raketwerpers en mortieren een vernietigend vuur op de Duitse linies. Het was de zwaarste beschieting tot dan toe in deze oorlog. Het vuur 'wandelde' als een wals van staal naar voren en weer naar achteren over de verdedigingslinies en liet de steppe trillen. Een regen van en ijzer viel op de eerste linies. Jachtbommenwerpers bombardeerden de voorste stellingen, terwijl gelijktijdig aan en afvoerwegen en opslagplaatsen werden bedolven onder een tapijt van bommen. In Novo Aleksyevskiy werden de bruggen over de diepe Rossoshka onder vuur genomen. De beschieting ging maar liefst 55 minuten door. Tegen de tijd dat de laatste bom viel, waren de verdedigingslinies volledig in puin en begonnen de Sovjets hun opmars. Hoe Theodor deze aanval heeft doorstaan weten we niet. Mogelijk is hij op dat moment of wellicht ook al eerder gewond geraakt. Hoe dat ook zij, daarna is hij door kameraden naar een van de vliegvelden gebracht en opgenomen in een vlucht uit de omsingeling. De situatie bij die vliegvelden was verschrikkelijk. Om enigszins te kunnen begrijpen wat Theodor in januari 1943 heeft doorgemaakt, maken we gebruik van een ooggetuigenverslag van een van zijn kameraden, eveneens een soldaat van de 29ste Infanteriedivisie, en zelfs lid van hetzelfde regiment als Theodor, het 71ste Grenadier-Regiment. Paul Pieper raakte eveneens gewond en werd, net als Theodor, uitgevlogen. We laten hem aan het woord: *"Op 1 januari 1943 vond er een zware aanval plaats. Daarbij werd bijna mijn gehele eenheid vernietigd. We bevonden ons aan de westelijke rand van de omsingeling, in de steppe, in het vrije veld. Ik lag samen met een kameraad in een bomtrechter die ongeveer een halve meter diep was. Ik raakte gewond aan mijn arm. Deze was stijf en gezwollen zodat ik hem niet meer kon bewegen. De kameraad die naast mij had gelegen, was op slag gedood. Overdag kon je de stelling niet verlaten omdat je onmiddellijk zou worden beschoten. Een verpleger die ik verder niet kende, onderzocht mijn arm en gaf mij een biljet, een vrijbrief waarmee ik uit de omsingeling gevlogen zou kunnen worden. Daarna stuurde hij mij door naar een verbandpost. Daar werd mijn arm door een arts verbonden met papieren verband en gespalkt. Mijn linker elleboog was gebroken door de inschot van een kogel. Hoewel ik niet meer in staat was om*

De beruchte graansilo.

te vechten, werd mij, ondanks mijn uitvliegbiljet, een geweer in de ene hand geduwd omdat de Russen eraan kwamen. Op een of andere manier belandde ik uiteindelijk op de hoofdverbandplaats van onze eenheid, ergens in de buurt van Gumrak. Ik bracht daar in een ruïne, gelegen op stro, enkele dagen door, samen met ongeveer honderd andere mannen. Het was er koud, want verwarmen was onmogelijk. Eenmaal werden we bezocht door een groep artsen en verplegers die onze ellende aanschouwden. Ze informeerden zelfs naar de aard van onze verwondingen, maar deden verder niets. Ze hadden ook niets bij zich. Er was niets meer om te eten en mijn buurman zei tegen mij: "Laten we doen of we buiten onze behoeften gaan doen en er dan vandoor gaan." Het werd waarschijnlijk mijn redding. Met deze kameraad verliet ik de verbandplaats en ging naar het vliegveld om een gelegenheid te zoeken om uit te vliegen. Een vliegveld kon men het echter niet noemen. Het was een vlakte vol kuilen. Overal lagen soldaten, ik schat duizenden, de meeste met ernstige verwondingen. Ze bivakkeerden gewoon in de openlucht, ook de doden, doodgevroren. Niemand keek naar hen om. De doden konden immers niet meer begraven worden. Dat was vreselijk om te zien. Niemand had nog de kracht om in de hard bevroren bodem te graven. Ik verloor mijn kameraad uit het oog. Dagenlang probeerde ik ergens iets te eten bijeen te scharrelen. Daarbij sliep ik vrijwel steeds onder de blote hemel. Naar de verbandpost wilde ik niet meer terug.

Ik was niet steeds op het vliegveld. Ik zag vliegtuigen die afgeschoten werden vlak nadat ze waren opgestegen. Eenmaal zag ik een Junker de zojuist was opgestegen. Jagers doken erop af en schoten zo lang op het toestel dat het neerstortte. Daar hielp niets meer! Het vliegveld was vol bomtrechters en neergestorte vliegtuigen. Er was militaire politie die een huis bewaakte. Ik denk dat daar levensmiddelen en pakketten lagen die met de post waren gearriveerd. Een keer vond ik een veldpostpakket wat apart lag en heb dat gelijk in beslag genomen. Op een dag ontdekte ik 's avonds nabij het vliegveld een plek waar rook uit de grond kringelde. Ik was nieuwsgierig, ging erheen, en ontdekte een afdeling luchtdoelgeschut die daar een onderkomen had gebouwd, een soort van kelder waarin een open vuur brandde. Ik ging naar binnen en trof daar in dekens gewikkelde mannen rondom dat vuur verzameld. Ze stonden mij toe om bij hun te komen zitten. Eindelijk kon ik eens goed slapen. Ik was direct vertrokken. Na enkele uren werd ik door de kameraden gewekt. Ze zeiden dat er enkele vliegtuigen waren geland en aangezien ik een uitvliegbiljet had zou ik er direct heen moeten gaan. Ik had het echter al opgegeven, wilde niet meer en dacht: dat lukt in ieder geval niet, het is toch een groot gedrang. Ik geloofde er niet meer in, maar ondanks dat ging ik toch. De kameraden gaven mij nog een deken en wezen mij de juiste richting. Het was ijskoud. De steppewind blies mijn deken weg. Mijn warme kleding had ik eerder al moeten afgeven. Van mijn eenheid had ik nog een mooie, warme gevechtsjas gekregen, de meeste anderen bezaten slechts een dunne jas. Daarmee was ik goed uitgerust, maar alles wat mij voordien tegen de

141

kou had beschermd, had ik moeten afgeven simpelweg omdat ik niet meer inzetbaar was en daarmee waardeloos voor de oorlogsvoering. De deken was ik dus kwijt. Ik was ontmoedigd en teleurgesteld, maar toen stuitte ik plotseling op de vliegtuigen waar ik niet meer op had gerekend. Vreemd genoeg bevonden zich daar nauwelijks gewonden. Kennelijk had niemand hun komst opgemerkt. Twee bommenwerpers waren geland. Heinkels 111. Het was 20 januari 1943, bijna 3 weken na het begin van de zware Sovjet-Russische aanval. Van het gedrang, dat normaal op het vliegveld heerste, was niets te merken. Als een vliegtuig landde, stortte zich normaal gesproken een hele meute op het toestel. Niet deze keer. De piloot verscheen en intussen hadden zich toch nog ongeveer 20 personen verzameld. Meer hadden ze ook niet mee kunnen nemen. De piloot zei: "Hopelijk kom ik met deze lading nog de lucht in. Als jullie allemaal erin zitten probeer ik het!" We moesten door het bommenluik naar binnen klimmen. Daarna werd dat van binnenuit gesloten. We zaten dicht op elkaar gepakt. Er zaten ook enkele Roemenen tussen, wat ons niet eerder was opgevallen. Het zou ook uiterst gemeen zijn geweest om hen niet mee te nemen. Het lukte de piloten om op te stijgen. De Heinkel 111 zat onder het ijs. Binnen was het snerpend koud. Het was ook een steenkoude nacht. Niet bepaald een luxe vlucht! Men kon niets zien want het was nog aardedonker. Alleen voorin brandde een zwak lichtje. Ik weet niet hoe lang we hebben gevlogen, maar we vlogen in ieder geval naar Nowotscherkassk. We beseften nauwelijks dat we levend uit de heksenketel waren gekomen; sommigen huilden, anderen bedankten de vliegers. Ten slotte werden we een gebouw binnengebracht waar we iets te eten kregen. Dat was geweldig!"[75]

Thodor had minder geluk dan Paul Pieper. Hij werd eveneens uit de omsingeling gevlogen. Vervolgens werd hij naar het oorlogslazaret 2/591 in het dorp Gigant-Manycht overgebracht, slechts enkele kilometers van Ssalsk. Maar voor hem was het te laat. Hulp mocht niet meer baten. Hij werd dood afgeleverd bij het hospitaal.

Thodor Lindhauer rust op de plek waar ooit het militaire kerkhof bij Gigant-Manycht lag.

De bruiloft an een van Thodors stiefzusters. De nog jonge Thodor staat links vooraan met de hand van vader Hans op zijn schouder.

---

[75] 'Überlebende Berichten Stalingrad'. 'De belevenis van Paul Pieper 71ste Grenadier regiment' Auteur: Reinhold Busch.

XI

Conrad Ritzka

Stalingrad, januari 1943

Balka's

Het landschap bij Stalingrad is kaal, troosteloos leeg. Veel bomen en struiken ziet men hier niet. Het is een steppelandschap. Eindeloze vlaktes met dor gras, soms licht glooiend, dan weer vlak. Her en der verspreid liggen nederzettingen, kleine stippen in een grenzeloze ledigheid. Kenmerkend voor dit landschap zijn de vele balka's, geulen in de grond, variërend van greppel tot ravijn. Ze verlopen grillig en zijn vaak kilometerslang. Vaak eindigen ze in de Wolga. Vele worden, vanwege hun beschuttende karakter, tijdens de Slag om Stalingrad gebruikt als hoofdkwartieren, onderkomens of verzamelplaatsen.

Noordwestelijk van Stalingrad, aan de rand van de steppe, ongeveer ter hoogte van de wijk van de tractorenfabriek, ligt Orlovka, een gehucht bestaande uit een verzameling typisch Russische huisjes. Gedurende de strijd lag Orlovka binnen het in Duitse handen zijnde, door de Sovjets omsingelde gebied, niet ver achter de meest noordelijke frontlinie.

Enkele kilometers ten noordoosten van Orlovka ligt een kleine balka die uitmondt in een veel grotere die al slingerend zijn weg naar de Wolga vindt. Hier werd, bij opgravingen in oude Duitse stellingen de helm gevonden van Feldwebel Conrad Ritzka.[76] De helm is goed bewaard gebleven. Over de appelgroene fabrieksverf zit een laag camouflageverf, zoals bij veel in Stalingrad gevonden helmen. Deze laag, vermengd met wat zand, dient het spiegelen van de helm tegen te gaan. Het interessantste deel van de helm echter is de binnenrand met de geschilderde naam en rang: Feldw. *Ritzka*.

---

76 Exacte vindlocatie 48°51'41.9»N 44°34'20.3»E

Een klein dorp in rouw

Ritzka is een naam die men in Duitsland niet vaak tegenkomt. In het gravenregister van de Volksbund[77] komt de naam negentien keer voor in verband met in de Tweede Wereldoorlog gesneuvelde soldaten. We boffen. Slechts één van deze mannen is bij Stalingrad omgekomen. Deze soldaat was inderdaad Feldwebel. De helm was zonder twijfel van Conrad Ritzka, die op 3 juli 1911 werd geboren in Ruderswald. In het register van de Volksbund staat dat Conrad Ritzka sinds 1 januari 1943 wordt vermist bij Stalingrad. Via de Deutsche Dienststelle [*WASt*] ontvangen wij aanvullende informatie.

Conrad is op 1 september 1939 onderdeel van de gemotoriseerde 1./schwere Artillerie-Abteilung 631. Enkele jaren later maakt hij deel uit van de gemotoriseerde 3./schwere Artillerie-Abteilung 631 als Sanitats-Feldwebel [militair verpleger, ook wel hospik genoemd, soldaat der 1ste Klasse]. Op 13 januari 1943 wordt Conrad als vermist gemeld in het gebied rond Stalingrad. In 1998 wordt het dossier bij de Dienststelle aangevuld met de mededeling dat hij op 10 mei 1943 is gestorven in een krijgsgevangenenkamp bij Stalingrad. Na beëindiging van de Koude Oorlog en het openstellen van de voormalige Sovjetarchieven, is deze nieuwe informatie kennelijk naar voren gekomen. Conrad is dus niet in de strijd gesneuveld, maar in gevangenschap overleden. Hij is begraven in Volgograd, op het krijgsgevangenenkerkhof van Kamp 108/15.

Tot 1998 stond Conrad dus te boek als vermist. Van de negentien soldaten met de naam Ritzka, zijn er maar liefst vijf geboren in het dorpje Ruderswald. Zo ook Conrad Ritzka. Ruderswald ligt in Opper-Silezië en heette tot 1938 Annaberg. Na de Tweede Wereldoorlog werd dit deel van Opper-Silezië toebedeeld aan Polen. Tegenwoordig heet het dorp Chałupki. Het ligt in het uiterste zuiden van Polen, pal aan de grens met Tsjechië.

---

77 De Volksbund Deutsche Kriegsgräberfürsorge is een non-profi organisatie met een humanitair doel. Zij werd op 16 december 1919 opgericht en onderhoudt graven van Duitse oorlogsslachtoffrs buiten Duitsland.

Uit een kerkregister uit 1885 blijkt dat Annaberg toen 264 inwoners telde.[78] Het huidige Chalupki[79] heeft er ongeveer 1.700. Des te opvallender is dat er uit het kleine plaatsje van toen maar liefst vijf soldaten met de naam Ritzka sneuvelden. Het moet toen een dramatisch verlies zijn geweest, niet alleen voor de families maar voor de hele dorpsgemeenschap.

Aanvullend nieuws

Gewapend met deze informatie vinden wij Conrads foto in het register van vermiste soldaten van het Duitse Rode Kruis. Opmerkelijk is dat bij diens portret Staßfurt als woonplaats staat vermeld. Na raadpleging van het Duitse telefoonboek vinden wij daar een familie Ritzka. We hebben geluk en komen via Conrads schoondochter in contact met diens kleindochter Kathrin. Zij blijkt onderwijzeres geschiedenis te zijn en gebruikt het verhaal van haar in Rusland vermiste grootvader als lesmateriaal. Ze is, niet vreemd, zeer geïnteresseerd in onze informatie, vooral omdat deze een waardevolle aanvulling is op wat zij weet. Het blijkt dat de familie pas door ons onderzoek verneemt dat Conrad op 10 mei 1943 is gestorven in een gevangenenkamp. Zij wist niet beter of hij was nog vermist. Ook voor ons onderzoek is er belangrijk materiaal. Kathrin beschikt namelijk over twee albums met foto's van Conrad. Met haar informatie en de bewaard gebleven foto's wordt het nu mogelijk een 'schets' van Conrads leven en zijn militaire loopbaan te maken.

Conrad Ritzka werd op 3 juli 1911 geboren en negen dagen later rooms-katholiek gedoopt. Zijn ouders heetten Ludwig Ritzka en Agnes Sklarz. De familie was streng katholiek. Conrad had ongeveer tien broers en zusters. Hij groeide op in Ruderswald. Na zijn schooltijd vond hij werk als verkoopmedewerker in een bedrijf.

In 1934 komt Conrad bij de Wehrmacht. Hij vertrekt naar Döberitz bij Berlijn. Daar wordt hij opgeleid tot militair verpleger. Hij maakt dan deel uit van de Sanitätsabteilung 23 van de Sanitäts-Staffel Döberitz. In Berlijn leert hij de dan 16-jarige Johanna Harbig kennen, die in Berlijn werkzaam is als huishoudelijke hulp. Johanna komt ook uit Opper-Silezië, uit Hermsdorf om precies te zijn. Ook Johanna, zij wordt Hannchen genoemd, komt uit een streng katholieke

Conrads geboortehuis.

---
78 agoff de/?p=83150
79 Wikipedia 2017.

familie. Op zijn beurt wordt Conrad niet Conrad genoemd, maar Conni. Op 14 januari 1939 treden beiden in het huwelijk in hun woonplaats Staßfurt. In augustus 1939 wordt zoon Wolfgang geboren.

Oorlog

Op 1 september 1939 valt Duitsland Polen binnen. Conrad is erbij. Dat blijkt uit het opschrift op een foto die in september 1939 in de buurt van Warschau is genomen. Na de verovering van Polen richt nazi-Duitsland zijn pijlen op het Westen. In 1940 wordt Frankrijk bezet. Ook daar is Conrad van de partij. We zien dat op twee foto's die daar zijn genomen. Een opname toont Conrad op een toren samen met een andere militair. Ze zijn aan het waarnemen met behulp van een schaarverrekijker.

Hannchen met met de hond van de familie Ritzka

Voor een oefening.

Waarnemen met schaarverrekijker.

In 1941, vermoedelijk in januari, is Conrad voor een laatste keer thuis. Daarbij is een foto genomen van het jonge gezin, Hannchen, Conni en Wolfgang. Aan de schouderstukken is te zien dat Conrad de rang van Feldwebel [sergeant der 1ste Klasse] bekleedt. Op het epaulet zijn de cijfers 631 te lezen. Kennelijk

...In het veld...

Op de schietbaan.

is hij dan al ingedeeld bij Artillerie-Abteilung 631. Op zijn borst prijkt het lint van een IJzeren Kruis der 2^(de) Klasse. Deze medaille is op dit moment nog steeds in het bezit van de familie, evenals het *Kriegsverdienstkreuz mit Schwertern* 2^(de) Klasse. Als op 22 juni 1941 de aanval op de Sovjet-Unie begint, is Conrad weer van de partij. De gemotoriseerde Artillerie-Abteilung 631 bestaat dan uit drie batterijen met 10 cm kanonnen. Een batterij bestaat uit vier stukken geschut.

Conrads fotoalbum stelt ons in staat zijn weg naar Stalingrad enigszins te volgen. Op 21 en 22 juli 1941, de dagen van de aanval, maakt hij een foto van zijn geschutsopstelling. De 10 cm stukken met hun opvallend lange lopen staan in het open veld en maken deels gebruik van de beschutting van een schuur. Conrads batterij zal zeker hebben deelgenomen aan de vuuroverval waarmee operatie Barbarossa van start ging.

De weg naar Stalingrad

Vroeg in de ochtend van 22 juni 1941 wacht Conrad, samen met 3.400.000 Duitse soldaten, in de stille duisternis gespannen op de komende slag. De smalle maansikkel gaat verscholen achter dunne sluierwolken. Op het

De stelling op 21-22 juni 1941.

moment dat de wijzers van de gesynchroniseerde horloges op 03.15 uur springen, is het alsof er een schakelaar wordt omgezet. De duisternis wordt verscheurd als door één

Stelling aan de Bug.

heldere lichtflits. Mondingsvuur doet de omgeving oplichten alsof het een heldere dag is. De westelijke horizon ontploft als 7.000 stukken zwaar geschut hun beschieting beginnen en een orkaan van donder en bliksem het landschap overspoelt. Lichtspoormunitie van Flak-geschut[80] trekken een heet spoor langs de horizon. Zover het oog reikt, bestaat het front langs de Bug uit flitsen mondingsvuur. Het onmenselijk krijsende geluid van de mortierbatterijen mengt zich met de donkere stemmen van de kanonnen. Aan de andere kant van de rivier spat een zee van rook en vuur op. De aanval op Rusland is zojuist begonnen.

Voor de aanval moet de spanning om te snijden zijn geweest, het losbarsten van de kanonnen als een bevrijding. Een ooggetuige schrijft daarover: *"Bossen gaan in vlammen op, brandstofopslagplaatsen branden. In het allereerste licht vliegen groepen door jagers beschermde bommenwerpers en Stukas diep het vijandelijke achterland in. Tankeenheden dringen al tijdens de eerste uren diep in het vijandelijke gebied door. Ongeduldig wachten wij tot onze tijd is gekomen. Niets is onaangenamer en moeilijker te verdragen voor een soldaat dan de dagen en uren voor een aanstaande aanval. Eenmaal begonnen verdwijnen angst en nervositeit. Eindelijk komt het bevel: "In de voertuigen!" Een snel en haastig gereedmaken. We waren erop voorbereid. "Starten!" Als de motoren warmdraaien, klinkt het sonore motorgeluid van ongeveer honderd voertuigen door de nacht tijdens het warmlopen van de motoren. Ons bataljon wacht op het volgende bevel. "Voorwaarts!" In het schijnsel van sterke lampen zet de kolonne zich in beweging. De slotwoorden van het bevel van de Führer luiden: "Moge God ons allen in deze strijd bijstaan." En, alleen voor mij bedoelt, klinkt zachtjes vanbinnen: "God sta mij bij!"*[81]

Ook Conrad en zijn kameraden trekken al snel verder Rusland in. Op zondag 29 juni 1941 wordt de foto rechts gemaakt. Het onderschrift luidt: "Egelstelling bij …

---

80 Flugabwehrkanone, luchtafweergeschut.
81 'Saat in den Sturm'. Auteur: Herbert Brunnegger. Uitgever Leopold Stocker Verlag, Graz. Uitgave: 2000.

29-06-1941." Helaas is de plaatsnaam onleesbaar. De pose van de soldaten lijkt ontspannen, maar de gezichten staan strak. De soldaat uiterst links heeft zijn hand in het verband. Het is een hete dag en men is kennelijk bezig het geschut in te graven. Een egelstelling is een verdedigingsstelling rondom de eigen verdediging. De vijand is kennelijk niet ver weg. Links een foto van een neergehaald Sovjetvliegtuig op de eerste oorlogsdag.

Twee dagen later op 31 juni zijn Conrad en zijn eenheid alweer op weg. De opmars is hervat en Conrad bevindt zich op een weg die hij op de achterkant van de foto omschrijft als 'Die Strasse des Grauens'.[82] Hij maakt hier drie foto's. Op de eerste foto zien we de restanten van een vernietigde Russische kolonne. Op de voorgrond twee buiten gevecht gestelde Russische T-34 tanks. Achter de tweede tank liggen de lijken van de omgekomen bemanningsleden. Verder op de weg schots en scheefstaande vrachtauto's. De kolonne lijkt te zijn vernietigd tijdens een bombardement. Op de andere twee foto's zien we een tafereel dat vanaf twee kanten is gefotografeerd. Kameraden van Conrad staan rondom de overblijfselen van een vernietigde Russische tank. Enkelen zijn te herkennen als dezelfde als op de foto in de egelstelling. Ook de soldaat met de gewonde hand staat erbij. De explosie in de tank is kennelijk zo hevig geweest dat de koepel ondersteboven op de onderkant is komen te liggen. De foto vanaf de andere kant laat een gruwelijk beeld zien. Achter en naast de tank liggen de lijken van minstens twaalf Russische soldaten. Op de achtergrond staat een van de stukken geschut van Conrads batterij. Met recht een 'Strasse des Grauens'.

---

82 De straat der gruwelen.

Waarschijnlijk waren Conrad en zijn artillerieafdeling tussen 22 juni en 3 juli 1941 betrokken bij de Slag om Bialystok-Minsk. Hierbij werden drie Sovjetlegers omsingeld en verslagen, waarbij een groot aantal Sovjetsoldaten gevangen werd genomen. Een week later, op 10 en 11 juli 1941, werd de Dnjepr overgestoken. In hoog tempo ging de Duitse opmars verder. Op de twee volgende foto's zien we dat Conrad met zijn eenheid Roslawl binnentrok. Waarschijnlijk zijn ze begin augustus 1941, kort na de inname van Roslawl genomen. Het hoge tempo van de opmars had niet alleen

van Conrad en zijn kameraden, maar ook van het materieel, het uiterste gevergd. Een anonieme ooggetuige, een soldaat van Artillerie Regiment 23, die zich net als Conrad bij Roslawl bevindt, schreef daarover:

"We kregen de opdracht om Roslawl aan te vallen. In de middag van 3 augustus trekken we zonder strijd de stad binnen. De slag was door de tanks al gewonnen. De divisie heeft 38.000 gevangenen gemaakt, 200 tanks en evenzoveel stukken geschut vernietigd. We rekenen nu op 14 dagen rust en opfrissing. Die 14 dagen rust op de hoogten van Smolensk waren bittere noodzaak om de soldaten weer op krachten te laten komen, maar ook om de paarden, voertuigen en de wapens weer gevechtklaar te maken. Over de weg Minsk-Orscha-Smolensk-Roslawl moest bevoorrading naar voren worden gebracht. We waren in anderhalve maand 1.000 kilometer opgerukt. Stof en hitte hadden ons gekweld. Het was afbeulen van mens, dier en materiaal. Onderweg waren er geen wegen, we marcheerden over 'rollbahnen' achter de tanks aan. Al spoedig bleek dat het infanteriekorps, met een daggemiddelde van 25 tot 30 kilometer, het tempo bij lange na niet bij kon benen. Al bij de omsingelingsslag bij Bialystok-Minsk kwamen we pas aan toen de strijd al gestreden was. In het geval van Mogilew hadden de tanks voor de infanterie een flinke klus overgelaten. Bij Roslawl zagen wij opnieuw dat de tanks de slag al hadden beslecht. Voor ons restte het opruimen van de Sovjettroepen binnen de omsingeling. Toen in het noordwesten van die omsingeling een gat ontstond, waagden duizenden Sovjetsoldaten een uitbraak. De 23ste Infanteriedivisie werd met een spoedmars dit gat

in gestuurd. Gevechtsgroep Martinek[83] *wist de bres uiteindelijk te dichten. Martinek, een artilleriecommandant, had alle hem tot beschikking staande geschutslopen als in een reusachtige uitbarsting op de uitbrekende tegenstander laten vuren.*[84] *Daarna zag het slagveld er verschrikkelijk uit. Kilometerslange, kapotgeschoten kolonnes, dode paarden en mensen die in een apocalyptisch kluwen dooreen waren geschud."*

Op 2 oktober 1941 zette Heeresgruppe Mitte de aanval op Moskou in. De eerste strategische doelen waren de inname van Brjansk en Wjasma. Om beide steden lagen sterke eenheden van het westelijke front van de Russen. Zonder op grote tegenstand te stuiten bereikten snelle verbanden van het 2de Tankleger, onder leiding van generaal Heinz Guderian, de volgende dag al Orel. Deze stad ligt 100 kilometer oostelijk van Brjansk. Terwijl deze snelle eenheden naar het noorden afbogen, stootten tankeenheden van het 2de Leger naar het zuiden door om de omsingeling van Brjansk te voltrekken. Maar liefst 55 Sovjetdivisies werden ingesloten. Ook bij Wjasma omtrokken het 4de Tankleger onder Kolonel-generaal Erich Kurt Richard Hoepner en het 3de Tankleger onder generaal Hermann Hoth het zwaartepunt van de Sovjetverbanden, om zich vervolgens in de rug van de tegenstander te verenigen. Terwijl de ingesloten Sovjettroepen verbitterde weerstand boden, stootten het Duitse 4de en 9de Leger tussen de twee omsingelingen door in de richting van Moskou.

Ongeveer 670.000 Russen raakten na de zogenaamde dubbelslag Wjasma-Brjansk in krijgsgevangenschap. Deze voor het Rode Leger vernietigende nederlaag deed bij Hitler en zijn generaals de idee ontstaan dat Moskou voor het grijpen lag. Echter, het omslaan van het weer en het begin van de modderperiode aanvang oktober, verhinderden een verdere snelle opmars. In het bijzonder gemotoriseerde eenheden leden onder de slecht begaanbare wegen. Niet zelden had men een uur nodig om slechts één kilometer af te leggen.

Tijdens de dubbelslag heeft de artillerieafdeling van Conrad positie ingenomen bij het dorpje Ssemyonowski.[85] Het dorp ligt ongeveer 80 kilometer ten zuiden van Brjansk en enige kilometers ten westen van de huidige autoweg M3. Vijf foto's in Conrads album getuigen van een drama dat zich in het dorpje heeft afgespeeld. De onderschriften van de afbeeldingen vertellen het verhaal.

Op 9 oktober 1941 breken twee Sovjettanks de geschutsopstelling binnen. Minstens twee stukken geschut worden volledig vernield. Een foto toont vier graven. Het

---

83 Luitenant-generaal Robert Martinek, commandant van het XXXIX. Panzerkorps.
84 forum-der-wehrmacht.de/index.php/Thread/34986-Roslavl-Einheiten-18-08-1942/
85 Huidige naam Semyonovsk.

opschrift luidt: "Bij de tankdoorbraak op 9 okt. 1941, drie kameraden gesneuveld. Begraven in Ssolltanowka."

In de herfst van 1941 begint in Rusland een periode die door de Russen Raspoetitsa wordt genoemd. Letterlijk vertaald betekent dat 'tijd zonder wegen'. Rusland kent twee periodes in het jaar dat veel wegen onbegaanbaar worden door de modder. In

de lente gebeurt dit als gevolg van het buiten de oevers treden van veel rivieren, waardoor hun stroomgebieden zompig en moerassig worden en daarmee ook de daarbinnen gelegen onverharde wegen.

In de herfst worden deze wegen opnieuw getroff n, maar nu als gevolg van zware regenval.

153

In deze laatste periode verplaatst Conrads eenheid zich van Nawlja, via Karatsjev, naar Orel.[86] Tijdens een modderperiode verlopen verplaatsingen uiterst moeizaam. Een ooggetuige tekent het volgende op: *"We zitten nog altijd vast. De wegen zijn nu onbegaanbaar. Juist nu, nu we zo goed konden oprukken. Kwam er maar vorst! Zelfs tanks en trekvoertuigen komen er niet door. Dat wil wat zeggen. Als men maar enkele honderden meters heeft gereden, is het voertuig van onder tot boven met modder bedekt en zitten de ruiten volledig dicht. Goed dat de Russen hier geen verzet bieden. Dat zou wat zijn. Als we maar uit deze vreselijke godverlaten plek weg waren. Tegen muizen en vlooien strijden we hier. Een oorlog tegen ongedierte."*[87]

We zien op een van de foto's hoe Conrad met zijn eenheid Orel binnentrekt. Er worden kwartieren betrokken. Op de volgende foto zien we dat onderhand de winter is ingetreden en er een pak sneeuw ligt. Een eenzame schildwacht bewaakt de stukken geschut die langs de weg in Orel staan opgesteld.

De winterstellingen worden betrokken. Het wordt een vreselijke, strenge winter met temperaturen die soms tot 40 graden onder nul reiken. Conrad bevindt zich dan

---
86 Orjol.
87 'Als Sanitätsoffizier im Rußlandfeldzug: Mit der 3. Panzer-Division bis vor Moskaus Tore'. Auteurs: Axel Urbanke & Dr. Hermann Türk.

in stellingen iets ten oosten van Altuchowo, een dorpje in een bosrijke omgeving, ongeveer 120 kilometer ten zuidwesten van Orel. De foto is genomen op een zondag in maart 1942 en toont vijf soldaten op een slee in een ijzig landschap. Volgens het opschrift zijn de mannen gereed voor vertrek naar de bioscoop. De reis gaat van Paltschikowo naar Altuchowo. De laatste foto is genomen op 21 april 1942. De winter is voorbij, de opmars weer begonnen. Conrad is op weg richting Stalingrad. De troepen steken een rivier over met behulp van een geïmproviseerde pont, bestaande uit een plateau dat door drie bootjes wordt gedragen. Daarna verliezen we Conrad maandenlang uit het oog. Het volgende spoor is de balka ten noordoosten van Orlovka bij Stalingrad waar Conrads helm achterblijft. Dat moet in januari 1943 zijn geweest. Is hij daar in die balka gevangengenomen? We weten het niet, maar het

is aannemelijk dat Conrad daar heeft verbleven. Misschien had hij een onderkomen in de balka tot het laatste moment. Daarna volgen het in elkaar storten van het front en het angstige moment van zijn gevangenname.

31 januari 1943, het begin van de lange mars
Fritz Ecker, soldaat uit de 9de Flakdivisie, beschrijft zijn eigen gevangenname. Zo ongeveer moet het ook Conrad zijn vergaan. *"De Russen naderen in looppas met voorop een jonge luitenant die op ons afstormt. Hij wordt gevolgd door een groep soldaten. Ze*

zijn allemaal gekleed in winterkleding. Korte witte pelsmantels, pelsmutsen en vilten laarzen. Ze zijn bewapend met machinepistolen. Van verre roept de aanvoerder ons al in gebroken Duits toe: "Kameraden, de oorlog kaputt! Vandaag 10.00 uur Paulus gecapituleerd!" Nu wisten we ook waarom het laatste uur zo rustig was. De Russische soldaten omringen ons. Hun officier biedt ons zijn buitgemaakte Duitse sigaretten aan. Hij was er duidelijk trots op een paar woorden Duits te kennen. Allervriendelijkst: "Heb je horloge?" En snel zijn onze horloges, fototoestellen, ringen en andere zaken van waarde van eigenaar gewisseld. Veldflessen, dekens en enkele persoonlijke spullen mogen we voorlopig behouden. Het ging alles heel snel. Ons werd opgedragen ons beneden in de balka te verzamelen, waar we van de Russische veldkeuken hete thee, Tschai kregen. Nu waren we krijgsgevangenen. 'Woinaplenny!'

Tegen de avond waren we met vele duizenden, die als gevangenen een marscolonne formeerden. Officieren voorop. We gingen in de richting van Gumrak, een treinstation 6 kilometer westelijk van Stalingrad, waar we in een balka, waar we kortgeleden nog in stelling gelegen hadden, de nacht moesten doorbrengen. Het was een van die ijskoude nachten, min 30 graden, waar wij maar niet aan konden wennen. De Russen verdragen dat beter. Aan beide zijden van de balka stonden wachtposten, die iedereen die het waagde de helling te naderen onbarmhartig neerschoten. Ondanks de koude trokken wij onze laarzen van de halfbevroren voeten. Velen hadden als bescherming tegen bevriezing lappen om hun voeten gewikkeld. De jassen werden uitgetrokken en als onderlegger op de sneeuw gelegd. Met overgebleven jassen bedekten we ons. Zo lagen we dicht op elkaar, man tegen man, om zo, door onze eigen lichaamswarmte beschermd, een beetje beschut te zijn en niet tot ijsklompen te verstijven. Het lukte mij zelfs om bij deze temperatuur in te slapen, puur uit vermoeidheid en slapheid. Eindelijk kwam de ochtend. Met stijve ledematen richtte ik mij op vanaf mijn ijzige slaapplek. De helft van mijn kameraden bleef echter liggen. Doodgevroren. De honger deed zich ook steeds duidelijker voelen. Velen probeerden met de wachtposten te onderhandelen: ringen, zakmessen, aanstekers en dergelijke in ruil voor een stuk brood of een sigaret. De wachtposten namen echter alleen eenzijdig deel aan deze 'ruilhandel'. In plaats van brood werden er trappen of klappen met de kolf van een wapen uitgedeeld. In de loop van de ochtend moesten we aantreden. We marcheerden langs een veldkeuken waar iedere gevangene een snee brood, een stukje gezouten vis en een klein beetje suiker kreeg. Wie kon zich indenken dat deze 'maaltijd' voor vier dagen was. Even later ging het weer richting Stalingrad. In brede rijen trok een eindeloos lange slang krijgsgevangenen door het bevroren steppegebied in de richting van de Wolga. Van Stalingrad restte enkel puinhopen en ruïnes van huizen. Plotseling moesten we omkeren en dezelfde weg nog een keer afleggen. Het 'binnenmarcheren' van de in lompen gehulde Duitse soldaten in de stad van Stalin moest door de Russische 'Wochenschau' gefilmd worden. Zo marcheerden en strompelden we *verder. Ieder drong naar voren, probeerde om naar de voorkant van de kolonne te komen. Want wie door een verwonding of door uitputting achterbleef, werd onbarmhartig doodgeschoten. De angst daarvoor verhoogde het tempo van de mars voortdurend. De dagen erna, 2 en 3 februari, zijn eender; onze mars in gevangenschap schijnt geen einde meer te nemen. Waar worden we heen gebracht? Van vermoeidheid en honger waren we nauwelijks nog in staat om de ene voet voor de andere te zetten."*[88]

De duizenden gevangengenomen Duitsers komen in een hel terecht. Ze worden ondergebracht in grote kampen, vaak een stukje steppe met metershoog prikkeldraad eromheen. Op de bevroren grond liggen de mannen in gescheurde kleding. De gelukkigen hebben versleten laarzen, anderen stukjes kleding van de doden om hun voeten gewikkeld ter bescherming tegen de ijskoude Siberische wind die door het kamp raast. Maar kou, honger en etterende wonden zijn niet de enige marteling. Luizen hebben bezit genomen van de lichamen van de soldaten die te zwak zijn om weerstand te bieden. De bloedzuigende insecten bedekken iedere plek en laten overal rode, jeukende beten achter. De laag luizen is zo dik dat ze bij elkaar geschraapt kunnen worden, als meel in een ton, meldt militaire arts Hans Dibold,[89] die de stervenden verzorgde. Als de dood nabij is, verlaten de luizen het lichaam, zoals ratten een zinkend schip verlaten. Op 10 mei 1943 sterft Conrad Ritzka in krijgsgevangenschap. Volgens opgave van de Deutsche Dienststelle in gevangenenkamp 108/15.

Na het ineenstorten van het front bij Stalingrad is het voor Hannchen volstrekt onduidelijk wat er met haar Conrad is gebeurd. Zoals zoveel soldaten die bij Stalingrad vochten is Conrad vermist. Hannchen zet een zoekvraag uit bij het Rode Kruis, dat Conrad met zijn foto opneemt in het register met vermiste soldaten. Jarenlang wordt gehoopt en gewacht op diens terugkeer. Tevergeefs. Uiteindelijk wordt Conrad Ritzka doodverklaard. Hannchen trouwt in 1960 met een andere man. In 1962 wordt uit dit huwelijk een zoon geboren.

Na de Tweede Wereldoorlog komt Conrads geboortedorp Ruderswald in Polen te liggen. Enkele van Conrads broers en zusters nemen nu en dan contact op met diens weduwe, zoon en kleinkind. Voorheen woonden twee zusters van Conrad in het geboortehuis. Tegenwoordig een nichtje. Het bericht dat de vermiste Conrad in krijgsgevangenschap is gestorven, bereikt de familie pas na ons onderzoek voor dit boek.

---

88 'Ein weiter Weg'. Uitgave: Stalingradbund Osterreich Nr. 21, 9 Jhg. Januari 1991. Nr. 25, 10 Jhg. April 1992. Auteur: Frits Eckert.
89 'Arzt in Stalingrad'. Auteur: Hans Dibold. Uitgave: 1 januari 1964.

De familie is verheugd. De kleindochter Kathrin reageert: *"Deze hele zaak is voor de familie opwindend, spannend en zeer interessant. Jammer dat mijn vader dit niet meer kan meemaken. Het was de familie niet bekend dat Conrad in gevangenschap is geraakt. We hebben vandaag geprobeerd ons voor te stellen wat hij na zijn gevangenname heeft moeten doormaken. Maar ik geloof dat onze gezamenlijke voorstellingsvermogens eenvoudig te kort schieten. Tot nu toe was deze opa voor ons alleen maar een overtuigde nazi. Ik vind het ook erg mooi dat mijn beide kinderen zeer geïnteresseerd zijn in de geschiedenis van hun overgrootvader."*

XII

August Wilhelm Schwabe

In de schaduw van Wintergewitter

Veldhospitaal 2/591 Gigant/Manytsch, januari 1943
Iets meer dan een week nadat Hermann Westphal in Orlowskaja aan zijn eind komt, valt het doek ook voor korporaal August Wilhelm Schwabe. Hij bevindt zich dan ongeveer 18 kilometer ten zuiden van Orlowskaja. Zwaargewond wordt hij overgebracht naar veldhospitaal 2/591 in het dorpje Gigant, niet ver van Ssalsk. Daar overlijdt August Schwabe, 26 jaar oud. Ruim 75 jaar later duikt zijn helm op uit de modder van de steppe. Hij is er slecht aan toe, verroest, gebutst en gebarsten, maar in de binnenrand staat een naam in witte letters: August Wilhelm Schwabe.

Met behulp van de Volksbund is de match snel gemaakt. In hun register staat maar één August Wilhelm Schwabe, overleden in veldhospitaal 2/591 in Gigant. De helm is niet ver daarvandaan gevonden, wellicht zelfs op de plek van het voormalige veldhospitaal.

Gevonden
August is op 16 augustus 1916 geboren in Verden, een aan de Aller gelegen stad in de deelstaat Nedersaksen. Zijn rang was Obergefreiter [korporaal]. De speurtocht naar familieleden verloopt aanvankelijk moeizaam en lijkt zelfs dood te lopen. Brieven naar diverse families met achternaam Schwabe blijven onbeantwoord of leiden tot

niets. Net als we op het punt staan de moed op te geven, krijgen we bericht van een neefje van August:

"Zeer geëerde heer,
  Ik dank u zeer voor uw brief en alle moeite die u doet. Mijn vader had twee broers. Allebei zijn ze in Rusland gesneuveld en daar begraven. Ik stuur u hierbij enkele foto's van mijn oom August Wilhelm en enkele pagina's uit zijn Soldbuch, dat ik in mijn bezit heb. Twee dagen voor zijn dood heeft hij nog een veldpostbrief geschreven aan zijn ouders en broer. Deze soldaten waren voor een deel door de partij verblind, wat ik nu maar moeilijk kan begrijpen. Wij, onze generatie, willen nooit meer oorlog! Ik dank u voor uw schrijven en wens u gezondheid en vrede.

Met hartelijke groeten,
  A. Schwabe

In de brief zitten enkele foto's van August, kopieën van brieven en zijn Wehrpass. Een van de brieven is een leerovereenkomst van het Deutscher Drogisten-Verband. Hieruit blijkt dat August tussen april 1933 en april 1936 in opleiding zou gaan bij een drogisterij in Hannover. Als zakgeld ontving hij tijdens deze opleiding 10 Reichsmark per maand. Tussen zijn 17de en 20ste levensjaar leerde hij kennelijk voor drogist. Uit de overige brieven en het gebruikte veldpostnummer blijkt dat August deel uitmaakte van de 1ste Kompanie van Pionier-Lehr-Bataillon 1. Het werd op 1 oktober 1936 in Dessau-Rosslau, de hoofdstad van de staat Anhalt, als Pionier-Lehr-und Versuchsbataillon geformeerd. Een dergelijk bataljon leidde niet louter op, het werd ook gebruikt om nieuwe wapensystemen te testen. Talrijk en veelzijdig waren zijn taken. Eerst en vooral moesten onderwijs en training uniforme opvattingen over en inzichten in het gebruik van pioniers in de strijd scheppen. Een andere belangrijke functie was het onderrichten van pioniers in het gebruik van hun talrijke wapens, uitrusting en apparaten. Hiertoe werden allerlei soorten cursussen en trainingen georganiseerd.

August Schwabe

Op 1 april 1938 nam het bataljon zijn intrek in de nieuwgebouwde kazerne 'Sturmbataillon Rohr', een naam verbonden aan het in de Eerste Wereldoorlog roemruchte 'Sturmbataillon 5' [Rohr] en de Totenkopf-Pioniere. Luitenant-kolonel Willy Rohr was in '14-'18 een van de grondleggers van de tactische inzet van met machinegeweren, vlammenwerpers en met stalen helmen uitgeruste stormtroepen. Ter gelegenheid van het betrekken van de nieuwe kazerne vaardigde de inspecteur van de Pioniers een [nogal ronkende] dagorder uit met ondermeer de volgende inhoud:

"Pioniers van het pionier leer- en testbataljon! Getrouw de traditie van het voormalige Sturmbataillon Rohr, betrekken jullie nu je definitieve onderkomen. Voortgekomen uit de schaduw en de geest van ons trotse zwarte wapen, wijzen de heuvels van Lorette, Vimy, Hartmannswillerkopf, Douaumont en vele andere slagvelden uit de wereldoorlog u de weg naar moed, opoffering en vaderlandsliefde, eigenschappen die dit zegevierende stormbataljon kenmerkte. Verder hoop ik, samen met het gehele Duitse pionierswapen, dat u de erfenis van dit traditiebataljon, door toewijding en ijver en met steeds hernieuwende, scheppende kracht zo weet te bewaren en tot nieuw leven te wekken, dat door uw arbeid de basis wordt gecreëerd die ons trotse wapen tot een onontbeerlijke factor op het slagveld maakt."

Getekend Förster.[90]

De jaren 1938 en 1939 werden gebruikt om het bataljon verder op zijn taak voor te bereiden. De oefeningen bestonden voor een groot deel uit het bouwen van bruggen en het veroveren van vijandelijke opstellingen, zoals bunkers. Zo werd er bijvoorbeeld in de zomer van 1938 vier weken bij de Rijn geoefend en leidde de vier dagen durende terugmars over achttien zelfgebouwde bruggen. In de zomer van 1939 paradeerde het bataljon voor Adolf Hitler en bracht het enkele weken door in het bezette Sudetenland. Op 2 november 1939 kreeg het bataljon officieel zijn naam en werd het in het veldleger opgenomen. Het is aannemelijk dat August Schwabe toen al deel uitmaakte van het bataljon. Uit zijn Wehrpass blijkt dat hij tussen 6 november 1939 en 9 mei 1940 werd ingezet in het gebied langs de Duitse westgrens. Kennelijk had hij de gedegen opleiding tot pionier toen al afgerond.

Aan de hand van de in de Wehrpass vermelde gevechten zijn we in staat om August tijdens de eerste oorlogsjaren op de voet te volgen. Zo zien we dat hij op 10 mei 1940 deelnam aan de inval in Nederland en België. Als pionier speelde hij een rol bij het oversteken van de Maas tussen Roermond en Maaseik. Daarna was hij betrokken bij de strijd om Maastricht, vervolgens in België bij de oversteek van het Albertkanaal. Dan gaat het via Brussel richting de Schelde en

August Schwabe

---

90 Otto-Wilhelm Förster was generaal van de pioniers tijdens de Tweede Wereldoorlog.

vervolgens via West-Vlaanderen naar het Franse Lille. Uit de Wehrpass blijkt verder dat August en zijn kameraden vaak werden ingezet bij het forceren van overgangen over waterwegen. Een typische taak voor pioniereenheden. Zo was hij bijvoorbeeld betrokken bij het forceren van oversteken over de Demer, de Lys, de Oise en de Loire. Op 14 juni 1940 was August bij de inname van Parijs en Versailles. Tot 10 juli 1940 maakte hij deel uit van de bezettingstroepen in Frankrijk. Tussen 11 september 1940 en 28 februari 1941 verbleef August weer in België, waar hij onder meer werd ingezet voor de kustverdediging. Op 1 maart 1941 ging het richting oosten, waar hij bleef tot de inval van de Sovjet-Unie op 22 juni 1941.

Ook hier zien we weer het gebruikelijke patroon. Augusts eenheid werd ingezet bij het forceren van een overgang over de Njemen. Vervolgens ging het via Wilna en Minsk naar de Beresina, aansluitend naar Witebsk en Smolensk. Medio juli werd bij Ratschino strijd geleverd om de oversteek van de Dnjepr. Tot half augustus nam Augusts eenheid deel aan het verslaan van bij Smolensk ingesloten Sovjeteenheden. Daarna volgde de opmars richting de Newa en het Ladogameer. Schlüsselburg[91] [Sjlisselburg] werd ingenomen, waardoor Leningrad werd ingesloten. In oktober 1941 werden de pioniers weer eens ingezet om de oversteek van een rivier mogelijk te maken. Ditmaal ging het om de Wolchow bij Kusino en Grusino, waarna verder werd doorgestoten naar Tichwin. Het tempo was moordend.

Met de komst van de Russische winter keert het tij. De opmars valt stil. De Duitsers worden zelfs tot achter de Wolchow teruggedreven. In die omgeving bevindt August zich in ieder geval tijdens de jaarwisseling 1941-1942. Dat hij de winter aan het Oostfront doorbrengt staat vast. Enkele maanden later, op 27 juli 1942, ontvangt August van zijn compagniescommandant de medaille Winterschlacht im Osten 1941/42, de zogenaamde Ostmedaille. Daarna verliezen we hem even uit het oog. Onduidelijk is waar hij zich bevindt. Vermoedelijk nog altijd aan het Oostfront. Een eerste levensteken krijgen we pas weer in november 1942. Het is een brief gericht aan broer Friedrich. Duidelijk wordt dat August zich dan ergens in het oosten bevindt.

"In het oosten, 8.11.1942

Beste Friedrich!

Vandaag ontving ik je pakje met sigaretten. Ik kan eenvoudig zeggen, Karosch. Karosch betekent in het Russisch, goed of prima. Hartelijk bedankt. Ik was er zeer blij mee. Ik zou alleen niet willen dat jij jouw eigen rantsoen daarmee tekort doet, want jij bent

---

91 Zie ook 'Vogelaar aan het Oostfront Een andere kijk op oorlog.' Auteurs: Bob Latten en Rob Janssen.

misschien een grotere roker dan ik. Beste broer, wees alsjeblieft niet boos als ik niet veel schrijf. We worden hier sinds een paar weken fors ingezet. We snakken naar een paar dagen rust. Maar de strijd in de bergen is hard en gunt ons geen rust. Nu komt ook nog die eeuwige regen daarbij. Met volledig doorweekte kleren dag en nacht buiten zijn is bepaald geen pretje. Als ik dit de hele winter moet volhouden, of kan, dan heb ik geluk gehad. Maag en darmproblemen hebben we allemaal. De goede weken wat voeding betreft die we in de herfst hadden zijn er nu weer doorheen gejaagd. Ik ben weer behoorlijk opgebrand. Zolang het enigszins gaat, dan kop op. Altijd van ijzer. Als alleen ook de natuur zo van ijzer blijft. Het is niet mooi om steeds in de stront te moeten zitten. Maar goed, we weten waarvoor we strijden. Het is een groot doel. Alleen voor Duitsland. Dan moeten we ons eigen kleine lijden opzij zetten. Nu, ik je heb geschreven dat het met mijn gezondheid niet bijzonder goed gaat. Schrijf dat liever niet naar huis. Daar maken ze zich sowieso al genoeg zorgen om hun 3 soldaten. Voor nu de hartelijke groeten en ook nog bedankt voor de sigaretten.

Als ik tijd heb schrijf ik meer.
Je broer August Wilhelm."

Van zuid naar noord

Met de strijd in de bergen doelt August op de gevechten in de Kaukasus. Op dat moment maakt zijn eenheid deel uit van de 23ste Panzer-Division. Na 28 november wordt de aanvalsrichting van die eenheid 180 graden omgekeerd. In plaats van naar het zuiden gaat het nu naar het noorden in een poging het bij Stalingrad ingesloten Zesde Leger te ontzetten. Operatie Winterstorm is begonnen. De divisie maakt deel uit van het 4de Tankleger onder aanvoering van Kolonel-generaal Hermann Hoth. Alles wordt op alles gezet om de ingesloten kameraden te ontzetten. Op 11 december 1942 geeft Hoth de volgende dagorder:

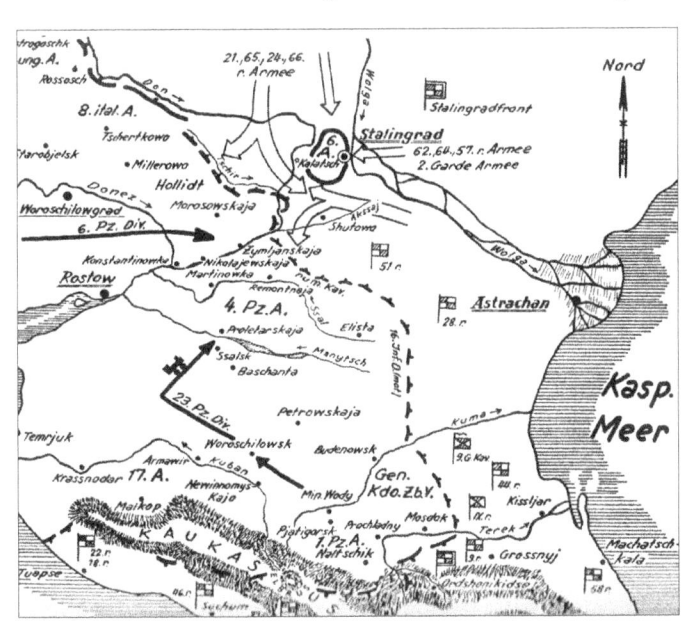

"Soldaten van het 4de Tankleger en van het 4de Koninklijke Roemeense leger;

Het uur van de aanval is gekomen. Westelijk van Stalingrad verdedigen Duitse en Roemeense troepen sinds weken hun stellingen, ingesloten door de Roden. Ze wachten op ons. We zullen ze niet in de steek laten. Opnieuw zal de macht van Duitse tanks de weg voor grenadiers en infanteristen, in de rug van de vijand, schoonvegen. Wat op onze weg komt, zal worden aangevallen en vernietigd. Er wordt niet getreuzeld als het om het lot van onze kameraden gaat. Zij vertrouwen op jullie moed en zullen samen met jullie de omsingelingsring doorbreken.

Op naar de zege!
  Get. Hoth."

Na een harde en aanvankelijk succesvolle strijd, stokt de aanval kort voor de kerstdagen. Het 2de Gardeleger van de Sovjets maakt een einde aan de opmars. Amper 48 kilometer scheiden de 'bevrijders' van de omsingelde Duitse troepen rond Stalingrad. De Duitse troepen en hun bondgenoten moeten zich terugtrekken om zelf aan omsingeling te ontkomen. Operatie Winterstorm is mislukt. Op 2 januari 1943 schrijft ugust opnieuw een brief. Ditmaal aan zijn ouders.

"*In het oosten, 2 januari 1943*
  Lieve ouders!

Vandaag wil ik jullie de eerste brief van het nieuwe jaar schrijven. Ik heb weliswaar weinig tijd daarvoor, maar het lijkt een eeuwigheid geleden dat ik jullie voor het laatst kon schrijven. Kerstavond konden we nog een beetje beleven. Daarop volgden een paar zeer heftige dagen die ik wel nooit meer zal vergeten. Maar we hebben geluk gehad. Het lot had het, ondanks alles, goed met ons voor. Ik heb in die dagen een pakket en een brief van jullie ontvangen. De koek smaakte heerlijk. Het nummer kan ik jullie niet schrijven. Ik moet de brief vandaag versturen, nu het nog kan. Ook al gaat het er heftig aan toe, we laten het hoofd niet hangen. De beslissing zal aan het einde toch in ons voordeel uitvallen. Ik heb maar één vraag; stuur mij alsjeblieft toch een horloge en een goed zakmes of keukenmes. Mijn horloge en mijn mes zijn verloren gegaan. Het horloge en het mes heb ik met spoed nodig. Het zijn zaken waar je maar zeer slecht zonder kan.
  Nu, wees vannacht van harte gegroet door

Jullie August Wilhelm."

August schreef dat het er na kerstavond heftig aan toe ging. Dat is niet verwonderlijk, want juist toen zette het Sovjet 2de Gardeleger zijn aanval in. Weken van zware gevechten volgden. Op 11 januari 1942 bevond August zich in de omgeving van Romanoff, een gehucht onder de vele gehuchten in de wijde omgeving. Zijn bataljon maakte op dat moment deel uit van 'Kampfgruppe Winning',[92] een rond Eerste luitenant Winning verzamelde groep, bestaande uit een batterij van Sturmgeschutz-Abteilung 203 en enkele andere onderdelen van de divisie. De dag begon met een plotselinge aanval van Russische tanks, met achterop infanteristen, op de posities van Winnings mannen in en om Romanoff. Drie T-34 tanks werden voor het dorp kapotgeschoten. Een T-34 wist het dorp binnen te rijden. Vanaf een afstand van 10 meter werd het door een stuk geschut in brand geschoten. De Sovjets verschansten zich in een loopgraaf, maar werden daar aangevallen door het bataljon van August. In het sombere decor van een kaal, guur en besneeuwd landschap werden gevechten van man tegen man geleverd. De Sovjets werden daarbij tot de laatste man geëlimineerd. Naar de gruwelen die August tijdens dit gevecht heeft gezien, kunnen we met deze wetenschap in ons achterhoofd raden.

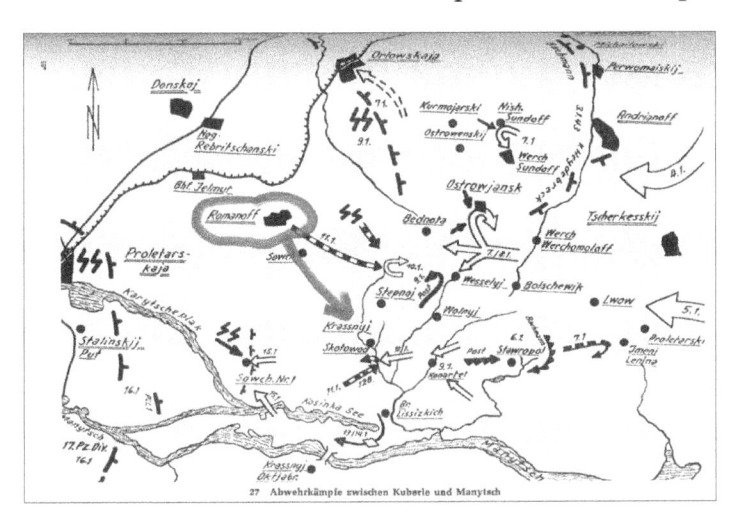

De strijd gaat door

Zondag, 11 januari 1942. Elf tanks onder aanvoering van kapitein Behr arriveren en worden onmiddellijk naar voren gestuurd, naar het ongeveer vijftien kilometer zuidoostelijk gelegen dorp Krassnyj Skotowod. Het bezit hiervan is belangrijk vanwege de brug over de Manych. Gevechtsgroep Winning zal het voortouw nemen. Tanks van de zware Panzer-Abteilung 503 worden aan de eenheid toegevoegd. Om 10.00 uur wordt de aanval ingezet. De vijand verdedigt zich manmoedig, maar moet lijdzaam toezien hoe Tijgertanks een pantserwagen, twee batterijen met ieder zes 7,62 cm kanonnen, een 7,62 cm antitankkanon, drie 4,7 cm antitankkanonnen en meerdere trucks uitschakelen. Het aantal gesneuvelde Russen is schrikbarend hoog, net als het aantal krijgsgevangenen. Veertig mannen worden meegevoerd.

---

92 Gevechtsgroep Winning.

Aanval op een dorp.

Voor gevechtsgroep Winning gaan de zware gevechten in de diep uitgesneden Jelmutakloof intussen onverminderd door. Een hernieuwde aanval van Panzergrenadier-Regiment 128, even na 10.00 uur, in het westelijke deel van Krassnyj Skotowod, leidt pas na enkele pogingen tot een diepere penetratie. Om 13.30 uur rukt gevechtsgroep Winning naar Nilolajewskij op en sluit zich aan bij SS-eenheden. De Tijgertanks verspreiden zich om een eventuele Russische aanval af te kunnen slaan.

De rest van de groep wordt teruggestuurd naar Romanoff om zich voor te bereiden op een nieuwe aanval op Krassnyj Skotowod. Daar woedt de strijd om ieder gebouw, om iedere meter grond, nog altijd voort. In dit deel van het jaar begint het omstreeks 16.00 uur te schemeren. Een kort na het invallen van de duisternis massief ingezette tegenaanval veroorzaakt zware verliezen bij het Panzergrenadier-Regiment 128. Uiteindelijk, om 16.45 uur, moet het gehele dorp worden verlaten. Ook de nog aanwezige tanks van kapitein Behr slagen er niet in zich te handhaven tegenover nieuw aangevoerde Russische antitankkanonnen. De laatste 50 infanteristen trekken zich terug op hun aanvankelijke vertreklijn, iets ten westen van Krassnyj Skotowod.

Maandag 12 januari om 05.00 uur opent gevechtsgroep Winning opnieuw de aanval op Krassnyj Skotowod. Hij wordt ondersteund door gemechaniseerd geschut, door de divisieartillerie en raketwerpers van Werfer-Regiment 54. Pionier-Lehr-Bataillon 1 is ook van de partij. August en zijn kameraden lopen, uitgeput van de doorstane ontberingen van de dag ervoor, door een donker, besneeuwd landschap. Voetstappen kraken in de sneeuw als ze de Jelmutkloof oversteken. Dan gaat het langs de collectieve boerderij met de fantasieloze naam 'Nummer 1' in de richting van Krassnyj Skotowod. Door het moeilijke terrein komen ze slechts langzaam vooruit. Na de afmattende tocht wordt om 14.00 uur de aanval op het dorp geopend vanuit zuidelijk richting. Weer is de invallende duisternis spelbreker, maar ook de bittere kou en het zware terrein maken dat de aanval niet goed op stoom komt. Tot overmaat van ramp landt een salvo van Duitse raketwerpers midden tussen de eigen infanteristen. Alleen al in Augusts Pionier-Lehr-Bataillon 1 vallen 75 slachtoffrs. De divisiecommandant laat de aanval afbreken en verdedigende posities betrekken ten westen van Krassnyj Skotowod. Het zwaargehavende Pionier-Lehr-Bataillon 1 wordt uit de strijd gehaald en in reserve geplaatst. Dat geldt niet voor August. Deze keer laat zijn geluk hem in de steek. Hij wordt geraakt door een kogel in de onderbuik. Zwaargewond wordt hij afgevoerd en na een eerste behandeling door het moeilijk berijdbare landschap naar het ongeveer 60 kilometer verder gelegen veldhospitaal in Gigant vervoerd. Het mag niet meer baten. Op 16 januari 1943 sterft ugust aan zijn verwondingen.

Augusts vader, eveneens August, ontving de volgende brief.

"Veldhospitaal
Veldpostnummer 12143   *16 januari 1943*

Familie
August Schwabe
Verden-Aller
Grosse str. 41.

Ik heb de treurige plicht u mede te delen dat Uw zoon,
  Obergefreiter August Wilhelm Schwabe
  Veldpostnr. 35 352

Na heldhaftige inzet voor Führer, volk en vaderland, aan de gevolgen van een verwonding, vandaag omstreeks 09.30 uur, in het hospitaal van eenheid 12143 is gestorven. Uw zoon werd op 12 januari verwond door kogel door zijn heup. Deze verwonding leidde tot een buikvliesontsteking. Via de hoofdverbandplaats werd hij op 15 januari overgebracht naar het lazaret van eenheid 12143. Ondanks alle zorgen van de artsen en verplegers, een bloedtransfusie, en de inzet van alle denkbare medische mogelijkheden, liet deze uitkomst, waardoor wij allen zeer getroffen zijn, zich niet vermijden. Ik spreek mijn oprechte medeleven uit met het vreselijke verlies. De teraardebestelling met militaire eer vond plaats in Gigant [Manytsch], op het erekerkhof in de stad, op het terrein van het ziekenhuis. De grafaanduiding is: 1fd. Grafnummer 49, graf rij III. Neemt u alstublieft als troost onze spreuk aan, waarmee wij onze gevallen kameraden herdenken: "Jullie offerdood is voor ons levenden een verplichting."

Oberfeldarzt und Chefarzt."

Ondertussen ging de strijd om de brug bij Krassnyj Skotowod nog even door. De gevechten hebben vrijwel onafgebroken gewoed tussen 9 en 15 januari 1943. Meerdere aanvallen van de Duitse troepen werden afgeslagen. Volgens eigen opgave kostte de strijd om de brug het leven aan 396 Sovjetsoldaten en raakten er 1.120 gewond.[93]

Anderhalf jaar na ontvangst van de brief met het vreselijke bericht, valt er bij de ouders van August opnieuw een 'zwarte' brief op de mat. Ook Augusts broer, onderofficier Christian Schwabe, is aan het Oostfront gesneuveld in de omgeving van Riga, ten gevolge van een tijdens een verkenningstocht opgelopen verwonding door een landmijn. Volgens zijn compagniescommandant zouden zijn laatste woorden zijn geweest: "Ik sterf voor Groot-Duitsland."

---

93 'Fallen Soviet Generals. Soviet General Officers Killed in Battle, 1941-1945.' Auteur: Aleksander A. Maslov.

XIII

Eino Evald Elomaa

Jekaterinovka, januari 1943

Een Fin in Duitse dienst
Tijdens de winter van 1939-1940 brak tussen Finland en de Sovjet-Unie de zogenoemde Winteroorlog uit. Deze begon met een diplomatieke rel over het bezit van een aantal eilanden pal voor de Sovjetmarinehaven Kronstadt, nabij Leningrad. Na een vermeend grensincident viel de Sovjet-Unie op 30 november 1939 Finland binnen. Ondanks de ongelijke krachtsverhouding slaagde Finland er wonderwel in de aanval af te slaan en haar onafhankelijkheid te bewaren. Wel bezetten de Sovjets Finse grensgebieden.[94] Op 13 maart 1940 werd de oorlog beëindigd en de Vrede van Moskou getekend. De Russen kregen wat zij wilden, maar de prijs die ze daarvoor betaalden was hoog.

Na afl op van deze Winteroorlog zocht Duitsland toenadering tot Finland en achter de schermen werd onderhandeld. Reichsführer Heinrich Himmler was geïmponeerd door de gebleken gevechtskwaliteiten en de ervaring van de Finnen en geïnteresseerd in het inlijven van een contingent van hen in zijn almaar groeiende Waff n-SS. De Finnen op hun beurt stonden open voor het idee, maar beide partijen beseften dat een openlijke rekrutering door de Sovjets als een provocatie zou kunnen worden opgevat. Inlijving van Finse soldaten en andere vrijwilligers in de SS werd dus met alle mogelijke middelen verbloemd. Finland liet in een geheime overeenkomst optekenen dat hun soldaten in Duitse dienst tegen geen enkel ander land zouden mogen vechten dan tegen de Sovjet-Unie. Het is duidelijk dat de Finnen de westerse landen die hen tijdens de Winteroorlog hadden gesteund, wilden respecteren. Anderzijds konden zij een samenwerking met Duitsland gebruiken als bescherming tegen eventuele toekomstige bedreigingen uit Russische hoek.

In februari 1941 werkte Himmlers chef rekrutering, Gottlob Berger, samen met Amt Ausland / Abwehr[95] van de Duitse ambassade in Helsinki, aan het inlijven van

---

94 Finland stond een deel van Karelië af, waaronder de strategisch belangrijke Mannerheimlinie, enkele eilanden in de Finse Golf en haar tweede stad, Vyborg. Voorts verder in het noorden delen van enkele gemeenten en de helft van het Roebatsji-schiereiland. Tot slot werd de basis Hanko, aan de Finse Golf, noodgedwongen voor 30 jaar aan de Russen verhuurd.
95 Geheime Dienst van de Wehrmacht.

de eerste 1.000 Finse vrijwilligers. Deze werden, om internationale complicaties te voorkomen, aan het Finse publiek voorgesteld als 'werkers in de Duitse industrie'. Kleine meningsverschillen, zoals het Finse bezwaar om de 'Waffen-SS-eid'[96] op de Führer te zweren, maakten dat het eerste contingent, ongeveer 125 officieren, 109 onderofficieren en 850 manschappen, werd vertraagd. Deze lichting arriveerde pas op 5 juni 1941 in Duitsland. De eerste groepen Finnen bestonden uit getrainde militairen. Zij werden onmiddellijk opgenomen in 5. SS-Panzer-Division Wiking, die zich al in het oosten bevond ter voorbereiding op de invasie van de Sovjet-Unie. Groepen vrijwilligers zonder enige militaire ervaring werden naar Wenen gestuurd om daar een training te ondergaan als infanteristen van de Waffen-SS. Zij zouden later de basis gaan vormen van het Finse bataljon. Het eerste contingent werd gevormd tot het SS-Freiwilligen-Bataillon Nordost, maar in september omgedoopt tot het Finnisches Freiwilligen-Bataillon der Waffen-SS. Finse vrijwilligers verbonden zich voor een periode van twee jaar.

Na maanden van training werd op 6 oktober de bataljonsvlag ceremonieel ingewijd en op 15 oktober officieel gepresenteerd tijdens een ceremonie op het oefenterrein bij Groß Born.[97] Kort daarna, op 3 december, werd het hele bataljon per trein overgebracht naar het oostelijke front, waar het op 8 december aankwam bij Vinnitsa[98] in de Oekraïne. Precies een maand later werd het bataljon naar de linies bij de Mius[99] gestuurd, waar het officieel werd ingelijfd bij de 5. SS-Panzer-Division Wiking. Deze eenheid had al posities ingenomen langs de rivier. Het Finse bataljon werd het 3de Bataljon van Regiment Nordland.[100] Eind januari 1942 nam het posities in langs de Mius. Als onderdeel van de divisie Wiking zouden de Finnen zich bewijzen als betrouwbare soldaten. Niet alleen tijdens het diep binnendringen van de Sovjet-Unie, maar ook in de strijd in de Kaukasus. Zij waren zelfs een van de bataljons die het diepste zouden doordringen tijdens de campagne toen ze de olievelden van Grozny bereikten, voordat ze door de Sovjets werden teruggedrongen. Drie maanden lang, van 21 januari tot 26 april, leverden de Finnen strijd langs de Mius. Op de

---

96 "Ich schwöre Dir, Adolf Hitler, als Führer und Kanzler des Deutschen Reiches, Treue und Tapferkeit." "Ich gelobe Dir und den von Dir bestimmten Vorgesetzten Gehorsam bis in den Tod! So wahr mir Gott helfe!" Bron: 'Die Schutzstaffel [SS] als antibolschewistische Kampforganisation'. Heinrich Himmler. Bladzijde 15. 1937. Uitgever: Createspace Independent Publishing Platform.
97 Groß Born, voormalig oefenterrein van de Wehrmacht in Pommeren. Nu Borne Sulinowo in Polen.
98 Nu Vinnytsya.
99 Rivier, nu de Mioes geheten.
100 Regiment Nordland, vanaf november 1942 11. SS-Freiwilligen-Panzergrenadier-Division Nordland, was een divisie van de Waffen-SS, het militaire deel van de Duitse Schutzstaffel [SS] tijdens de Tweede Wereldoorlog. In het regiment dienden onder andere vrijwilligers uit Finland, Noorwegen, Denemarken. Het maakte deel uit van 5. SS-Panzer-Division Wiking. Deze hele divisie werd al tijdens Operatie Barbarossa aan het Oostfront ingezet en bleef hier gedurende de oorlog.

23ste januari hadden zij hun eerste dode te betreuren. Onni Martikainen sneuvelde door de hand van een sluipschutter. Tot april bestonden de activiteiten vooral uit verkenningen en kleine lokale aanvallen op vijandelijke linies. De eentonigheid werd doorbroken door artillerieduels en aanvallen door sluipschutters. Eind april werd het bataljon uit de linie genomen en naar Alexandrovka gestuurd, eveneens langs de Mius. Westelijk daarvan werd dit gebied gedomineerd door lage heuvels.

Ongeveer in het centrum van de Finse linies lag Demidovka, een klein dorp omgeven door fruitboomgaarden. De lente brak aan en de bomen stonden prachtig in bloei. De commandopost van het bataljon bevond zich in een boerderij midden in het dorp. De observatiepost op het dak bood uitzicht tot diep in vijandelijk gebied. Hier werd het Duitse zomeroffnsief afgewacht.

Richting Stalingrad

Eind juni ging dit offnsief van start. Doel was Stalingrad, terwijl de zuidelijke vleugel met de Finnen in de gelederen afboog naar het Kaukasusgebergte. In de tijd dat andere eenheden een doorbraak probeerden te forceren, werden de Finnen in reserve gehouden bij Mokryj Jelantshick. Daar bleven ze in positie, zelfs toen die doorbraak werd geforceerd en de Wiking-divisie werd ingezet voor de bestorming van Rostov aan de Don en de aanval op de Kaukasus. Op 9 augustus kregen ze eindelijk opdracht om zich te voegen bij Regiment Nordland nabij Maikop,[101] een bergachtig deel van de zuidelijke Kaukasus. Hier namen ze deel aan uiterst felle en bloedige gevechten.

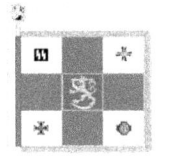

Anders dan bij de andere vrijwilligersbataljons, bijvoorbeeld de Nederlanders, Belgen of de Noren, wordt het Finse bataljon geleid door Finse officren en onderofficieren, veteranen uit het Finse leger en volledig bevoegd. Dit verleent hen een zekere mate van onafhankelijkheid van de Duitsers. Terwijl in de Kaukasus de Finnen in een hevige strijd zijn verwikkeld, beginnen ruim 700 kilometer noordelijker de contouren van een drama zich af te tekenen. Nadat na 22 november het Zesde Leger bij Stalingrad is omsingeld, moet operatie Winterstorm een doorbraak vanuit het zuiden forceren. Tevergeefs. Na deze mislukte ontzettingspoging door het 4de Leger, worden de Duitse troepen door de almaar toenemende Russische aanvalskracht in het defensief gedrongen. Na hun succes bij Stalingrad kiezen de Russen als doel de vernietiging van de 1ste Panzerarmee in de oostelijke Kaukasus en het 17de Leger van Legergroep A in de westelijke Kaukasus. Steeds weer maant Stalin zijn leger tot grote

---

101 Majkop [Maikop] is de hoofdstad van de Russische autonome deelrepubliek Adygea. De stad ligt ongeveer 1.600 km ten zuiden van Moskou, op de rechteroever van de Belaja-rivier in het stroomgebied van de Koeban.

spoed. Hij wil dat zijn troepen Rostov bereiken voordat de Duitsers dat doen en de stad opnieuw omsingelen. Het LVII. Panzerkorps van generaal Kirchner, de kern van de 4de Panzerarmee van Generaloberst Hoth, moet de Russische aanval vertragen en de ontsnappingsroute naar Rostov openhouden. Alle soldaten zijn zich goed bewust van wat er op het spel staat.

Na beëindiging van het ontzettingsoff nsief worden de eenheden van Wiking met een spoedtransport over de rails naar Kotelnikowo-Remontnaja vervoerd. De haast is verklaarbaar. Het LVII. Tankkorps moet tegen de stormloop van de Russen worden ondersteund, vooral omdat het Roemeense 4de Leger volledig is ingestort en zich gedemoraliseerd naar het westen terugtrekt. De mannen van de Wikingdivisie treffen in Kotelnikowo-Remontnaja volledig andere omstandigheden aan. Hier regeert de hevige koude en wordt het landschap geteisterd door sneeuwstormen. De armzalige dorpen liggen 30 tot 40 kilometer van elkaar verwijderd. Daartussen is niets dan steppe, die er, bedekt met sneeuw, uitziet als een maanlandschap. Deze witte woestenij is hier en daar licht heuvelachtig. Zij wordt door balkas doorsneden. Er zijn geen verharde wegen, geen bomen en geen struiken. Een ijskoude oostenwind jaagt over de steppe, zonder dat zijn kracht wordt gebroken door bossen of andere bodembedekking. Alleen in het westelijke gedeelte bevinden zich hier en daar boomgordels in eenzame uitgestrektheid. Dit is het beeld van de Kalmukkensteppe in 1943.

De Finnen op weg naar de Kalmukkensteppe op 9 januari 1943.

Cold case Kalmukkië

Kalmukkensteppe, 2012

Niet ver van het dorpje Jekaterinovka vinden metaaldetectorhobbyisten een Duitse helm. De opwinding is groot. Op de helm is het SS-runenteken zichtbaar, wat de waarde aanzienlijk vergroot. In de binnenrand van de helm is de naam Eino Elomaa duidelijk leesbaar.

Nederland, 2015

We houden de helm van Eino Elomaa in handen en verbazen ons over de vreemde naam. Het is het begin van het onderzoek naar de Fin. Het eerste spoor is snel gevonden. Het register van de Volksbund kent maar één Eino Elomaa. Het betreft een op 5 augustus 1917 in het Finse Turku geboren Unterscharführer [Sergeant] die op

23 januari 1943 is overleden. Waarschijnlijk is hij als onbekende soldaat begraven op het oorlogskerkhof te Apscheronsk in Rusland. Via internet komen we in contact met een Finse vereniging van veteranen, 'Veljesapu-Perinneyhdistysry'. Hun archief en dat van het nationale Finse staatsarchief onthullen nadere informatie over Eino Evald Elomaa, zoals hij voluit heet. Eino trad op 4 november 1939 in dienst bij het Finse leger. Hij maakte de oorlog tegen de Sovjet-Unie mee en werd onderscheiden met de Finse Winteroorlogmedaille 1939-1940. Wanneer hij in Duitse dienst trad is onduidelijk, maar hij maakte de eerste winter aan het Oostfront mee, met als bewijs de Duitse medaille 'Winterschlacht im Osten'. Eino werd Unterscharführer in SS-Panzerjäger-Abteilung 5 van de 5. SS-Panzer-Division Wiking en uiteindelijk plaatsvervangend pelotonscommandant. Op 20 januari 1943 raakte hij zwaargewond bij een gevecht in Jekaterinovka op de Kalmukkensteppe. Hij werd met een hospitaaltrein vervoerd naar Dnjepropetrovsk, een reis die de zwaargewonde Eino niet zou overleven. Hij overleed in de trein en werd aanvankelijk in Dnjepro-

petrovsk begraven. Eino Elomaa was niet getrouwd. Voor de oorlog was hij werkzaam als winkelbediende.

In Finland blijkt nog veel documentatie over Finse vrijwilligers te bestaan, zelfs een foto van Eino. Daarmee krijgt de Unterscharführer een gezicht. In een poging in contact te komen met familieleden schrijven we een brief naar Turku, niet ver westelijk van Helsinki. Al snel ontvangen we bericht. De stadsarchivaris is bijzonder coöperatief. Van haar ontvangen we de volgende informatie. Eino is de zoon van Karl Johan Forss, geboren op 12 november 1881. Forss laat zijn naam in 1906 veranderen in Elomaa. In 1939 scheidt hij van de moeder van Eino. Hij overlijdt in 1964 te Stockholm, meer dan twintig jaar na zijn zoon. Eino's moeder heet Riika Vilhelmina Heinonen. Ze is geboren op 7 april 1880 en overlijdt in 1965 in Turku. Eino is de jongste van een groot gezin, bestaande uit vader, moeder, vier broers en twee zusters. Met de hulp van de stadsarchivaris lukt het ons uiteindelijk om in contact te komen met het nog enige in leven zijnde familielid, het kind van zijn broer Eero, Tapani Elomaa, een neef van Eino dus. Hij schrijft:

Eino Elomaa

"Bedankt voor uw bericht en foto's. Het was een grote verrassing voor mij om informatie te ontvangen over mijn oom Eino Elomaa. Ik moet u helaas mededelen dat ik weinig over hem kan vertellen. In mijn familie werd niet gesproken over Eino. Pas rond 1970 kwam ik voor het eerst iets over hem te weten. Ik las een artikel over Finse Waffen SS-soldaten in een boek geschreven door professor Mauno Jokipii. Daarin zag ik zijn naam. Na de oorlog werden deze mannen door de maatschappij uitgestoten omdat ze lid waren geweest van de beruchte SS.[102] *Vaak werd ten onrechte aangenomen dat zij behoord hadden tot de lijfwacht van Adolf Hitler. Deze mannen organiseerden zich in een vereniging genaamd Veljesapu, wat zoiets betekent als 'broederhulp'. Ze hielpen elkaar om te overleven en weer een plek in de samenleving te verwerven. Tegenwoordig bewaart deze vereniging hun militaire traditie.*

Hartelijk dank en met hartelijke groeten,
  Tapani Elomaa."

---

102 Op 16 september 1943 zouden soldaten van de Nordlanddivisie 100 burgers en partizanen hebben vermoord in Popovaca. Dit werd gemeld door Pukovnik Stjepan Peričić, commandant van de Kroatische 1ste Bergbrigade. Twaalf officieren van de divisie hebben gediend in concentratiekampen. Bij dit getal zijn ook officieren inbegrepen die voor of na hun dienst bij Nordland in de kampen hebben gediend.
Bron: Axishistory.com.

Terug naar de Kalmukkensteppe
Januari 1943. Eino en zijn kameraden bevinden zich dan in dit verlaten, uitgestrekte en door sneeuwstormen geteisterde gebied. De strijd in de overwegend vlakke steppe kent zo zijn eigen wetten. IJzig koude sneeuwstormen en vorst tot 50 graden dwingen ertoe dat verdedigingslinies worden aangelegd in dorpen, langs spoorlijnen en schaarse boomsingels. De wachtposten moeten al na korte tijd worden afgelost. Niemand houdt het lang uit in deze kou. Niet zelden bevriest de olie en maakt de wapens onbruikbaar. Motoren moeten regelmatig worden gestart, anders veranderen ze in korte tijd in blokken ijs en willen ze niet meer starten. De strijd op de steppe draait om dorpen. Dorpen betekenen warmte. Ondanks de uitzonderlijke omstandigheden, houdt het LVII. Tankkorps dagenlang drie vijandelijke legers tegen die tussen de Sal en de Manytsch richting het westen aanvallen. Hier levert de Wikingdivisie zijn hardste gevechten. Remontnaja, Simowniki, Kuberle en Orlowka, het zijn allen dorpen waar vertragende gevechten worden gevoerd om de kameraden van de Kaukasusverbanden in staat te stellen nog voor de Sovjets Rostov te bereiken. Ook die kameraden hebben het zwaar. Zij moeten met geforceerde marsen, dwars door sneeuw en ijs, door de flesenhals zien te geraken die hen van LVII. Tankkorps scheidt.

14 januari 1943
Het LVII. Tankkorps verdedigt ongeveer 30 kilometer ten oosten van Proletarskaja beide zijden van Romanow. Geheel op de linkervleugel bevindt zich de 17de Panzer-Division, in het midden bij Krasnoje Snamja en Romanow staat de Wikingdivisie. De rechterflank wordt verdedigd door de 23ste Panzer-Division. Regiment 'Nordland', waar Eino deel van uitmaakt, verdedigt, een linie aan beide zijden van het dorp Krasnoje Snamja en het dorp zelf, dat wordt verdedigd door het 1ste Bataljon. Op 14 januari wordt daar zwaar gevochten. Aanvallen, doorbraken en tegenaanvallen wisselen elkaar af. De Sovjets beschikken over tanks. Om ieder huis wordt gevochten. De verdedigers weten dat ze stand moeten houden. Doorzetten om de terugtocht richting Rostov niet in gevaar te brengen. Volharden voor de vele gewonden die in het dorp liggen. Volhouden omdat ze weten dat een terugtocht over de open steppe hun ondergang zal betekenen. Ze 'klemmen zich vast' aan de lemen muren van de ruïnes en behouden Krasnoje Snamja. Via de nog intacte telefoonlijn vragen ze om steun aan de regimentscommandant. Luitenant-kolonel Joerchel zegt hulp toe.

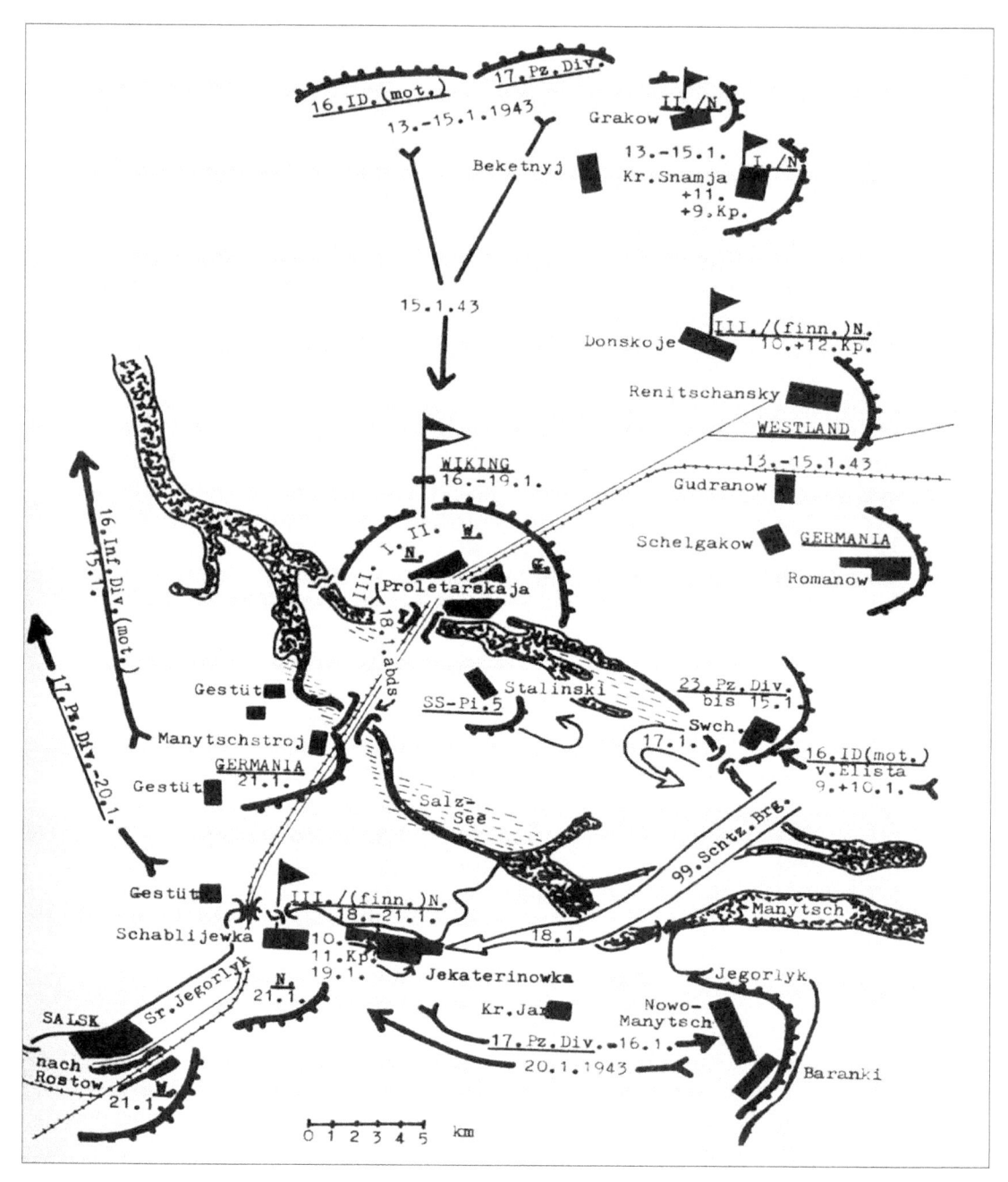

Het strijdgebied in volle omvang.

Het 3^(de) Bataljon Nordland, op 12 januari nog in Orlowskaja, een dag later verplaatst naar Donskoje, krijgt om 14.30 uur bevel om onmiddellijk een compagnie naar Krasnoje Snamja te sturen om het 1^(ste) Bataljon te ondersteunen. Om 15.05 uur vertrekt de 11de Compagnie. Op hetzelfde moment worden twee compagnieën van het 2de Bataljon, dat zich in Grakow bevindt, in mars gezet naar Krasnoje Snamja. Ondertussen bereikt de strijd om het armetierige steppedorp zijn hoogtepunt. Acht Russische tanks en 400 Sovjetstrijders zijn het oostelijke deel van het dorp binnengedrongen. De frontlinie, voor zover je al daarvan kunt spreken, loopt dwars door het dorp. Het is erop of eronder voor de Finnen. Zelfs de bataljonsarts en zijn verplegers grijpen naar hun wapens en verdedigen hun gewondennest.[103] Rond 16.15 uur bereikt de 11de Compagnie het dorp. Kort oriënteren en informeren, daarna de tegenaanval. De wapens spreken. De Sovjets worden uit het dorp verdreven. Maar kort daarna zijn ze weer terug en bezetten huis na huis. De koude drijft hun voorwaarts.

De Finnen krijgen versterking. Tegen middernacht arriveren ook de beide compagnieën van het 2de Bataljon. Wederom volgen er voorbereidingen voor de tegenaanval. En dan, exact om 24.00 uur, sist een witte lichtkogel door de heldere winterhemel omhoog. De tegenaanval. Strijdgewoel. Een vijandelijke tank wordt van nabij vernietigd. Exploderende munitie maakt de vernietiging compleet en ontneemt de overige tanks de moed. Zij rollen achteruit. Om 00.30 uur is het dorp weer volledig in Finse handen. Direct worden de gewonden naar achteren getransporteerd. De 11de Compagnie telt twee doden en dertien gewonden. Er worden 200 dode Russen geteld.

15 januari 1943
Nordland blijft in Krasnoje Snamja. De Sovjets vallen nu Grakow aan. De twee compagnieën van het 2de Bataljon moeten nu daar ondersteunen. Zoals verwacht dringen de Sovjets, ondersteund door tanks, andermaal Krasnoje Snamja binnen. Opnieuw ontstaat er een kat-en-muisspel met hun tanks. Alweer bezetten zij het oostelijke deel van het dorp. Tegen de middag wordt de Finse bezetting van het dorp versterkt door de komst van de 9de Compagnie en vier stukken gemechaniseerd geschut van Sturmgeschütz-Abteilung 203. Hun opdracht luidt simpelweg: "Val aan!" De compagnie bestaat nog maar uit twee groepen, samen 35 man sterk, of zwak. Zij verdelen zich over beide zijden van de dorpsstraat. Daartussen, dreigend, gemechaniseerd geschut. Daarachter volgt een eenheid met zware machinegeweren en granaatwerpers. Kort na het begin wordt de eerste Sovjettank in brand geschoten. Nu zijn de Finnen niet meer te houden. Huis na huis wordt bestormd. Tank na tank

---

103 Een gewondennest [GN] is een van oorsprong militaire term voor een locatie waar slachtoffrs van een ramp worden verzameld en medische hulp krijgen. Een gewondennest kan spontaan ontstaan op een plek waar slachtoffrs zich na een ongeval [relatief] veilig voelen.

wordt uitgeschakeld. De rookzuilen van de brandende tanks verduisteren de hemel. Alle zeven Russische tanks komen het dorp niet meer uit. Ze blijven als brandende wrakken achter tussen de huizen van Krasnoje Snamja. De Finse aanvallers bereiken nu de rand van het dorp. Ze zien de laatste vijanden het dorp uitvluchten. 's avonds wordt nog eenmaal een aanval afgeslagen. Daarna verlaten de Finnen het dorp en verplaatsen zich naar Proletarskaja, waar ze aangewezen stellingen betrekken. Dan is het afwachten.

Bruggenhoofd Proletarskaja blokkeert de strategisch belangrijke overgangen over de Manytsch tussen Proletarskaja en Ssalks. Een bruggenhoofd kan zowel een springplank zijn voor een offnsief als een barrière in een verdedigingslinie. Hier staan nog eenmaal alle drie de regimenten van de Wikingdivisie naast elkaar. Van links naar rechts 'Nordland', 'Westland' en 'Germania'. Samen vormen zij een vrijwel onoverkomelijke hindernis voor de opmars van de tegenstander.

17 januari 1943
Terwijl 'Germania' en 'Westland' hevige aanvallen afslaan, is het in de sector van 'Nordland' relatief rustig. Het lukt het 28ste Sovjetleger maar niet om door de hevige weerstand van 'Westland' en 'Germania' heen te breken en het bruggenhoofd te kraken. Daarom besluit het opperbevel om zuidoostelijk van Proletarskaja de bevroren Manytsch over te steken en het bruggenhoofd via Jekaterinowka van achteren op te rollen. Daarna is de blik van de zelfbewuster geworden Sovjetleiding gericht op Ssalks. Het kleine dorp is een spoor- en wegenknooppunt, ongeveer 20 kilometer zuidelijk van Proletarskaja. Vanaf het vliegveld, een van de laatste nog in Duitse handen, stijgen nog Junkers Ju-52 op met verzorging voor de ingesloten troepen bij Stalingrad. Met de val van Proletarskaja en Ssalks zou het met die vluchten zijn afgelopen en zou Stalingrad voor de Duitsers definitief zijn verloren.

Jekaterinowka, 19 januari 1943
Die nacht gaat de 99ste Sovjetbrigade het ijs van de Manytsch over. Haar voorhoede dringt Jekaterinovka binnen. De 17de Panzer-Division, die tot taak heeft het bruggenhoofd zuidelijk van de Manytsch en oostelijk van Proletarskaja te verdedigen, kan haar niet stoppen en een binnendringen in Jekaterinowka niet voorkomen.

Jekaterinowka in januari 1943. De foto is gemaakt door iemand van de Nederlandse SS-Westland.

De ontsnappingsroute van 'Wiking' in nu in acuut gevaar. Op het divisiehoofdkwartier volgen de alarmmeldingen elkaar in hoog tempo op. De commandant, Oberführer [Brigadegeneraal] Gille, en zijn Sturmbahnführer [Majoor] Schönfelder, weten wat er op hen afkomt: de dreiging van het afsnijden van de terugtocht op een uiterst kwetsbare plek, namelijk de brug over de Manytsch en de spoordijk tussen Proletarskaja en Ssalks. Gille en Schönfelder besluiten om het onder geringe druk staande Nordland op de linkerflank uit de lijn te halen en naar Jekaterinowka te sturen. Op 18 januari om 21.30 uur verlaten Eino en zijn kameraden Proletarskaja. Marcherend door de koude, donkere avond bereiken ze twee uur later Schablijewka.

Die ochtend blijft de 9de Compagnie, als bataljonsreserve en ter verdediging van het dorp achter. De ander compagnieën rukken op naar Jekaterinowka. Het zuidwestelijke deel van het dorp wordt nog verdedigd door onderdelen van de 17de Panzer-Division. Het oostelijke deel is in handen van de Sovjets. De Finnen maken zich op voor de tegenaanval. Jekaterinowka is een langgerekt dorp langs een hoofdstraat. Het oostelijke deel ligt iets afgelegen van de rest. In dat deel hebben zich ongeveer 1.000 Sovjetsoldaten van de 99ste Divisie verzameld, ondersteund door mortieren en granaatwerpers. Om 09.00 uur gaan de Finnen tot de aanval over. Aan de rechterzijde wordt deze geopend door de door Obersturmführer [Ostuf.] 1ste Luitenant] Deck geleide 11de Compagnie, ondersteund door twee tanks en een stuk gemechaniseerd geschut. Aan de linkerzijde rukt de 10de Compagnie op, onder leiding van Ostuf. [1ste Luitenant] Posch, ondersteund door twee stukken gemechaniseerd geschut en een tank. In de voorhoede bevindt zich ook een artilleriewaarnemer van de 12./SS-AR 5[104] die het vuur naar verkende doelen geleidt. Het ontbreekt de Finnen niet aan overtuiging. Al na een kwartier bereiken ze de beek die het dorp in tweeën snijdt. Daarna draaien de aanvallende compagnieën noordwaarts en veroveren één voor één de door de Sovjets hardnekkig verdedigde huizen. Intussen maakt Posch gebruik van de ontstane verwarring. De eerste 800 meter gaat het goed vooruit. Overal is het geluid van exploderende handgranaten en het geknetter van machinegeweren en machinepistolen hoorbaar. Huis voor huis wordt bestormd. Rond 09.45 uur wordt de weerstand krachtiger en wordt het een moeizaam gevecht van boerenhof naar huis of boerderij. De 11de Compagnie bevindt zich op gelijke hoogte van Posch. De Sovjets werpen nieuwe reserves in de strijd. Geleidelijk neemt hun kracht toe. Zware wapens mengen zich in de gevechten. Om 10.00 uur sneuvelt Posch door een schot in het hoofd. Zijn collega Pohjanlehto neemt het commando over. Om 10.15 uur worden bewegingen waargenomen voor het front van de 11de Compagnie. In een poging de rechtervleugel van het bataljon te omsingelen, trekken sterke een-

---

104 Artillerie afdeling,

heden Sovjetstrijders vanuit de omgeving van kolchoz[105] Krasnoje Jar naar het zuiden en zuidwesten. Ter verdediging van de weg Jekaterinowka-Nowo Manytsch wordt een groep van het pionierspeloton van de 12ᵉ Compagnie ingezet. De rest blijft in reserve. Het front loopt dwars door het midden van het langgerekte dorp. Omstreeks 10.30 uur, vallen onder luid hoerageschreeuw 600 Sovjetstrijders de 10ᵈᵉ Compagnie aan. Maar de Finnen, nu dus onder leiding van Pohjanlehto, wijken geen duimbreed.

Tauno Pohjanletho   Vaino Toivo Rafael   Silferberg

Ze laten de vijand naderen om hem vervolgens met vernietigend vuur te ontvangen. Op enkele plekken komt het tot hevige man-tegen-mangevechten. De Sovjetverliezen nemen grote vormen aan. Ze worden teruggeslagen. De Finnen zetten de tegenaanval in. Een vijandelijke granaatwerperstelling die hen veel last bezorgde wordt onder de voet gelopen. De opperbevelhebber van het 28ˢᵗᵉ Sovjetleger, generaal Vasily Filippovich Gerassimenko, stuurt nieuwe reserves naar voren. Rond 11.30 uur bestormen die mannen met nieuwe aanvalsgolven de stellingen van de 10ᵈᵉ en 11ᵈᵉ Compagnie. De verliezen van de Finnen nemen nu toe. PAK- en infanteriegeschut van de 12ᵈᵉ Compagnie vuurt voortdurend. Panzerjäger [Tankjager] Eino maakt deel uit van deze compagnie. De lopen van de machinegeweren raken gloeiend heet. Steeds weer gieren granaten van de 12ᵈᵉ batterij van het Wiking-artillerieregiment over de Finse hoofden en slaan in op de vijandelijke posities. Om 11.35 uur wordt de rest van het in reserve gehouden peloton pioniers in de strijd geworpen. De zwaar onder druk staande 10ᵈᵉ Compagnie moet worden ondersteund.

Omstreeks 12.15 uur volgt vanuit het wat afgelegen noordoostelijke deel van Jekaterinowka een nieuwe aanval van ongeveer 400 Sovjets. Ook deze wordt afgeslagen en de overlevenden trekken zich terug. Er volgen die middag nog meerdere aanvallen

---

105 Collectieve boerderij ten tijde van de Sovjet-Unie.

op de 10de Compagnie, maar het ontbreekt de Sovjets nu aan doorzettingskracht. De zware wapens brengen de aanvallers al ver voor de frontlinie tot staan. Tegen de avond liggen er ongeveer 300 doden voor de stellingen. Er zijn 159 gevangenen genomen, waaronder een bataljonscommandant, een verbindings- en een pionierofficir. De buit aan materieel is fors: twee wagens met verbindingsapparatuur, vijf zware granaatwerpers, een middelzware granaatwerper, dertien antitankgeweren, twee zware machinegeweren, vijf lichte machinegeweren en veel handvuurwapens. Het Finse bataljon telt negen gesneuvelden en 24 gewonden. In de nacht van de 20ste januari schuiven de Sovjets nieuwe eenheden in het noordoostelijke deel van Jekaterinowka. Ze willen de aanval de volgende dag weer doorzetten. Om hen voor te zijn beveelt Sturmbannführer [majoor] Collani een tegenaanval.

20 januari 1943
De noodlottige dag voor Eino breekt aan. Het bevel tot de aanval bereikt de 10de en 11de Compagnie. Beide compagnieën zijn ernstig verzwakt, ze hebben feitelijk nog maar de sterkte van een peloton. Voorbereidingen voor de aanval? Wat valt er nog voor te bereiden? De Finnen weten waar de tegenstander zich bevindt. Een artilleriewaarnemer krijgt zijn positie door. Twee tanks rollen naar voren, de vijand tegemoet. Eerste luitenant Pohjanlehto vormt snel een stoottroep. Deze bestaat uit een groep pioniers onder leiding van korporaal Toivo Vainio en iedereen van de 10de en de 11de Compagnie die een wapen vast kan houden, waaronder verpleger Valtonen en ordonnansen Forss en Silferberg. Pohjanlehto geeft de mannen een korte instructie. Vervolgens gaat het vooruit. Terwijl de artillerie de stellingen van de vijand in de boerderijen en huizen onder vuur neemt, rennen Pohjanlehto en zijn elf man sterke stoottroep om 07.55 uur over een open vlakte het noordoostelijke deel van Jekaterinowka tegemoet. Tegelijkertijd rollen de twee tanks verder naar voren en vuren uit alle lopen. Pohjanlehto's stoottroep bereikt het noordoostelijke deel van het dorp zonder verliezen. De vijand is volkomen verrast. Naar later blijkt, betreft het vooral soldaten die pas kort door het Rode Leger zijn ingelijfd en weinig gevechtservaring hebben. Het zijn mannen uit het mondingsgebied van de Wolga en de oevers van de Kaspische Zee. Ze zijn vanuit Astrachan in spoedmarsen naar het slagveld vervoerd. Hier maken ze kennis met de verschrikkingen van de oorlog. In plaats van zich buiten de huizen in te graven en zich daar te verweren, blijven ze in de huizen, daar waar de tankgranaten exploderen en een bloedbad oogsten. Pohjanlehto vuurt zijn mannen aan. In ieder huis vliegen één of twee handgranaten naar binnen. Dan door naar het volgende huis. De Russen kruipen uit hun schuilplaatsen. Steeds meer Russen geven zich over. Als Pohjanlehto eindelijk de oostelijke rand van het dorp heeft bereikt, heeft hij nog vijf mannen bij zich. De anderen verzame-

len gevangenen. Twee pioniers brengen een buitgemaakt machinegeweer in stelling en vuren daarmee op vluchtende Sovjets. De zuivering wordt voortgezet en tegen 09.00 uur is het gehele noordoostelijk deel van Jekaterinowka in handen van de Finnen. Meer dan 100 gesneuvelde tegenstanders liggen op de grond van het strijdperk. 73 Sovjetstrijders gaan in Duitse gevangenschap. De buit: 3 zware granaatwerpers, 1 PAK, 3 zware machinegeweren, 2 lichte machinegeweren, 200 geweren, een veldkeuken en 17 wagens met munitie, uitrusting en apparatuur. Gevangenen verklaren later dat de 99ste Russische Divisie de opdracht had om Jekaterinowka in te nemen en in een verdere opmars de straat van Proletarskaja naar Ssalks te versperren. Het Finse bataljon wist dit te voorkomen.

De prijs die Eino die dag betaalt is hoog. Hij raakt zwaargewond aan zijn buik en wordt snel afgevoerd naar een verbandplaats. Na een eerste behandeling wordt hij met een gewondentrein vanaf Ssalks naar Dnjepropetrovsk vervoerd. Daar zal hij niet levend aankomen. Eino sterft in de trein en wordt na aankomst in Dnjepropetrovsk ter aarde besteld. Later zal dit soldatenkerkhof worden geruimd. Eino is een van de onbekende soldaten op het Duitse verzamelkerkhof in Apscheronsk.

Het Finse bataljon werd medio 1943 opgeheven omdat de twee jaar durende inzet van de vrijwilligers was verlopen en de Finse regering niet bereid was meer mannen vrijwillig voor de Duitsers te laten vechten. De Finnen keerden terug naar hun vaderland, sommigen met tegenzin. Tijdens haar bestaan dienden 1.408 mannen in het Finse bataljon. De eenheid verloor 255 man aan gesneuvelden, 668 gewonden. Er raakten veertien Finnen vermist.

Krijgsgeschiedenis SS-Divisie 'Wiking'

Datum	Korps	Leger	Legergroep	Regio
3.41	Wehrkreis VII	-	-	Basis
4.41	XXIV	11. Armee	C	Basis
5.41	Wehrkreis V	2. Panzergruppe	-	Basis
6.41-8.41	XIV	1. Panzergruppe	Süd	Tarnopol, Kiev
9.41-10.41	III	1. Panzergruppe	Süd	Kiev, Rostov
11.41-5.42	XIV	1. Panzer Armee	Süd	Mius [Taganrog]
6.42	XIV	-	Süd	Mius [Taganrog]
7.42	LVII	-	Süd	Zuid-Rusland
8.42	LVII	1. Panzer Armee	A	Kaukasus
9.42	LVII	17. Armee	A	Kaukasus
10.42-11.42	LII	1. Panzer Armee	A	Kaukasus
12.42	III	1. Panzer Armee	A	Kaukasus
1.43-2.43	LVII	4. Panzer Armee	Don	Manytsch
3.43-5.43	XXXX	1. Panzer Armee	Süd	Isyum, Charkov
6.43	XXIV	1. Panzer Armee	Süd	Isyum, Charkov
7.43	Reserve	1. Panzer Armee	Süd	Isyum, Charkov
8.43	XXXX and LVII	1. Panzer Armee	Süd	Isyum, Charkov
9.43-12.43	III	8. Armee	Süd	Dnjepr
1.44-3.44	XI	8. Armee	Süd	Tsjerkassy
4.44	LVI	2. Armee	Mitte	Kovel
5.44-7.44	Heropbouw	-	Mitte	Heidelager
8.44-12.44	IV. SS	9. Armee	Mitte	Warschau/Modlin, Polen
1.45	Reserve	6. Armee	Süd	Boedapest, Hongarije
2.45-4.45	IV. SS	6. Armee	Süd	Boedapest, Hongarije
5.45		IV. SS	-	Ostmark Graz, Oostenrijk

Bronnen:
Littlejohn, David [1987]. Foreign Legions of the Third Reich Vol. 1 Norway, Denmark, France. Bender Publishing. ISBN 978-0912138176.McNab, Chris [2013]. Hitler's Elite: The SS 1939-45. Osprey Publishing. ISBN 978-1782000884. Stein, George H [1984]. The Waff n SS: Hitler's Elite Guard at War, 1939–1945. Cornell University Press. ISBN 0-8014-9275-0.

XIV

Georg Torsy

Stalingrad, september 1943

Een tankcommandant in krijgsgevangenschap
Vijfenzeventig jaar na het einde van de oorlog vinden we, her en der verspreid op de verlaten steppe, een afvalberg van metaal. Zo ook in een verlaten vallei westelijk van de Wolga, dichtbij Volgograd, het voormalige Stalingrad. De schroothoop op

Vindpaats van Georg Torsy's helm.　　　　　　De helm tussen het vele schroot.

de foto laat zien dat deze voornamelijk bestaat uit tankonderdelen: de schakel van een rupsband, enkele reusachtige tandwielen, stalen platen en diverse ondefinieerbare stukken metaal. Daartussen, achteraf onder een struik, ligt een eenzame roestige helm. De massa en de soort schroot doen vermoeden dat dit valleitje eens een herstelwerkplaats voor tanks was. Om de zwaarbelaste cavalerie-eenheden operationeel te houden, werden er in het veld werkplaatsen gecreëerd. In de vlakten rondom Stalingrad werden deze ingericht op tactische en enigszins beschutte plaatsen in het achterland. Vooral in natuurlijke valleien. Hier werd met man en macht gewerkt; er werd gesleuteld, vervangen en geïmproviseerd. Soms werd een tank gekannibaliseerd. Met onderdelen van de ene tank werd een andere weer operationeel gemaakt. De bevoorrading van eenheden die ver in de Sovjet-Unie waren doorgedrongen, zoals de eenheden rond Stalingrad, vormde een enorme uitdaging. Helemaal nadat de Sovjets de Duitsers volledig hadden ingesloten. Reserveonderdelen waren vaak niet voorradig. Sommige kapotte tanks dienden dan als slachtoffer. Niet bruikbare delen bleven als schroot achter. De hoop schroot is in ons geval een rijke bron.

De helm laat een bruikbare aanwijzing achter over zijn voormalige eigenaar. Tussen de roestplekken aan de binnenzijde staat een leesbare naam: Lt. Torsy. De afkorting Lt staat voor Leutnant.[106] Torsy is een zeldzaam voorkomende naam in Duitsland. In het gravenregister van de Deutsche Volksbund komt hij drie keer voor. Slechts één van deze gesneuvelde soldaten is een luitenant. Niet alleen de naam komt overeen, ook de plaats van overlijden, Beketowka, een voorstadje van Stalingrad. Deze helm heeft zonder enige twijfel toebehoord aan Luitenant Georg Torsy, geboren op 9 april 1920 te Dieringhausen en gestorven in gevangenkamp Beketowka bij Stalingrad op 3 september 1943.

Torsy's helm.

Van briljante leerling tot tankcommandant

Wie was deze luitenant Torsy? Het onderzoek loopt deze keer stroef. Alle pogingen om in contact te komen met familie leiden tot niets. Toch krijgen we informatie, maar uit onverwachte hoek. Een speurtocht leidt naar de vondst van een Duits boek-

---

106 Luitenant.

je, 'Gezeiten' [Getijden]. Schrijver is ene Clemens Kugelmeier. Groot is de verrassing om te ontdekken dat er een kort hoofdstuk is gewijd aan Georg Torsy. Kugelmeier haalt herinneringen op aan de oorlogstijd, maar ook aan zijn bij Stalingrad gesneuvelde schoolkameraad, 'onze' Georg Torsy uit Dieringhausen. Het hoofdstukje geeft een aardig inkijkje in de persoon. Kugelmeier kent zijn klassieken. Hij begint het aan Torsy gewijde hoofdstuk, enigszins bombastisch getiteld 'Eroica', met de zin "Ich hatt' einen Kameraden":[107] *"Ik had een kameraad. Vanaf de achtste tot de dertiende klas[108] zat hij voor mij in de schoolbanken. Georg was een prima leerling, ook al in de achtste klas. Net als wij groeide hij gedurende de daaropvolgende jaren van vorming naar het eindexamen toe. Desondanks bleef hij van de eerste tot de laatste dag een kwajongen. Dat wil zeggen: met het rijpen van zijn ontwikkeling perfectioneerde hij ook de kwaliteit van zijn streken. Georg T. verenigde in zich de op het eerste gezicht tegenstrijdige eigenschappen van goede kameraad en tegelijk die van zelfbewuste einzelgänger en individualist. Hij blonk uit in alle vakken, maar vooral in natuurwetenschappen. Alleen in Frans liep hij een lichte 'schram' op, maar hij overleefde die. Misschien lag de oorzaak van deze zwakke plek bij de leraar, die dit vak met een zekere strengheid onderwees en onvoorwaardelijke inzet eiste. Dergelijke plichtsbetrachting kon je van Georg alleen verlangen voor zijn geliefde wiskunde, biologie, natuur- en scheikunde. Juist deze vakken boden hem de mogelijkheid ook de andere kant van zijn persoonlijkheid te ontplooien. Voor ons, kameraden, is onvergetelijk hoe de gymnasiast Georg zijn wis- en natuurkundeleraar met zijn vragen in een hoek wist te drijven. De vragen van deze getalenteerde scholier waren de antwoorden van de in verlegenheid gebrachte leraar vaak ver vooruit. Het waren iedere keer weer hoogtepunten voor bollebozen in wiskunde, ja zelfs voor de wiskundige onbenullen. Onvergetelijk is ook het avontuur op een dag op het schoolplein. Georg en zijn vriend Friedel M. hadden een ringslang gevangen. Georg verstopte hem in zijn pullover. Zo moest de slang nolens volens de aardrijkskundeles bijwonen. De aardrijkskundeleraar was een goedmoedig man. Aanvankelijk had hij niet door wat er speelde, totdat een afschuwelijke stank zijn neusgaten binnendrong. Wij wisten niet dat een slang zo vreselijk kon stinken, maar in*

Georg Torsy

---

107 "Ich hatt' einen Kameraden of "Der gute Kamerad" is een traditionele klaagzang in het Duitse leger. De tekst werd in 1809 geschreven door de Duitse dichter Ludwig Uhland. In 1825 maakte componist Friedrich Silcher de muziek. "Der gute Kamerad" speelt een belangrijke ceremoniële rol in het Duitse leger en is integraal onderdeel van een militaire begrafenisceremonie sinds 1870. Het lied werd traditioneel bij de begrafenissen van soldaten tijdens de Eerste Wereldoorlog.
108 Het Duitse schoolsysteem begon met klas 5 [Sexta] en eindigde met klas 13 [Oberprima]. Kugelmeier en Torsy zaten bij elkaar in de klas vanaf de 8ste klas [Untertertia].

zijn angst had het dier wellicht zijn ontlasting laten lopen. In ieder geval vond iedereen, vooral de leraar, dat Georg de slang terug moest brengen naar waar hij thuishoorde, namelijk in de tuin van de conciërge. Daarmee was de zaak echter nog niet afgedaan. Georgs pullover stonk nog dagenlang, maar hij voelde zich, ondanks protesten van zijn klasgenoten, niet genoodzaakt het kledingstuk te wisselen en in de was te doen. Over stank gesproken. Ook aan Georgs en Friedels scheikunde-experimenten zat een luchtje. Het duo ontwikkelde een grote vaardigheid in het fabriceren van waterstofsulfide en de toepassing van boterzuur. De lucht van deze stoffen maakte het in de school af en toe niet om te harden. Daarbij hadden beiden het volste vertrouwen van hun leraar. Ze assisteerden hem zelfs bij experimenten. Het onderstreept maar weer eens het gezegde dat "men de stroper onschadelijk maakt door hem jachtopziener te maken". Op een middag, toen de scheikundeleraar hen voor korte tijd alleen had gelaten, dreunde er een explosie door de school die enkele ramen deed sneuvelen en voor behoorlijke opschudding op straat zorgde. Ophef ontstond ook op een ochtend door een onderwater gelopen leslokaal; een van de klassen daaronder was in een druipsteengrot veranderd. Wie in het daarboven gelegen scheikundelokaal de kraan open had laten staan en de afvoer had verstopt, is nooit opgehelderd. Gevaar dreigde ook bij natuurkunde, want Georg was een meester in het veroorzaken van kortsluitingen en knaleffecten. Het wonderlijke was dat hij nooit een 'enfant terrible' werd. Integendeel, zijn experimenten verschaften hem, zowel bij onderwijzers als bij leerlingen, aanzien en respect. Zij vermoedden achter de incidenten de aankomende vakman, het getalenteerde genie. Wijzelf waren vooral dankbaar, want hij zorgde voor pret en afwisseling in onze gymnasiale alledaagsheid. Variatie was er genoeg in die jaren; naast de humanistische, beter gezegd, menselijke vorming, was er ook de nationaalsocialistische opvoeding. Het was het recht en de plicht van de jeugd om 'georganiseerd' te zijn. De organisatie, die zowel door vrijwillige toestroom als door dwang rekruteerde, was de Hitlerjugend, de 'HJ'. Voor een jongen als Georg zou dat het ideale podium zijn geweest om zich te profileren. Hij zou een voortreffelijke Fahnleinführer,[109] Scharführer,[110] Gefolgschaftsführer[111] of zelfs Bannführer[112] zijn geweest. Het wonderlijke gebeurde echter: Georg onthield zich van iedere politieke activiteit. Hij was weliswaar lid van de 'HJ', maar hij

Georg Torsy

---

109 Rang uit het Deutsche Jungvolk [DJ], een jeugdorganisatie uit de Hitlerjugend voor jongens tussen 10 en 14.
110 Paramilitaire rang. Letterlijk vertaalt 'sectieleider'. In militaire termen: luitenant.
111 Paramilitaire rang. In militaire termen: kapitein.
112 Paramilitaire rang. In militaire termen: kolonel.

liet zich niet bevorderen. Was daar een reden voor? Georg stamde uit een sterk religieus gezin. Zijn vader was een nijvere ambachtsman, een oprecht mens, streng en, als het nodig was, toornig.

Het lot bepaalde dat Georg ook na het examen met mij bevriend zou blijven, maar dan op afstand. Vier van mijn medeafstudeerders kwamen, evenals ik, op de 'School van het Volk'[113] *terecht, de Reichsarbeitsdienst [RAD]. Georgs krachtige bouw en zijn Arische voorkomen, maakten dat hij werd bevorderd en overgeplaatst naar het 1ste Peloton, de elite, die onder andere bestemd was om deel te nemen aan de parade tijdens de Nürnbergse partijdag. Bij zijn ontslag, een half jaar later, was Georg de enige van ons groepje die bevorderd was tot 'Vormann'.*[114] *Daarmee begon Georg's 'glorieuze loopbaan' en scheidden onze wegen zich. Nog één vredesjaar restte ons. Tijdens een van mijn bezoeken aan vroegere leraren hoorde ik dat Georg zich had aangemeld bij het tankwapen. Het toonde maar weer eens Georgs gevoel voor het buitengewone, het avontuurlijke. En dat avontuur liet niet lang op zich wachten: de oorlog, de zogenoemde 'strijd om het lot van het Duitse Volk'. Al spoedig vernamen wij van Georgs heldendaden tijdens de veldtocht tegen de Polen. Als tankcommandant werd hij daarvoor onderscheiden. We bewonderden en benijdden hem. Toen ik, als eenvoudig infanterist, weer eens mijn oude school bezocht, raakte mijn oude leraar in vervoering: "Georg was enige weken geleden hier. Hij is luitenant en was gekleed in zijn zwarte uniform. Hij zag er schitterend uit. Hij gaat het helemaal maken". Niet veel later hoorde ik ook dat Georg zijn familie in een ander avontuur had betrokken. Een meisje was zijn grote liefde geworden, en deze liefde had gevolgen, een zogenaamd 'verlofkind'. Zijn vader zou razend zijn geweest. Zijn zoon had schande over de familie gebracht.*

Rusland

Intussen bevond Georg zich op een nieuwe weg, het avontuur Rusland wachtte. Van tijd tot tijd kwam er bericht over nieuwe heldendaden. Toen werd het echter stil rondom Georg T. Des te luider en schokkender kondigde zich een tragedie aan, die zich diep in vijandelijk gebied aan de Wolga afspeelde, Stalingrad. Ter vergelijking werden legendarische rolmodellen als Leonidas en de Nibelungen door knoeiers van regisseurs uit de kast gehaald. Niemand van ons afstuderenden had bij het lezen van de voormalige klassieke literatuur echter durven dromen, dat wij eens het lot van deze helden zouden delen, vast en zeker ook Georg niet. Ons lot heette Rusland, heette Stalingrad.

---

113 Deze moest jonge mannen en vrouwen opleiden om gemeenschapswerk te doen en van hen gewetensvolle, kameraadschappelijke en karaktervolle mensen maken.

114 Rang in de Reichsarbeitsdienst RAD, vergelijkbaar met soldaat Eerste Klas.

Na een zware, vlakbij Leningrad opgedane verwonding, bezocht ik tijdens mijn genezingsverlof weer een van mijn oude leraren. Na de euforie van het eerste oorlogsjaar, was de stemming nu bedrukt. Niet alleen voormalige leerlingen, ook enkele leraren waren in die tijd gesneuveld. Gesneuveld was ook Georg T., bij Stalingrad. Georgs doodsoffer werd zelfs 'slachtoffer' van een brallerige, maar voor die tijd gebruikelijke heldenverering: "Eerste luitenant Torsy was aan het hoofd van zijn tankeenheid in de tegenaanval gesneuveld, zoals dat heet met vliegende vaandels. Zijn tank werd zijn stalen graf, zijn dood een lichtende fakkel..."

Veertig jaar na de tragedie van Stalingrad kwam Georg T. nog eenmaal in mijn leven. Intussen was ik zelf docent geworden. Op een dag zag ik in de lijst van studenten een bekende naam, een die bij mij een merkwaardig gevoel opriep. Daar stond ze voor mij, de leerlinge, Tanja Torsy. Ze begreep niet waarom ik haar had uitgenodigd, en ook niet waarom ik haar zo onderzoekend aankeek. Ja, een zekere gelijkenis was er... "Heette jouw grootvader Georg?" vroeg ik. Ze knikte bevestigend: "En mijn vader heet ook Georg," vulde ze aan. "Waarom vraagt u mij naar mijn grootvader?" "Jouw grootvader was mijn vriend, een goede vriend," verklaarde ik haar. Het meisje was aanvankelijk verbaasd en wist niet wat te zeggen. Maar toen ik haar over de schooltijd vertelde die ik samen met Georg had doorgebracht, ontdooide ze. Ja, ze had het nodige over haar grootvader gehoord, en de verhalen uit mijn mond vervulden haar met een zekere trots. [...]. Via haar kwam ik in contact met haar vader, het 'verlofkind', over wiens komst Georg's vader destijds zo vertoornd was. Ik hoorde dat de oude heer het buitenechtelijke kind en ook diens moeder in zijn gezin had opgenomen. En dat de gezinsuitbreiding hem enigszins had geholpen bij de verwerking van het drama van Stalingrad en het verlies van zijn zoon. De dagen daarna liet Tanja mij enige foto's zien. Ja, ik zag Georg, zag hem als scholier, als trotse cavalerieofficier en als Ruslandstrijder. De foto's uit Rusland waren deprimerend en ontnuchterend. Vergeefs zocht ik naar heldendom en het elan van tankaanvallen met vliegende vaandels. Wat ik zag was een eerste luitenant T., gehuld in een veldgrauwe jas, op een mager paard, op een brede, stoffige zandweg naar Seredina-Buda.

Deze pose deed mij sterk denken aan een ander verschrikkelijk avontuur: Napoleon met zijn lijfgarde op de terugtocht. Op een andere foto zit eerste luitenant T. naast een armzalige kar, weer in veldgrauw, en eet soep uit een eetketel. Deze foto heeft als opschrift 'Kudrearetz 1942'. "Je grootvader is gesneu-

veld bij een tankaanval," probeerde ik voorzichtig. "Nee," zei Tanja langzaam. "Hij is niet gesneuveld, maar dat kan mijn vader u het beste vertellen." Enkele dagen later kwam het tot de afgesproken ontmoeting met Georg junior, Tanja's vader. Het was voor mij een bijzondere ervaring, oog in oog te staan met de voor mij tot dan toe onbekende zoon van een mij zeer bekende schoolvriend. Ik sprak met hem over de verschillende, toch min of meer overeenstemmende frontberichten, waarin zijn vader een glorieuze heldendood werd toegedicht: "Eerste luitenant T., dapper strijdend aan het hoofd van zijn tankeenheid..." Georg junior keek mij treurig aan. "Tanja heeft u enkele foto's laten zien, de laatste opnamen van mijn vader. Wie deze oorlog heeft leren kennen, weet dat men niet van een armzalige kar weer terug in een tank kan komen, zeker niet in Stalingrad. Het heldenverhaal is mooi, maar de werkelijkheid zag er toch heel anders uit. Ik zeg het zonder veel woorden: mijn vader, eerste luitenant Georg T., moest bij Stalingrad zijn tanks achterlaten. Gebrek aan brandstof. Hij werd met zijn mannen als infanterie ingezet. Hij werd ziek, kreeg dysenterie. Hij had met de laatste transporten vanaf Gumrak uit de omsingeling weggevlogen kunnen worden, maar hij weigerde. Hij wilde bij zijn mannen blijven en hun lot delen. Vele jaren later hoorde ik van een teruggekeerde soldaat, dat mijn vader in Russische gevangenschap is gestorven... de dysenterie. Hij was wellicht nog in leven geweest als hij niet zo'n goede kameraad was geweest. Een tijdlang zwegen wij beiden. Het bericht raakte mij diep. Het ontroerde mij. Ik dacht aan onze gezamenlijke schooltijd in betere dagen, aan ons eindexamen samen, een eerste afscheid, en nu aan dit tweede examen, een afscheid in ellende. De vele woorden van 'trotse droefenis' kwamen op mij onoprecht over bij de herinnering aan een goede kameraad. "Het was dus toch geen heldendood," onderbrak Georg junior het stilzwijgen. "Maar," antwoordde ik, "het was een heldendood, maar dan een heel andere."[115]

Zo zijn wij dankzij de herinneringen van oude schoolkameraad Clemens Kugelmeier meer te weten gekomen over de persoon Georg Torsy. Georg was dus cavalerist, tanksoldaat. Via nader onderzoek weten we dat hij deel uitmaakte van de Panzer-Abteilung 160. Hun inzet tijdens het beleg van Stalingrad, en aansluitend binnen de omsingeling, is gedetailleerd beschreven in 'Panzerkrieg' van Jason D. Mark. Vaak werden Georg en zijn eenheid ingezet als een soort van brandweer. De infanteristen in de frontlinie vertrouwden op hun ondersteuning om de aanvallen van Sovjettanks af te slaan. Een soldaat van het 8[ste] Infanterieregiment, die begin september 1942 in stelling lag ergens aan de noordzijde van het front bij Stalingrad, herinnert zich: *"Op een dag, toen de avond viel, braken drie T-34's door naar de hoogte waar onze bevoorradingsgroep lag. We zochten dekking in schutterspatten en wachtten op wat zou komen.*

---

[115] Gezeiten Auteur: Clemens Kugelmeier. Uitgever: Karin Fischer Verlag.

In het begin gebeurde er niets, zelfs een eskadron tanks dat in een balka stond geparkeerd, bewoog niet naar voren. Na ongeveer 10 minuten rolden onze tanks langzaam naar de top van de heuvel zodat hun kanonnen er juist overheen konden schieten. De afstand tot de T-34's was ongeveer 60 meter. Plotseling vloog er een lichtkogel de lucht in en klonk het commando "Vuur!". Vijf antitankgranaten verlieten gelijktijdig vijf lopen, als in een enkel salvo, en doorboorden de zijkant van de eerste T-34. Direct schoten er vlammen uit. En zo ging het in een stevig tempo door, totdat de derde T-34 in lichterlaaie stond en het slagveld verlichtte. Gejuich echode over het veld en we feliciteerden de tanksoldaten."[116]

De tankwerkplaats van Georg Torsi's bataljon. Ergens in een balka in de steppe voor Stalingrad. De foto is genomen op 13 oktober 1942.

Zo zouden aanval en tegenaanval nog maanden doorgaan, ook nadat het Zesde Leger, en dus ook Georg Torsy, bij Stalingrad was ingesloten. Eind november brachten korporaal Ekkehard Brunnert[117] en zijn kameraden aan de vooravond van een dergelijke aanval een koude nacht door in ondiepe schuttersputten. Hij vertelt: *"De volgende dag arriveerden de beloofde tanks, en, hoewel het er slechts twee waren, gaf ons dat een ongelofelijk geruststellend gevoel. We voelden ons alsof we onder een geweldig stalen dak lagen. Plotseling zag ik beweging, ergens in de verte. Ik zette mijn schietbril op. Omdat ik eerder had ervaren en ook gehoord dat Russen altijd in grote aantallen aanvielen, waarbij ze als paddenstoelen uit de grond schoten, zou dit het wel eens kun-*

---

116 Panzerkrieg: Volume 1 – German Armoured Operations at Stalingrad. Auteur: Jason D. Mark. Uitgever: Leaping Horseman Books.
117 Der Hölle entgangen: Im Kessel von Stalingrad und meine Flucht in den Westen. Auteur: Ekkehart R. Brunnert. Een uitgave van Tatsachenbericht Paperback [Perfect]. 1 januari 1991.

nen zijn. Ik informeerde direct onze luitenant dat er een grote groep mannen op ons af rende. Hij zette zijn verrekijker aan zijn ogen en gaf bevel de eerste twee, die apart liepen, te laten naderen. Onze groep was opgewonden, nerveus zelfs. Munitie werd onder handbereik gelegd. Daarna stonden wij in onze schuttersputten en wachtten. We waren doodstil. De eerste aanval was op ons gericht. De eerste twee mannen waren nu vlakbij. Ze renden als alle anderen, schreeuwend: "De Russen komen. de Russen komen." Nu pas konden we zien dat het Duitse soldaten waren. De luitenant gaf hen onmiddellijk opdracht zich te bewapenen. Hij pakte zijn pistool en liet niemand een stap verder naar achteren nemen. Een motorordonnans werd achter degenen aangestuurd die probeerden weg te komen, met de opdracht hen naar ons steunpunt te brengen. Een tweede motorordonnans werd naar het divisiehoofdkwartier gestuurd om machinegeweermunitie te halen. De meeste van die gevluchtte soldaten, want dat was nu wel duidelijk, hadden niets bij zich. Een enkeling droeg een machinegeweer of een geweer. Een droeg zelfs een grote radio op zijn rug, wat goed uitkwam omdat wij enkel motorrijders hadden om het contact te onderhouden. De meesten echter hadden alleen maar hun uniform. Ze hadden in de hectiek van het moment bijna alles achtergelaten. De Russen waren plotseling en met enorm overwicht doorgebroken.

Feldwebel Albert Dressel. Zijn gezicht is zwart van aangekoekt stof en zweet. Dressel was het eerste lid van Panzer-Abteilung 160 dat werd onderscheiden met het ridderkruis. Na twee dagen strijd in de steppe was de opbergkist achter de toren op de tank zwaar beschadigd. Zie ook het door een kogel of graanscherf veroorzaakte gat in een van de aan de toren bevestigde helmen.

In de verte zagen we de rookpluimen van opgeblazen en verlaten Duitse bunkers. In de tussentijd waren deze opgejaagde mannen aangegroeid tot een aanzienlijke groep. Wapens en munitie waren nu ook beschikbaar. Opeens verschenen er eigen tanks, zomaar vanuit het niets. Nu mocht de Rus gerust komen. De luitenant echter beval de nieuw uitgeruste soldaten als infanterie achterop de tanks plaats te nemen en dirigeerde deze naar voren. Het was een glorieus gezicht. We konden het gevecht in de verte volgen. Het vuren en de uitwerking van de granaten op de Russische tanks en die van ons. Na korte tijd kwam er een tank terug, laadde gewonden af, en ging direct weer terug naar voren. De gewonden werden direct afgevoerd in de zijspannen van de motorfietsen. Onze tanks verdwenen uit het zicht. Klaarblijkelijk hadden zij de Russen teruggedreven. Ze keerden zelf echter ook niet terug. We konden er nog steeds een zien, die de top van een heuvel

De afgebeelde tank is van een van de pelotonscommandanten van Panzer-Abteilung 160, luitenant Kühne, Gassel of Torsy. De foto is genomen op 8 augustus 1942 in de steppe voor Stalingrad. Die dag werden temperaturen bereikt van 46 graden Celsius. De volledige windstilte maakte dat er geen enkele verkoeling was. Het interieur van de tanks voelde aan als ovens.

opreed. Hij werd een aantal keren getroffen, maar dat scheen hem niet te hinderen. Hij reed gewoon door. Hij schoot een aantal keer, en één voltreffer was genoeg voor de Russische bunker verderop. Vier, vijf, zes, zeven Russen renden de heuvel af. Later kwamen enkele van onze tanksoldaten terug. Ze hadden hun getroffen tank weliswaar moeten achterlaten, maar zelf waren ze niet gewond."[118]

---

118 PanzerKRIEG. Pagina 501 en 502.

Naarmate de weken verstrijken, worden de omstandigheden moeilijker. Eerste luitenant Peter, collega van Georg Torsy, schrijft eind november: *"Het is ondertussen erg koud geworden en 's nachts moeten we in onderkomens slapen die we met moeite proberen te verwarmen. Brandhout moeten we uit de platgebombardeerde stad halen, want in de steppe zijn geen bomen of struiken. Verder worden we geplaagd door luizen, wat uit de hand loopt, omdat we ze niet de baas kunnen. De Wehrmacht heeft luizenpoeder, maar dat is praktisch nutteloos. Toen de vorst inzette, probeerden we de luizen te doden door ons wasgoed buiten te hangen. De luizen bleken daar echter tegen bestand. De vorst tastte hun eitjes niet aan. Het enige wat je kon doen, was iedere individuele luis kapot knijpen, een vervelende en kansloze bezigheid."*[119]

Georg Torsy en zijn kameraden van Panzer-Abteilung 160 vieren Kerstmis zonder enig persoonlijk comfort of contact met het thuisfront, maar op een of andere manier op diep spirituele wijze en in een wonderlijke verbondenheid van kameraadschap. Eerste luitenant Peter bevindt zich nog altijd in het noordelijke deel van het front bij Stalingrad. Hij noteert: *"We beleefden Kerstmis met alle ontberingen die onze situatie met zich meebracht. Kerstbomen werden door de soldaten in elkaar geknutseld, want in de steppe groeien geen dennenbomen. De keuken voorzag ons van een iets betere soep dan normaal, die dag was het soep met paardenvlees. De paarden van de getrokken eenheden waren allemaal geslacht omdat de Luftwaffe niet in staat was om ons te voorzien van voldoende voedsel voor die arme beesten. Wat wij allemaal het meest misten was post. De organisatoren van de hulpvluchten lieten toiletpapier invliegen, maar brieven en pakjes, zo verdomd hard nodig voor de moraal, werden genegeerd. Sinds de omsingeling had we geen contact meer gehad met thuis en dat bleef zo tot het einde."*[120]

Na een groot Sovjetoffnsief op 10 januari 1943 klapt het westfront van de omsingeling in elkaar. De Duitsers trekken terug in oostelijke richting. In deze periode schrijft Eerste luitenant Peter: *"In de volgende dagen ging de terugtocht voort onder aanhoudende gevechten. De ene na de andere tank moest worden achtergelaten, simpelweg omdat er geen brandstof meer was, zo ook geen munitie."*[121]

Deze aantekening komt overeen met wat Georgs zoon vertelde. Zijn vader had zijn tank moeten achterlaten. Is dit wellicht gebeurd op de plek waar zijn helm is achtergebleven? Feit is dat de situatie voor de Duitsers zienderogen dramatischer wordt. Krijgsgevangenschap of zelfs sneuvelen zijn onafwendbaar. We volgen Eer-

---

[119] PanzerKRIEG. Pagina 500.
[120] PanzerKRIEG. Pagina 507.
[121] PanzerKRIEG. Pagina 511.

Een gewonde kameraad wordt ondersteund.

ste luitenant Peter nog een laatste keer, namelijk op het moment dat hij in krijgsgevangenschap raakt. Hij bevindt zich dan in een kelder in Stalingrad. Georg kan op dat moment niet ver bij hem vandaan zijn geweest: *"In de ochtend, om ongeveer 08.30 uur [op 30 januari 1943] was het tijd. Luid geschreeuw dwong ons de kelder te verlaten. De commandant van een Russische stormtroep, een machinegeweer in de aanslag, maakte ons met gebaren duidelijk een groep te vormen. Daarna informeerde hij met de vraag "Uhr?" of wij horloges bij ons hadden. Ik zag dat hij al meerdere om zijn pols droeg. Ik had het mijne om mijn enkel in mijn laars verstopt, ook al had het ding niet veel waarde. Zonder verder gefouilleerd te worden, werden we door Russische bewakers naar de achterhoede geleid. Dat gebeurde niet zonder dat er werd geschoten. Een kameraad raakte dan ook gewond. We droegen hem gedurende de hele verdere dag. Onze stemming was uiteraard onder het vriespunt. Voor het eerst voelden wij het verschil tussen vrijheid en gevangenschap. De Russische gevechtstroepen behandelden ons over het algemeen correct. Dat werd anders toen wij, na een paar kilometer marcheren, hun achterhoede bereikten. Daar werd ons klakkeloos afgenomen wat wij maar bij ons droegen: broodzakken, pakketjes, kookgerei etc. wisselden van eigenaar. Alleen als een officier in de buurt kwam, werd het plunderen tijdelijk onderbroken.*

Zo legden wij ongeveer 20 kilometer af in een ijzige kou. Het was al donker toen we in Beketovka aankwamen. De kolonne gevangenen was eindeloos lang, vooral omdat er steeds weer nieuwe mannen bijkwamen. We werden samengebracht op een afgezet terrein op een groot veld dat was omringd door bewakers. Daar brachten we de nacht door in de open lucht, volledig uitgeput. We lagen strak tegen elkaar aan onder dekens of tenthelften en vielen zelfs even in slaap. De volgende ochtend moesten de officieren aantreden voor een huis waar wij een voor een werden verhoord en onderzocht. We moesten alle voorwerpen die wij bij ons hadden op een tafel leggen en ons uitkleden. Al onze papieren, zoals Soldbuch, rijbewijs etc. werden in beslag genomen, evenals eventuele messen en scharen. Daarentegen mochten we de in onze kleding verstopte sigaretten houden. Decoraties en rangonderscheidingstekens werden niet verwijderd. Ik rekte tijd met uitkleden en had wat geluk. De Russische officier stuurde mij weg zonder dat hij mijn horloge had ontdekt. Het losmaken van de dekens die ik om mijn laarzen had gewikkeld duurde hem te lang. Daarna ontvingen wij een brood voor twee man. Het was echter bevroren. Het kon alleen gegeten worden nadat onze lichaamswarmte het had ontdooid. Tegen de middag van die 31ste januari ging de mars weer verder naar Krassnoarmeisk, een dorp ongeveer 14 kilometer zuidoostelijk van Beketovka. Toen we 's avonds door het dorp liepen, werden we door jonge Russen begroet met kreten "Gitler kaputt". De Russische taal heeft geen H, hij wordt uitgesproken als een G.

Persoonskaart van Georg Torsy afkomstig uit een Duits archief.

Er was daar in Krassnoarmeisk een soort van gevangenenkamp, maar de gebouwen waren niet af, ramen ontbraken. Bovendien was er nergens meubilair, zoals bedden of zelfs maar raamwerken die als basis zouden kunnen dienen. We lagen op de betonnen vloer. Er was zelfs een soort vissoep laat in de nacht. Het was voor het eerst in mijn leven dat ik zoiets at, met behulp van een soort van blikje, want bestek had ik niet meer. In de volgende paar dagen betrokken wij de gebouwen. De vensters werden dichtgemaakt met houtvezel of papier. We maakten zelf bedden met behulp van hout afkomstig uit lege huizen in de buurt van het kamp. In overeenstemming met de regels van het Rode Kruis werden de officieren gescheiden van de onderofficieren en manschappen. Eenmaal per dag kregen we een ondefinieerbare dunne soep en, mits voorradig, een stukje brood. Aangezien brood, zelfs later nog, ons hoofdvoedsel was, moest het eerlijk worden verdeeld. Iedereen had immers honger en verkeerde in een slechte lichamelijke conditie. Ik herinner mij dat ik opdracht kreeg om brood te verdelen onder voor mij totaal onbekende mannen. Ik droeg twee betrouwbare mannen op om het te bewaken en verdeelde het brood daarna in porties waarbij iedereen mee kon kijken. Zonder weegschaal konden de porties niet allemaal exact even groot worden gemaakt. Daarom werden zij via loting verdeeld, inclusief mijn eigen portie. Ik voerde deze procedure dag na dag uit. Er waren nooit problemen. Ondertussen hoorden we gevangenen, die later waren gevangengenomen, praten over de toespraak die Göring op 30 januari, de 10de verjaardag van de machtsovername door Hitler, had gehouden. Daarin zei hij dat alle strijders in en rond Stalingrad dood waren verklaard en vergeleek hij de strijd bij Stalingrad met de slag bij Thermopylae: "O vreemdeling, vertel de Spartanen dat wij hier zijn gevallen..." Wat een gotspe!

In de noordelijke omsingeling werd namelijk op dat moment nog steeds gevochten onder leiding van generaal Karl Strecker. De strijd eindigde op 2 februari. De redevoering leidde tot veel verontwaardiging. Onze persoonlijke situatie in Krassnoarmeisk was ellendig. We leden vreselijke honger en konden nauwelijks het hoofd bieden aan de luizenplaag. De eerste kameraden stierven van uitputting. We hadden genoeg Duitse artsen in ons kamp, maar zij hadden noch medicijnen noch verband voor de gewonden. De Russen deden niets; waarschijnlijk waren ze overweldigd door de hoeveelheid gevangenen. Sanitaire voorzieningen waren er niet. De algemene situatie was waarschijnlijk de oorzaak van de tyfusepidemie die later begon. Mijn twee motorrijders van het bataljon, de onderofficieren Schmidt en Winter, maakten een ontsnappingsplan, aangezien zij, net als iedereen, dachten dat we uiteindelijk van honger zouden omkomen. Ze hadden zich aangemeld voor een corvee dat met paard en wagen water haalde voor de keuken. Ze wilden dat ik meeging. Ik zou mij verstoppen in de lege waterbak, zodat we samen zouden kunnen ontsnappen vanuit het dorp. Natuurlijk was de hele operatie nogal dubieus, in aanmerking genomen dat we proviand noch kaarten hadden. We waren echter zo wanhopig en met de kracht die ons nog restte, dachten we een kleine kans te maken. Iedereen rond ons spaarde wat brood, genoeg voor een aantal dagen. We zouden begin maart moeten vertrekken, omdat daarna de beide mannen zouden worden afgelost door andere waterhalers. Toen de tijd daar was, kwam Winter mij ophalen, maar die dag, het was overigens mijn verjaardag [7 maart], had ik zo'n hoge koorts, dat ik niet in staat was om op te staan. Dat bleek achteraf een geluk voor mij te zijn. De twee ontsnapten weliswaar, maar ze kwamen niet ver. De volgende ochtend werden ze gevangen genomen door een Russische patrouille. Schmidt rende weg en werd neergeschoten. Winter werd een paar dagen later naar het kamp teruggebracht.

Gedurende ongeveer twee weken lag ik op een houten bed met meer dan 40 graden koorts, een Oostenrijkse arts had een thermometer, te hallucineren. Toen ik de arts, Dr. Gruber, vroeg wat mij mankeerde, antwoordde hij dat hij mij dat zou vertellen als ik geen koorts meer had. Die koorts werd natuurlijk vergezeld door een grote dorst. Mijn kameraad, Hans Büttner, redde mij waarschijnlijk het leven omdat hij mij verbood om ongekookt sneeuwwater te drinken, nota bene de enig voorradige drank. De sneeuw in het kamp was vervuild en velen die het dronken kregen dysenterie. Thee en wat gekookt water kwamen eens per dag vanuit de keuken, maar het was niet genoeg. Hans Büttner verzorgde mij gedurende deze koortsperiode. Hij dwong mij ook wat te eten, terwijl ik dat niet wilde. Ik kreeg de kans om hem terug te betalen toen hij, kort na mij, ziek werd, en ik hem op mijn beurt kon verzorgen. Een vervelende nasleep van de ziekte was een plotselinge verlamming aan de hele linkerzijde van mijn gezicht. Mijn mond hing scheef en mijn linkeroog wilde niet meer dicht. Ik moest mijn voedsel zelfs met een vinger van de linker naar de rechterkant van mijn mond duwen. De dokters zeiden dat, als ik geluk had, de verlamming vanzelf zou verdwijnen. Dat gebeurde ook na ongeveer een half jaar. Nadat ik vrij was van koorts, vertelde dokter Gruber mij dat ik tyfus had en dat de ziekte door het hele kamp was verspreid. Ik hoorde bij de eerste groep die ziek was geworden. Het maakte mij zeer ongerust. Ik kende namelijk de desastreuze gevolgen van de ziekte vanuit het boek van Dwinger[122] 'Het leger achter prikkeldraad', dat in de Eerste Wereldoorlog speelde. Dat was precies wat er gebeurde in ons kamp. Het grote sterven begon. Iedere ochtend vroegen de Russische officieren hoeveel er waren gestorven in onze barak. Enkele van de sterkere gevangenen vormden 'doodscommando's', die de overledenen naar buiten brachten en later, toen de dooi begon, in een massagraf begroeven. Van de ongeveer 40 mannen in onze barak bleven er niet meer dan tien over. Het was overal hetzelfde. We waren vel over been en hadden zo weinig kracht dat we alleen een trap op konden op handen en voeten. De Russen wisten niet wat ze aanmoesten met de epidemie aangezien er geen medische zorg in het kamp was. Pas toen de ziekte zich ook onder

---

122 'Het leger achter prikkeldraad'. Auteur: Edwin Erich Dwinger.

hen begon te verspreiden, werd er begonnen met ontluizen. We moesten al onze kleding inleveren en al ons lichaamshaar werd afgeschoren, inclusief ons hoofdhaar. Gedurende dit proces raakte ik mijn zwarte tankbroek kwijt. Waarschijnlijk viel hij bij iemand van het ontluizingteam in de smaak. Ik moest het dus doen met een veldgrauwe broek, die ik de volgende zeven jaar zou dragen. Omdat ik geen volledig tankuniform meer had, en er voldoende veldblouses zonder eigenaar waren, verkocht ik mijn zwarte jas bij het kamphek aan een Rus. Hij gaf er twee broden en wat vis voor. De zwarte jassen waren erg populair. Ik had de rangonderscheidingstekens en zo er al afgehaald. Op dezelfde manier verkocht ik mijn horloge, wat weinig waard was, omdat ik altijd de kans liep dat het mij zou worden afgenomen bij een controle. Gedurende mijn ziekte waren vrijwel alle soldaten en onderofficieren getransporteerd. Ook vertrokken de officieren, per trein. Ik zag hen later weer terug. Gedurende de tyfusepidemie stierven onze officieren Eerste luitenant Riechmann en luitenant Gassel. De onderofficieren en soldaten waren allemaal weggehaald en de enige die ik later in Duitsland heb ontmoet was sergeant 1ste Klasse Serfling. Hij vertelde mij dat de meesten waren gestorven tijdens het transport en dat velen later nog in het kamp stierven. In ieder geval kwam ik later op reünies niemand van onze mensen meer tegen. Eind april werden we allemaal overgebracht naar het Beketovkakamp, waar de omstandigheden hetzelfde waren als in Krassnoarmeisk. Luitenant Ostendorp en, ik vermoed dat het luitenant Torsy was, die beiden te zwak waren om te vervoeren, zijn daar gestorven."[123]

De ervaringen van Georg Torsy in gevangenschap zullen niet veel anders zijn geweest dan die van zijn collega Eerste luitenant Peter. Te oordelen naar de laatste zin zal er contact geweest zijn tussen Peter en Georg. Peter denkt echter dat Georg in april 1943 is gestorven. Volgens de gegevens van de Volksbund is dat echter in september 1943 geweest.

Via Jason Mark kwamen we nog in het bezit van een laatste levensteken van Georg. Het uit een Russisch archief opgedoken voorblad van een verhoor van Georg uit begin 1943. Symboliseert het einde van een gevierd tanksoldaat.[124]

---

123 PanzerKRIEG. Pagina 515-517.
124 De drie foto's zijn uit PanzerKRIEG. Pagina's 113, 369 en 409.

УПРАВЛЕНИЕ НКВД СССР ПО ДЕЛАМ О ВОЕННОПЛЕННЫХ

УЧЕТНОЕ ДЕЛО

№ _____

Дата прибытия в лагерь
13/II 1943 г.

НКВД
108/13
Лагерь военнопленных

ОПРОСНЫЙ ЛИСТ

Место для фотокарточки

№		
1	Фамилия	Пауза
2	Имя и отчество	Георг Домголович
3	Год и место рождения	1921, село Пунихгаузен дом 91, Германия
4	Последнее местожительство перед призывом	Адрес тот же Германия
5	Точный адрес, состав семьи (фамилия, имя и отчество жены, детей или родителей, род занятий)	Пауза Домгел. тот же (Германия) рабочий
6	Соц. происхождение — сословие (имущественное положение родителей)	из рабочих
7	Имущественное положение военнопленного	нет
8	Национальность	немец
9	Родной язык	немецкий
10	Подданство	Германское

XV

Rolf Lehnung-Klöber

Kostromka, Oekraïne, 15 augustus 1943

Levensreddend staal

In oktober 2014 verscheen een interessant artikel op een Russisch forum waar bodemvondsten uit de Tweede Wereldoorlog worden besproken. Die zomer was er in het dorp Kostromka in de regio Dnepropetrovsk, iets ten westen van de Dnjepr, een Duitse helm gevonden. Deze was van matige kwaliteit, verroest en had een gat in de bovenkant, kennelijk veroorzaakt door de inslag van een granaatscherf. Door de roest heen was te zien dat er in de binnenrand letters stonden. De vinder besloot de helm te reinigen met oxaalzuur. Groot was zijn verbazing dat na die behandeling een naam en een veldpostnummer zichtbaar werden. Niet alleen de naamschildering kwam tevoorschijn, ook de originele verf en de restanten van een zelfklever.

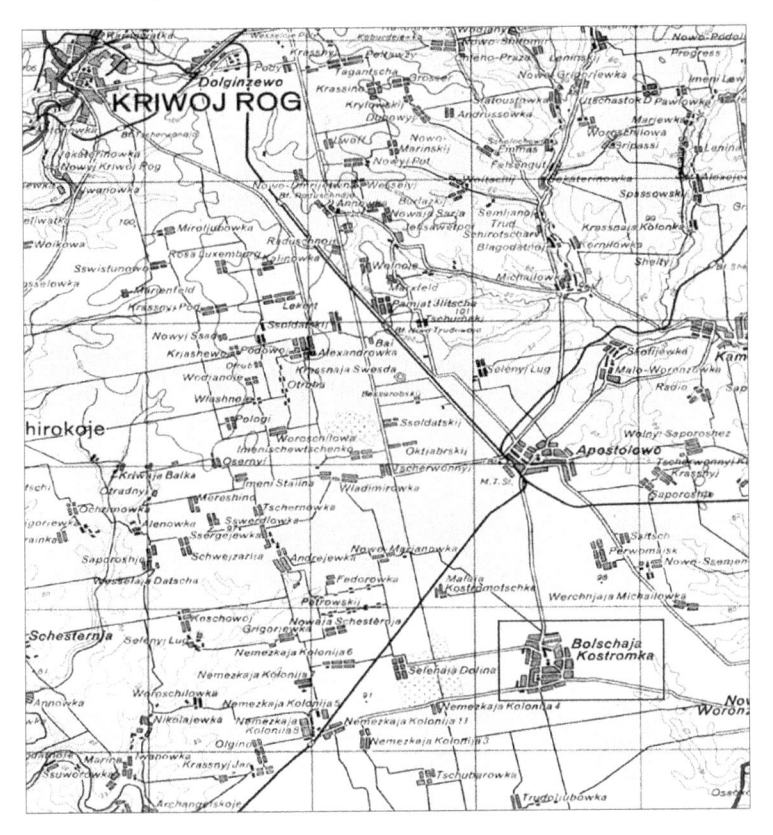

Via een verzamelaar in Rusland vond de helm zijn weg naar Nederland. In 2015 kon het onderzoek naar de voormalige eigenaar, Luitenant Lehnung, veldpostnummer 59038 D, beginnen. Gelet op de schade is er kennelijk een forse granaatscherf in de bovenkant van diens helm ingeslagen. Het kan haast niet anders of ook het letsel aan de eigenaar moet aanzienlijk zijn geweest. Een onderzoek in het Duitse militaire gravenregister van de Volksbund lag dan ook voor de hand. We vingen bot. Een luitenant Lehnung was daar onbekend. Een verzoek om informatie aan de Deutsche Dienststelle [*WASt*] had meer resultaat. De combinatie van rang, naam en veldpostnummer leidde tot een 100% identifiatie. De helm behoorde toe aan, voluit, Rolf Albin Christian Lehnung, geboren op 1 mei 1920 te Naila in de deelstaat Beieren. Via dezelfde Dienststelle kregen wij ook een, zij het beperkt, inzicht in de militaire loopbaan van deze soldaat.

Wanneer Rolf toetreedt tot de Wehrmacht is onbekend. Zeker is dat hij op 15 april 1940 deel uitmaakt van de 6de Batterie schwere Artillerie-Ersatz-Abteilung 53. Standplaats is het Beierse Ansbach. Twee jaar later wordt Rolf ingedeeld bij de 3de Batterie schwere Artillerie-Abteilung [motorisiert] 636, een eenheid die aan het Oostfront wordt ingezet. Daar gaat het uiteindelijk mis. Op 8 februari 1942 worden Rolf en zijn kameraden, samen met nog 95.000 andere Duitse soldaten, door de Sovjets ingesloten binnen de zogenoemde ketel van Demjansk. Ruim twee maanden houdt de omsingeling stand. Gedurende deze tijd worden de eenheden vanuit de lucht bevoorraad. Dan, eindelijk, eind april wordt de belegering doorbroken en wordt er een smalle corridor [Landbrücke] gevormd naar de rondom Demjansk gepositioneerde Duitse troepen.

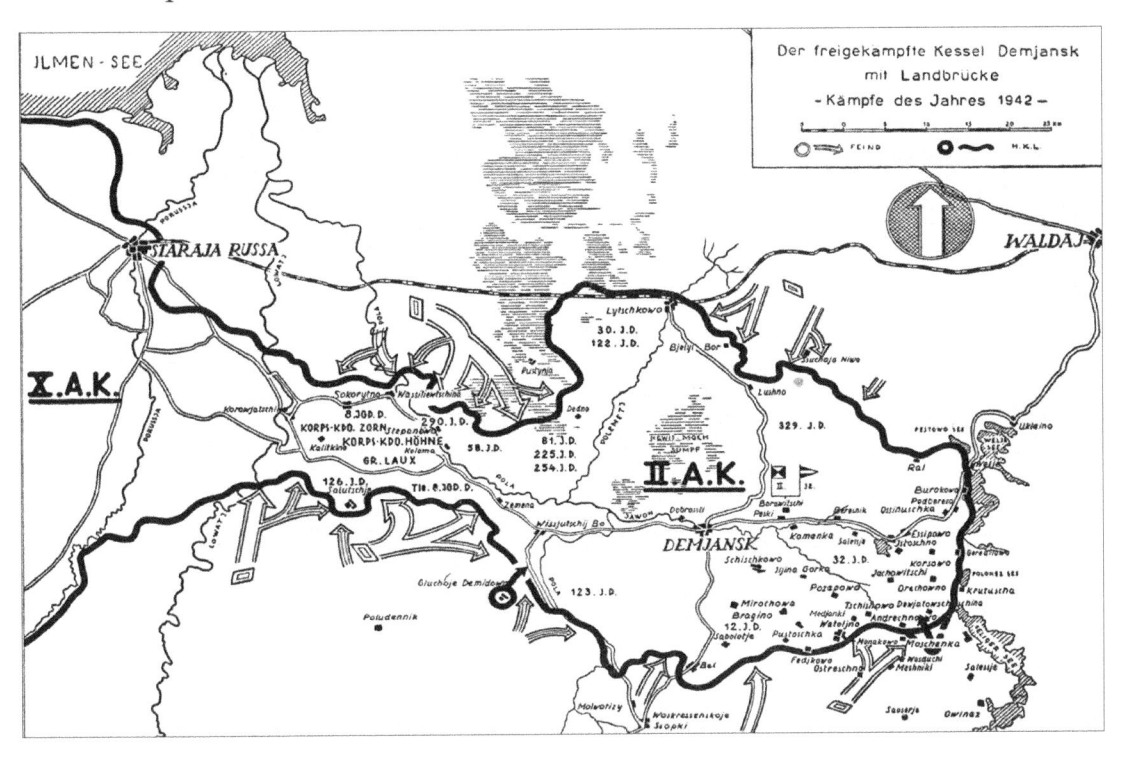

In de smalle corridor in het midden links op de kaart bevindt Rolf zich op de 17de augustus 1942. Hij verblijft dan bij Ssutoki, een dorpje aan het riviertje de Robja. Zijn eenheid bevindt zich in een lastige positie. De voortdurende aanvallen van de Sovjets, in een poging de corridor te elimineren, blijven niet zonder gevolgen. Een granaatsplinter verwondt Rolf aan zijn linkerbovenarm. Hij wordt overgebracht naar de hoofdverbandplaats in Losnitzki. Een dag later wordt hij per vliegtuig geëvacueerd vanaf het vliegveldje bij Demjansk naar het lazaret bij Porchow. Vandaar wordt hij korte tijd later met een gewondentrein overgebracht naar Rummelsburg bij Berlijn. Op 23 oktober is Rolf weer voldoende hersteld. Hij krijgt het predicaat 'inzetgereed'.[125] Waarschijnlijk zal hij na zijn verwonding genezingsverlof hebben genoten, wat een gebruikelijke gang van zaken was. Eind oktober wordt hij in ieder geval weer ingedeeld bij zijn oude eenheid, Artillerie-Ersatz-Abteilung 53 in Ansbach.

---

125 Kriegsverwendungsfähig. Mag weer worden ingezet.

De volgende aantekening in Rolfs dossier dateert van 15 augustus 1943, tien maanden later. Rolf is dan ingedeeld bij de tweede afdeling van Artillerie-Regiment 46. De oorspronkelijke eenheid is in januari 1943 binnen de omsingeling bij Stalingrad te gronde gegaan. De heroprichting van het regiment vindt plaats op 10 juni 1943, nu als lichte Artillerie-Abteilung II./46

Twee maanden later bevindt Rolf zich bij Semenowka in de Oekraïne. De exacte locatie is onbekend. In de Oekraïne liggen namelijk meerdere dorpjes met dezelfde naam.

15 augustus 1943 is opnieuw een donkere bladzijde in het leven van Rolf Lehnung. Die dag treft hem het noodlot voor de tweede keer, op de kop af bijna een jaar na de eerste verwonding. Hij raakt zwaargewond. Granaatscherven verwonden hem aan zijn voorhoofd en zijn linkerhand. Zijn linkervoet raakt gekneusd. Wonderbaarlijk genoeg leeft Rolf nog, maar er volgt een lange periode van genezen en revalideren. Via lazaretten in Kiev, Lemberg, en Glogau komt hij uiteindelijk op 11 november 1943 terecht in het reservelazaret in Hof, aan de rivier de Saale in Beieren. Daar blijft hij tot 15 januari 1944. Dan wordt hij naar een leergang voor herstellende offic ren gestuurd, bij Neurenberg.

De laatste melding in zijn dossier is de korte aantekening dat hij vanaf 23 juni 1944 deel uitmaakt van de stafbatterij van de Sturmgeschütz-Brigade 209. In 1945 maakt deze eenheid deel uit van de 14de Infanterie-Division. Deze divisie gaat tijdens de laatste maanden van de oorlog ten onder in Oost-Pruisen, tijdens de zogenaamde omsingelingsslag bij Heiligenbeil. Een deel van de ingesloten troepen weet via de Oostzee aan gevangenschap te ontkomen. Waarschijnlijk behoort ook Rolf tot deze groep van 'geluksvogels'.

Van soldaat tot fabrieksdirecteur

Om meer te weten te komen over de mens Rolf Lehnung, nemen we contact op met een journalist van een lokaal dagblad in zijn geboortestad Naila, de 'Frankenpost'. Deze verslaggever, Manfred Köhler, vindt de geschiedenis van de in de Oekraïne gevonden helm voldoende interessant om ons te helpen. Hij gaat op zoek naar achtergrondinformatie. Al spoedig heeft hij succes. De familie Lehnung–Klöber, eigenaar van een grote schoenfabriek, is zeer bekend in Naila, een stadje in een heuvelachtige, bosrijke streek, niet ver van de Tsjechische grens. Het vak van schoenmaker kent een lange traditie in

206

deze streek van vlotbouwers, mijnwerkers, land- en bosbouwers, waar altijd al behoefte bestond aan zware, stevige schoenen van een hoogwaardige kwaliteit. In 1884 maakte een jonge ondernemer uit het kleine Oelsnitz, Albin Klöber, hier handig gebruik van. Samen met zijn compagnon Albin Seifert bouwde hij onder de naam Seifert & Klöber een schoenfabriek, breidde die uit en boorde nieuwe markten aan. De fabriek was zo succesvol, dat hij vanaf 1904 tientallen jaren leven en werken in Naila bepaalde. In de jaren rond 1930-1935 werkten in deze fabriek meer dan 1.000 werknemers. Dagelijks werden er op een bedrijfsoppervlakte van 18.000 vierkante meter 3.000 paar schoenen geproduceerd, onder meer merken als Wohlauf en later Panda. Daarmee was het de grootse schoenfabriek in Beieren. Klöber was echter meer dan alleen fabrikant. In de loop der tijd werd hij een belangrijke steunpilaar voor de lokale gemeenschap. Zo initieerde en financierde hij de plaatselijke brandweerkazerne, het zwembad, de jeugdherberg en, niet te vergeten, de vereniging van schoenmakers.

Onze man, Rolf Lehnung, werd in 1920 geboren als zoon van Christian Lehnung en Lotte Klöber. Hij was daarmee de kleinzoon van Albin Klöber, medeoprichter van de schoenfabriek. Rolf groeide op in Naila. Bij het uitbreken van de Tweede Wereldoorlog was hij 19 jaar. Het verhaal van de oorlog is bekend. Kort na zijn terugkeer trouwde hij met Gerda Meyn, een boerendochter uit Noord-Duitsland. Samen kregen zij drie kinderen: Doris, Maja en Gerd. Rolf was de laatste erfgenaam van de legendarische schoenfabriek. Nadat hij in het huwelijk was getreden, werd op verzoek van zijn ouders de naam Klöber, de naam dus van de oprichter van de firma, aan zijn achternaam toegevoegd. Rolf Lehnung werd aldus Rolf Lehnung-Klöber. Hij werkte samen met zijn vader als mededirecteur en had een leidende rol in de schoenverkoop. Maar zijn hart lag daar niet. Liever was Rolf wiskundeleraar geworden in Leipzig, maar als laatste erfgenaam bleef hem weinig keus. Toen zijn vader in 1965 stierf, nam hij de fabriek over, bijgestaan door zijn vrouw Gerda die een meer zakelijke aanleg had. Rolf was tijdens de Tweede Wereldoorlog één van de vele arbeiders van zijn vaders fabriek die als militair dienstdeed. Met grote gevolgen. In beide wereldoorlogen sneuvelden maar liefst 173 medewerkers van Seifert & Klöber.

Rolf had een liefde voor rallyrijden. In 1952 won hij een gouden plaquette in de Bayernwaldfahrt, een rit over 500 kilometer. In de gemeenschap bekleedde hij enkele belangrijke functies, zoals jurylid van de rechtbank, lid van het kerkbestuur en erelid van de door zijn schoonvader opgerichte Nailer-vereniging van schoenmakers. Op 19 september 1989 overleed Rolf in München. In 1991 werd de schoenfabriek gesloten. In het lokale museum van Naila wordt nog altijd aandacht geschonken aan de voor het stadje zo belangrijke familie Klöber. Daar bevindt zich dan ook nog een foto van de jonge soldaat Rolf, samen met zijn vader.

Dochter Maja vertelt

Doris en Gerd zijn overleden. Rolfs dochter Maja blijkt nog in leven, en via Manfred Köhler, de dagbladschrijver, lukt het met haar in contact te komen. Helaas weet Rolfs dochter weinig over de oorlogstijd van haar vader. Na de oorlog werd amper over die tijd gesproken. Maja herinnert zich echter een verhaal dat op haar als kind grote indruk heeft gemaakt. Maja: *"Mijn vader vertelde mij dat hij ergens in Rusland met zijn soldaten met een vlot een rivier moest oversteken. De Russen zaten op hun hielen en de situatie was zeer spannend. Toen alle soldaten op het vlot zaten en mijn vader als laatste wilde opstappen, dreef het vlot plotseling af, de rivier op. Mijn vader bleef als enige achter op de vijandelijke oever. Het was bijna niet mogelijk om tegen de stroom in terug te varen, de angst was groot en het leek erop dat mijn vader alleen zou achterblijven. Overgeleverd aan de Russen. Enkele soldaten op het vlot weigerden echter hem achter te laten, en, onder dreiging van wapens, werd iedereen gedwongen mee te helpen het vlot weer terug naar de oever te manoeuvreren, opdat ook mijn vader meekon. Dat lukte, zij het met grote moeite. Dit verhaal maakte op mij als ongeveer 10-jarig kind een grote indruk. Ik heb mijn vader ook wel eens gevraagd of hij andere mensen had gedood."* Hij antwoordde dan: *"Je moest anderen doden om niet zelf gedood te worden." Ik kan mij ook nog herinneren dat mijn vader vertelde dat hij een tijdlang door de Russen was ingesloten."*

Het verhaal over het vlot lijkt erop te wijzen dat Rolf een gewaardeerd officier was. Een andere geschiedenis lijkt dat te bevestigen. Maja herinnert zich een verhaal waarbij Rolf en zijn compagnie onder zwaar Russisch vuur liggen. Een van zijn soldaten raakt zwaargewond. Rolf heeft de gewonde man daarop op zijn schouders genomen en door het artillerievuur heen uit de gevarenzone gedragen. Die man heeft de oorlog overleefd en na de oorlog hebben Rolf en hij, ene Graßl, elkaar nog diverse malen opgezocht.

Maja vertelt verder: *"Ik weet dat mijn vader na zijn verwonding in 1943 opnieuw in het oosten is ingezet. Ik weet niet waar, maar ik weet dat hij aan het einde van de oorlog in Noord-Duitsland was. Daar werden de soldaten in boerderijen ondergebracht. Mijn vader verbleef op een hoeve in Wesseln, een klein dorp in de buurt van Heide in Sleeswijk-Holstein. Dat was het ouderlijk huis van mijn moeder. Zo hebben mijn vader en moeder elkaar leren kennen. De ouders van mijn vader waren het echter niet eens met die relatie. Zij wilden dat mijn vader met de dochter van een slager uit het naburige Rehau zou trouwen. Voor hen was een boerendochter beneden de stand. Mijn vader zette echter zijn eigen zin door en trouwde met mijn moeder. Dat was in 1948. Dit alles tot groot geluk van de firma en vele families in Naila, die daardoor hun hoofd boven water konden houden. Mijn moeder was later namelijk feitelijk degene die het bedrijf leidde. Zij was veel zakelijker dan mijn vader. Een hoogintelligente vrouw, een geweldige moeder met een groot hart voor haar medemensen. Mijn vaders hart lag niet echt bij de fabriek. Het was een zachtaardige, sociale en vriendelijke man die veel goed heeft gedaan voor de gemeenschap."*

Terug naar de bron van ons onderzoek, Rolfs helm. De zwaar beschadigde helm was kennelijk op 15 augustus 1943, de dag van zijn verwonding, achtergebleven in de Oekraïne in de omgeving van Semenowka, daar waar Rolf gewond raakte. Via Rolfs dochter Maja komen we meer over de gebeurtenis van die dag te weten. Rolf zelf heeft zijn familie verteld dat hij zich die dag in een loopgraaf bevond die zwaar onder vuur werd genomen door vijandelijke artillerie. Een of meerdere inslagen waren zo dichtbij dat hij werd bedolven onder boomstammen. Gelijktijdig werd hij getroffen door granaatsplinters. Zijn hand werd zwaar verwond. Zijn armen en benen waren bezaaid met granaatsplinters. De explosie had kennelijk vlak bij hem plaats gevonden. Een scherf raakte zijn helm en sloeg er dwars doorheen. Rolf raakte gewond aan zijn voorhoofd, maar de helm had zijn leven gered. Rolfs letterlijke woorden tegen Maja waren: "Zonder helm was ik morsdood geweest." Het gapende gat in de bovenkant van de helm spreekt duidelijke taal. Levensreddend staal.

XVI

Johann Bredenkamp
Tot de laatste kogel

Krivoy Rog, [Dnjepr], november 1943
De verschrikkingen van de oorlog zijn onmiskenbaar aan de helm van Unteroffizier Bredenkamp af te lezen. Granaatscherven hebben het staal op verschillende plaatsen doen opensplijten en barsten. Aan de linkerzijde is een klein, rond inschotgat te zien, kennelijk van een kogel. De helm is onmiskenbaar in het vuur van de strijd geweest en dan nog in zijn meest heftige vorm. In de binnenrand is met grote roodbruine letters 'Uffz. Bredenkamp' geschilderd, onderoffic r Bredenkamp. De plek waar de helm is gevonden, een verlaten heuvel in de Oekraïne, ademt nog altijd de sfeer van een voorbijgegane strijd. Het is een hoogte met weids uitzicht, strategisch gelegen, ongeveer 20 kilometer noordelijk van de stad Krivoy Rog en westelijk van de Dnjepr. Achter de omtrekken van wat eens een loopgraaf moet zijn geweest, was kennelijk een machinegeweerpositie. In de kuil daarachter werden namelijk verschillende munitiekisten gevonden van een machinegeweer model 42 [MG-42]. Ernaast liggen een berg hulzen, tal van munitiebanden en twee door granaat- en

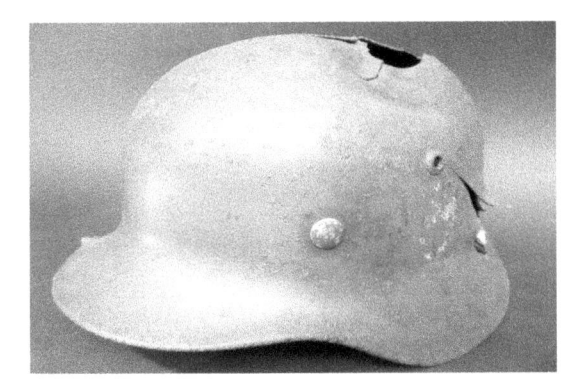

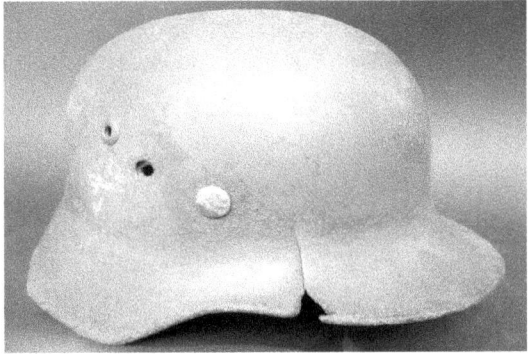

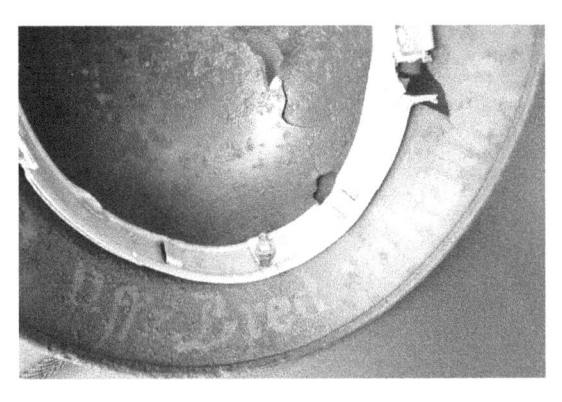

kogelinslagen zwaar beschadigde Duitse helmen, waaronder de helm van onderofficier Bredenkamp. De heuvel is na 72 jaar nog altijd bezaaid met staartstukken van Russische mortiergranaten. Vrijwel op elke meter is zo'n staartstuk te vinden. De vondsten maken een ding duidelijk. Deze plek moet in het late najaar van 1943 een ware hel zijn geweest.

De naam Bredenkamp komt spaarzaam voor in Duitsland. Het lijkt een naam van Nederlandse oorsprong. Raadpleging van het register van de Duitse Volksbund wijst uit dat er slechts tien in de Tweede Wereldoorlog gesneuvelde Duitse militairen met deze achternaam zijn vermeld. Het combineren van de vindplaats van de helm met de registerinformatie levert al snel een match op. Van de tien Bredenkampen sneuvelden er drie in de Oekraïne, een luitenant, een gewoon soldaat en een onderofficier. De onderofficier viel exact op de vindplaats van de helm, het gehucht Wesselyj. Dat gegeven komt overeen met onze informatie. De strategisch gelegen heuvel bevond zich nog geen tweeduizend meter zuidoostelijk van het gehucht Wesselyj Kut, gelegen tussen de dorpjes Nedaj Woda en Losowatka. De datum van sneuvelen vormt de laatste controle: 23 november 1943. Het is precies de periode dat de strijd in dit deel van de Oekraïne volop ontbrandde. De match is dus compleet. Het is de helm van onderofficier Johann Bredenkamp, geboren op 8 augustus 1919 in het gehucht Steinborn in het Duitse graafschap Hoya.

Om uit te vinden tot welke militaire eenheid Bredenkamp behoorde, nemen wij contact op met de Deutsche Dienststelle. Het antwoord laat niet lang op zich wachten. Johann maakte deel uit van de 2de Compagnie van Pionier Bataillon 183. Hij was dus een specialist, een pionier. Pioniers zijn opgeleid om de beweging van de eigen troepen te ondersteunen en die van de tegenstander te belemmeren. Daarnaast moeten zij de overlevingsmogelijkheden van de eigen troepen verhogen. Daartoe zijn ze uitgerust met allerlei bouwtechnische en infrastructurele hulpmiddelen.

De zoektocht

Om meer over Johann aan de weet te komen, gaan we op zoek naar zijn familie. Dat hij uit een dorpje komt en een weinig voorkomende naam heeft, zou het zoeken moeten vergemakkelijken. We informeren bij de gemeente Steinborn die intussen een samenwerkingsverband is aangegaan met andere zelfstandige gemeenten onder de naam Samtgemeinde Bruchhausen-Vilsen. Een zoekslag in het bevolkingsregister en het stadsarchief leidt tot teleurstelling:

Geachte heer Janssen!
De door u aangeleverde gegevens over Johann Bredenkamp kunnen wij bevestigen. Het verstrekken van meer informatie is niet mogelijk. De zoektocht naar familieleden

bleef zonder succes. Een broer van Johann is eveneens gesneuveld en de weduwen bleven kinderloos en zijn ook al overleden. Typische oorlogslotgevallen dus.

Met vriendelijke groet,
de gemeentearchivaris

Typische oorlogslotgevallen. Het is een omschrijving die de harde werkelijkheid weergeeft. Johann had dus nog een broer die ook is gesneuveld. Hoe triest. Er leven kennelijk geen directe familieleden meer in Steinborn. Het is duidelijk dat het niet eenvoudig zal worden om meer informatie boven water te halen. We geven echter niet op. Het verhaal rondom de helm is te interessant om nu te stoppen. Wellicht leven er nog familieleden in de zijlinie. Er volgt een campagne van brieven schrijven. Alle families Bredenkamp in de ruime omtrek van Steinborn worden aangeschreven. Uiteindelijk versturen we meer dan veertig brieven. Zonder resultaat. Het oplossen van de zaak Bredenkamp lijkt te zijn vastgelopen.

We besluiten tot een ultieme poging en schrijven aan een journaliste van de plaatselijke krant. Zij is onmiddellijk geïnteresseerd, vindt het verhaal interessant en zegt haar medewerking toe. Een telefonisch interview leidt tot een artikel. Dit keer hebben we succes. Kort na het verschijnen, meldt zich een mevrouw M. uit Asendorf, een dorp amper een kilometer zuidwestelijk van Steinborn. Bij het lezen van de naam

Johann Bredenkamp

Johann Bredenkamp weet zij direct over wie het gaat. Enkele telefoongesprekken en een briefwisseling verder, blijken er verrassend genoeg ook nog een tiental foto's van de familie Bredenkamp in haar bezit. Dan gebeurt er nog iets onverwachts. Naar aanleiding van het gepubliceerde krantenartikel meldt zich een dame van 90 jaar bij mevrouw M. Ze heeft Johann gekend vanuit het dorp en zelfs nog met hem gedanst op een dorpsfeest. Volgens haar was Johann een vrolijke en vriendelijke jongen. Op basis van de gesprekken, brieven en foto's ontvouwt zich langzaam een levensverhaal.

Johann groeide op in Steinborn. Zijn ouders hadden een klein boerenbedrijf. Johann was de jongste telg. Hij had een vier jaar oudere broer, Heinrich, en een twee jaar oudere zus, Sofie. Heinrich en

Johanns ouderlijk huis.

213

Johann werden al vroeg soldaat. Heinrich bij het 65ste Infanterieregiment, Johann bij Pionier Battaillon 183. Beide broers bereikten de rang van Unteroffizier. Tijdens de oorlog trouwde Heinrich met Luise, de tante van mevrouw M, wat de familierelatie verklaart. Na het huwelijk trok Luise in bij de familie Bredenkamp. Johann had ook een meisje, met wie hij zich verloofde. Wilma. Ook zusje Sofie vond een vrijer, net als Johann en Heinrich soldaat.

Johann's Pionier Battaillon 183 maakte deel uit van de 83ste Infanterie-Division. Voor zover bekend, was hij onder meer gestationeerd in Lübeck aan de Oostzee, Holzhausen bij Minden, Fallingbostel, het Teuteburgerwald, Magdeburg, Fallersleben, Rosenheim en München. In 1940 nam hij deel aan de veldtocht tegen Frankrijk. Van die periode rest een foto. Daarop zien we Johann samen met twee kameraden op een rots bij de zee. Het opschrift luidt St. Malo.[126] Een groot deel van het jaar 1941 was de divisie belast met kustbewaking in Normandië, totdat zij in december 1941 naar Polen vertrok.

Tussen de foto's bevindt zich een vergeelde familiefoto. Vader en moeder Bredenkamp zitten kennelijk in een zomerse tuin. Achter hun staan Luise, Heinrich, Sofi

---

126 St. Malo, Bretagne Frankrijk.

en Johann. De hond ligt op de voorgrond. Heinrich en Johann zijn in uniform. Johann heeft op zijn linkermouw de onderofficierssrepen en in zijn knoopsgat steekt het lint van het IJzeren Kruis 2de Klasse. Hij is onderhand een oorlogsveteraan. Op de foto zijn blije, lachende gezichten te zien. De oorlog heeft zijn schaduw nog niet over de familie Bredenkamp geworpen.

De zwarte periode zou beginnen als Johann in november 1943 sneuvelt in de Oekraïne. Het bericht slaat in huize Bredenkamp, in het dan nog oorlogsvrije Steinborn, in als een bom. Johanns zus Sofie heeft haar leven lang onthouden dat haar moeder na het nieuws van de dood van haar zoon naar bed ging en de hele dag huilde. De schaduw wordt dieper als ook Johanns broer Heinrich sneuvelt. Waar en wanneer is onbekend. Hij raakt vermist, vermoedelijk ergens in de Balkan. Sofies verloofde wacht hetzelfde lot. Ook hij keert niet terug. Drie jonge mannen, alle drie verbonden met het gezin Bredenkamp, komen niet meer terug uit de oorlog.

Na de oorlog blijven Luise en Sofie bij vader en moeder Bredenkamp wonen. Zij helpen in het boerenbedrijf. Over de oorlog werd weinig gesproken. Er wordt in stilte geleden. Wilma, de verloofde van Johan, vindt een andere man en sticht een gezin. Ze zal haar leven lang echter kind aan huis blijven bij de familie Bredenkamp.

Johanns ouders zestig jaar getrouwd.

Wilma, Johanns verloofde.

Heinrich en Luise verloofd.

De ouders bereiken een hoge leeftijd. In 1974 vieren zij hun diamanten huwelijk. Beiden overlijden op een leeftijd van in de negentig. Luise en Sofie blijven samen in Johanns ouderlijk huis wonen en leiden het boerenbedrijfje met wat koeien en een moestuin. Luise doet vooral het binnenwerk en is actief in de keuken. Sofie doet het buitenwerk. Mevrouw M. bekommert zich om de beide dames en blijft ze bezoeken totdat Sofie te oud wordt en naar een verzorgingstehuis gaat. Kort daarna eindigen de levens van Sofie en Luise, beiden bereiken een leeftijd van ruim 80 jaar. De laatste herinneringen aan Johann en Heinrich, een tiental foto's, komen in het bezit van mevrouw M. Typische oorlogslotgevallen, aldus de gemeentearchivaris van Steinborn.

Krivoy Rog, Dnjepr november 1943

Na de tegenslagen aan het Oostfront, waren er begin 1943 gesprekken over het bouwen van verdedigingswerken. Na de Slag om Koersk en de Geallieerde invasie in Italië, in september 1943, ontstond voor het Duitse opperbevel de noodzaak om spaarzamer om te gaan met de beschikbare troepen en te kiezen voor een meer defensieve strategie. In augustus 1943 beval Hitler de bouw van defensieve linies, waarmee hij afzag van verdere off nsieve acties aan het Oostfront. Een groot deel van de verdedigingslinies liep langs de Dnjepr. Veel tijd om zich te vestigen langs de oevers van de rivier kregen de Duitsers niet. Het eerste bruggenhoofd op de westoever werd gevestigd op 22 september 1943 bij de samenvloeiing van de Dnjepr met de Pripatrivier. De 24ste september werd er opnieuw een bruggenhoofd gecreëerd, ditmaal bij de stad Dniprodzerzhynsk[127] en op 25 september nog een bij Dnipropetrovsk. Een paar dagen later wederom een, nu bij Kremenchuk. Tegen het einde van de maand waren er 23 bruggenhoofden gevestigd op de westoever. Sommigen waren 10 kilometer breed en 1 à 2 kilometer diep. Het oversteken van de Dnjepr was voor de Sovjettroepen extreem moeilijk. De soldaten gebruikten elk drijvend voorwerp dat ze maar konden vinden. Onder hevig Duits afweervuur leden ze zware verliezen. Eenmaal aan de overzijde moesten ze zich snel ingraven in de kleiachtige oever.

Een ooggetuigenverslag van Alexander Farfel, kolonel van de staf van de 1ste Luchtlandingsdivisie, schetst een van die oversteken: *"Niet altijd is de Dnjepr prachtig bij kalm weer. Begin oktober 1943. Op de linkeroever van de Dnjepr, in de regio Mishurina Gora, niet ver van Kremenchug. De rechteroever is, zoals gebruikelijk, stijl, hoog. Bovenop zitten de Duitsers. Daar, onder die hoge oever, bij het water, ligt een smalle strook zand, een ideale plek om te landen. De chef-staf van het regiment gaf opdracht aan zijn assistent, kapitein Oleinikov, aan mij, commandant van de topografische verkenningsgroep en aan radioverbindingsman Kozlov de rivier over te steken en de zaak te verkennen. We kregen tot taak om daar, vanaf de vijandelijke oever, het vuur van onze regimentsbatterij te leiden en te corrigeren. Zorgvuldig gecamoufleerd kwamen we aan bij enkele kleine struiken in de buurt van het water. Het was nacht. Een nare,*

---

127 Het huidige Kamianske.

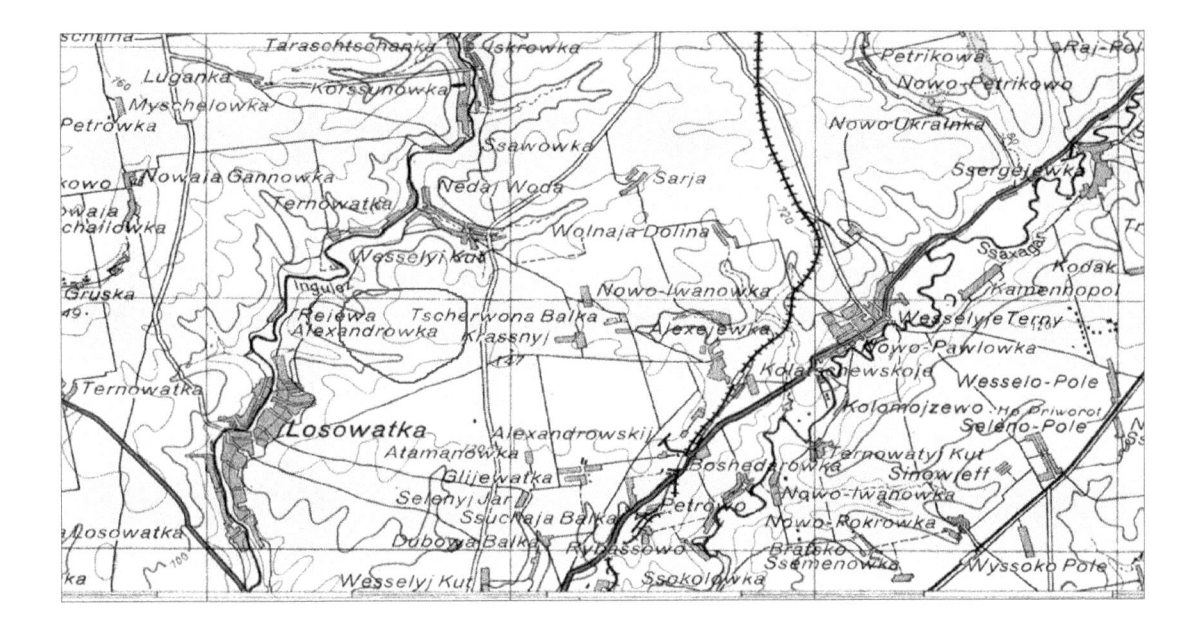

koele wind waaide ons tegemoet uit de richting van de loodkleurige rivier, waarvan de rimpelige golven amper zichtbaar waren. Ons wachtte de onbekende ervaring van een oversteek over deze enorme, brede stroom. Hoewel niemand beter dan de schrijver Gogol de Dnjepr als prachtig, majestueus en betoverend omschreef, vandaag voelden wij dat niet zo. Zelfs bij kalm weer was dit niet de vriendelijke Dnjepr zoals wij die ons herinnerden van bij vrienden in Kiev doorgebrachte schoolvakanties, na dat we ons niet los konden maken van haar aantrekkingskracht. Destijds, in mijn kindertijd, leek het mij dat er geen gelukkiger mensen konden zijn dan zij die bij grote rivieren woonden. Nu overvielen mij andere gevoelens, van angst voor, maar ook houvast aan het ten uitvoer brengen van onze verantwoordelijke taak; het waren emoties zoals die ook voorkomen in boeken en films over heldendaden.

De fascisten verlichtten de rivier voortdurend met hun lichtkogels. Zodra je probeerde over te steken, werd je ontvangen door een hagel van staal. We besloten daarom de Duitse oplettendheid te testen aan de hand van een in dit deel van de Dnjepr veel voorkomend natuurlijk verschijnsel: door de stroom meegevoerde boomstammen en andere objecten. We begonnen grote balken en delen van bomen in het water te laten zakken, en, omdat dit deel van de rivier een scherpe bocht maakte, kozen we voor het smalste gedeelte. Toen begonnen we, gedekt door onze camouflage, zakken gevuld met stro en gras aan de balken en bomen te binden. Zo lieten we de vijand een beetje wennen aan dit ongewone beeld. Hij reageerde amper op de verandering. Daarna begonnen we een voor een, liggend op drijfmiddelen en peddelend met onze handen aan de oversteek, onder regelmatige vuurstoten van vijandelijke mitrailleurs. Wij reageerden niet op deze *routineactiviteit*[128] *en landden op een strook zand, onderaan een steile klif. Onze actie was zelfs onder oorlogsomstandigheden een bijzonder gebeuren dat door ons informatiebureau nog niet eerder in dit gedeelte van het stroomgebied van de Dnjepr was gerapporteerd. In korte tijd groeven wij een schuilplaats. Aan het front hoeft niemand jou te zeggen dat jij je moet ingraven, zelfs in hard bevroren grond. De eerste beschieting leert je de gedenkwaardige wreedheid daarvan ervaren. Verkoudheid door natte handen, voeten of andere lichaamsdelen, dat komt niet voor. Tegenwoordig zegt men dat zenuwen de oorzaak van alle ziekten zijn. Maar in een oorlog is spanning, zeg maar concentratie, belangrijk om te kunnen overleven. En wij waren gespannen als de snaren van een viool. Nee, misschien niet louter door onze eigen zenuwen, maar vooral door de overweldigende ervaringen van kleine persoonlijke en gezamenlijke overwinningen van het afgelopen jaar. Zeker na alle nederlagen van 1941 en 1942 was deze spanning tevens een bron van energie.*

We kropen langs de klif omhoog, op zoek naar het meest geschikte punt voor het observeren van de vijandelijke posities. Onze groengele camouflage bewees daarbij goede diensten. De vijand zag ons niet, waarschijnlijk ook omdat hij al zijn aandacht op het wateroppervlak richtte. Wij gingen ervan uit dat de struiken bovenop de klif voor ons een goede observatiepost zouden zijn. Maar juist daar zou zich ook een Duitse observatiepost kunnen bevinden. Na voorzichtige verkenning bleek dit niet het geval. Blijkbaar lag er niet onder iedere struik langs de kilometerbrede rivier een Duitser. We groeven drie aparte kuilen op enige afstand van elkaar. Werkelijk, de vijandelijke posities strekten zich voor ons als in onze handpalm. We meldden dat we gereed waren tot het corrigeren van ons artillerievuur. Onze bataljonscommandant, mijn vriend Sharapov, waarschuwde ons het vuur te spreiden en ervoor te zorgen dat wij zelf niet het slachtoffer werden van eigen vuur. Het geluid van de granaten boven onze hoofden klonk als zoete muziek, en, door onze aanwijzingen en correcties vielen ze precies op de Duitse posities."[129] Aldus Alexander Farfel.

Duitse troepen ondernamen tegenaanvallen op vrijwel alle bruggenhoofden in de hoop ze te vernietigen voordat de Russen hun zware wapens over de rivier konden brengen. Ze hielden weliswaar stand, maar de verliezen waren enorm. De meeste divisies bestonden nog maar uit 25 tot 50% van hun oorspronkelijke sterkte. Omstreeks midden oktober 1943 waren er voldoende Sovjettroepen op de westoever van de Dnjepr verzameld om een massale aanval te kunnen openen, en daarmee

---

128 Bij slecht zicht, bijvoorbeeld 's nachts of bij mist, was het gebruikelijk om regelmatig in niemandsland te vuren om de vijand de indruk van waakzaamheid te geven.
129 Vrije vertaling uit het Russisch: vdd-1.narod.ru/articles

hun positie ter plekke definitief veilig te stellen. Die krachtige aanval kwam er tussen Dnipropetrovsk en Kremenchuk. Op 18 oktober slaagden de Sovjets erin om Pjatichatki te veroveren, 50 kilometer vanaf de oevers van de Dnjepr. Daarmee waren ze nog maar ongeveer 40 kilometer verwijderd van de heuvel waar Johanns noodlot wachtte.

Met de verovering van Pjatichatki ontstond bij de Sovjetlegerleiding de idee dat men op het punt stond een doorbraak in het Duitse front noordelijk van Krivoy Rog te forceren. Deze bres zou dit belangrijke industriële centrum, midden in de bocht van de Dnjepr, kwetsbaar maken voor Sovjet-Russische aanvallen. Tegelijkertijd zou dan de mogelijkheid ontstaan om, bij een verder oprukken naar de beneden Dnjepr, het gehele Duitse Legerkorps op de Krim, bij Melitopol, Soporoshe en Dnjerpropetrowsk te omsingelen, een behoorlijk aanlokkelijke prijs. Het gevolg was dat de Sovjets onophoudelijk zware druk bleven uitoefenen op de Duitse linies. De simultane off nsieven op vrijwel alle delen van het front maakten tevens dat de Duitsers werden gedwongen om al hun reserves in te zetten.

Tussen 19 oktober en 15 november 1943 voerden de Sovjets in het frontgedeelte ten noorden van Krivoy Rog talloze grote en kleine aanvallen uit. Daarbij werden de Duitse linies enkele keren weliswaar doorbroken, maar werden de Sovjets op hun beurt teruggeworpen door krachtige tegenaanvallen. Een Duitse ooggetuige van het 126[ste] Panzergrenadier-Regiment dat enkele kilometers ten zuidoosten van het dorpje Nedai Woda lag, beschrijft een dergelijke aanval. Aan deze aanval ging een zware artilleriebarrage vooraf, die voor de Duitse infanterie als een complete verrassing kwam. Het merendeel van de manschappen benutte die middag namelijk de warmte van de zon die lange tijd afwezig was geweest, om zichzelf en hun doorweekte uniform te drogen. En precies op dat moment barstte de aanval los: *"Ondanks het vuur vanuit onze nog werkende machinegeweerposities, ondanks de steun van antitankgeschut en tanks die over onze hoofden vuurden, kwam de stoomwals dichterbij. Iets wat ik nooit eerder had gezien en ook later nooit meer zou zien. Mannen, vrouwen, jonge mensen, bijna kinderen, in uniformen, in burgerkleding, met en zonder wapens, allen naar voren gedreven door luidruchtige tanks en schreeuwende mannen. Ze vielen in rijen. Toch kwam deze wals dichterbij en nam hij in omvang toe. Op de achtergrond naderden nog meer tanks met opgezeten infanterie. Nog 300 meter... 200 meter... 100 meter; toen kwam het bevel om de posities te verlaten. Maar voor velen was het te laat; de zuigende modder van hun schutterspunten hield hen vast. Niemand was in staat om nog gewonden te helpen."*[130]

---

130 The ombat history of the 23rd Panzer Division in World War II; Dr. Ernst Rebentisch.

Op 15 november liep de hoofdverdedigingslinie van de noordelijke rand van Rokowataja naar Nowo-Iwanowka, vanwaar hij naar het westen boog en dan scherp naar voren sprong naar de noordelijke- en oostelijke rand van Nedai Woda. Op 18 november hadden de Sovjets weer voldoende kracht verzameld om andermaal te kunnen aanvallen. Dikke mist verhulde de gekozen aanvalsposities. Omstreeks 13.30 uur viel een bataljon ondersteund door twee T-34 tanks aan ter hoogte van heuvel 123.4. Artillerievuur dreef de aanvaller uiteen en beide T-34's werden uitgeschakeld. Om 13.45 uur probeerden 500 Sovjets, ondersteund door tanks, vanuit de balka[131] bij Nedai Woda het noordoostelijke deel van de plaats binnen te dringen. Artillerie, raketwerpers en tanks brachten hen zware verliezen toe. Onder meer zes antitankkanonnen, inclusief een 12.2 cm geschut werden vernietigd.

Op 20 november vielen de Sovjets maar liefst veertien keer aan, variërend tussen compagniesterkte en bataljonsterkte. Deze attaques waren vooral geconcentreerd ten zuiden van Shilkooperazia, ten noorden van Nowo-Iwanowka en zuidelijk en westelijk van heuvel 123.4. Het was vooral op deze heuvel dat de numeriek zwaar in de minderheid zijnde Duitsers zware verliezen leden. Toen de duisternis intrad waren de Sovjets erin geslaagd om binnen te dringen in de Tscherwona-balka en het noordelijk deel van Nedai Woda. Beide penetraties werden door de Duitsers echter geëlimineerd en afgegrendeld door nachtelijke tegenaanvallen.

In de nacht van 20 op 21 november weten de Sovjets opnieuw het noordoostelijke deel van Nedai Woda binnen te dringen. Direct wordt een tegenaanval gelanceerd, echter zonder succes. In de ochtend volgt een Sovjetaanval van ongeveer 500 soldaten, ondersteund door 10 T-34's. Deze aanval is gericht op Nowo Iwanowka en heuvel 123.4. Daarnaast wordt de nog in Nedai Woda aanwezige Duitse infanterie aangevallen door Sovjet-Russische zandhazen, geëscorteerd door 13 T-34's. Goed gericht artillerie- en raketwerpervuur voorkomt Sovjetsucces. Vijf T-34's worden vernietigd.

Wist Johann op zijn heuvel, iets ten zuiden van Nedai Woda, wat er gaande was in het dorp? Het kan moeilijk anders. Het krijgsrumoer moet oorverdovend zijn geweest. Volgens opgave van de vinders van Johanns helm zou deze gelegen hebben op een heuvel met weids uitzicht, ergens tussen de dorpen Nedai Woda en Losowatka. Volgens informatie van de Deutsche Volksbund en ook van de Deutsche Dienststelle is Johann gesneuveld in de omgeving van Wesselyj. Een blik op de gevechtskaart van 23 november 1943 laat zien dat exact tussen de genoemde dorpen de Duitse stellingen lagen, bezet door Panzergrenadier-Regiment 128, onderdeel van de 23[ste] Panzer-Division, ondersteund door Panzergruppe 108 van de 14[de] Panzer-Division.

---

131 Kloof in het landschap.

220

Ook het gehucht Wesselyj Kut ligt daar aan de oevers van het riviertje Ijulez. Het landschap ten zuiden van Nedai Woda is redelijk vlak, met hier en daar wat lage heuvels en balka's. Op de Duitse stafkaa ten wordt een van deze heuvels aangeduid als Hoogte 140.2. Vermoedelijk had Johann hier zijn stelling betrokken en wachtte hij, samen met zijn kameraden, op de onvermijdelijke aanval.

De situatie is niet al te rooskleurig. Al op 1 november meldt de dan net aangetreden nieuwe commandant van de 23ste Panzer-Division, Heinz-Joachim Werner-Ehrenfeucht, dat zijn soldaten oververmoeid, 'abgekämpft' zijn: *"Door de uitzonderlijk hoge verliezen van de laatste gevechten onder tankgrenadiers, tankpioniers en verkenners en het gebrekkige opleidingsniveau van hun vervangers is de complete gevechtswaarde van de divisie aanzienlijk afgenomen. Het ondermaatse opleidingsniveau zowel als de onervarenheid van jonge officieren en onderofficieren die de gesneuvelde en gewonde officieren vervangen, en desondanks onmiddellijk als compagniescommandant moeten worden ingezet, is een belangrijke oorzaak van die hoge verliezen. De meest basale grondbeginselen van het gevecht worden niet toegepast. Bijzonder gebrekkig is de pioniertechnische opleiding, de opleiding machinegeweer en zware wapens van die vervangers."*

Veel geslapen zal Johann in de nacht van 21 op 22 november niet. Het is die nacht onrustig in Nedai Woda. De vooruitgeschoven posten van het 128ste Panzer-Grenadier-Regiment die zich nog in het dorpje bevinden, worden in het holst van de nacht aangevallen en gedwongen zich terug te trekken naar het westelijke deel van het dorp, achter de kerk. Over Hoogte 122.5, noordelijk van Nedai Woda, stromen sterke Sovjetkrachten het dorp in. Ook vanuit de kloof die vanuit het oosten naar het dorp leidt naderen de Russen. Om 07.00 uur vallen 150 Sovjets vanuit Nedai Woda Hoogte 140.2 aan. Tanks slaan de aanval af en dringen de Sovjets terug naar Nedai Woda. Na een stevige artilleriebarrage proberen Duitse troepen de vijand uit het oostelijke deel van Nedai Woda te verdrijven. Tegen het defensieve vuur van diverse antitankwapens, artillerie en raketwerpers in komen de Duitsers niet vooruit. Ook na een voorbereidende artilleriebeschieting lukt het niet. De verliezen aan mensen en materieel zijn aanzienlijk. Nu vallen de Sovjets in bataljonsterkte het westelijke deel van Nedai Woda aan. Ze breken gedeeltelijk door de linies, maar een tegenoffnsief werpt ze weer terug. De rest van de dag blijft het onrustig in het dorp. De Sovjets blijven echter versterkingen aanvoeren. De hele dag door liggen de Duitse stellingen onder vuur van artillerie en granaatwerpers. Vuur van een hevigheid zoals zij dat nog niet eerder hadden ervaren.

Dinsdag 23 november 1943 breekt aan. Het is een sombere, regenachtige ochtend, de laatste dag in het leven van Johann Bredenkamp. Ook deze dag vinden er hevige gevechten plaats. Het dorpje Nowo Iwanowka, enkele kilometers westelijk van Hoogte 140.2, wordt om 09.00 uur 's morgens door 1.000 Russen aangevallen. De verdediging bestaat uit schamele 40 Duitsers, ondersteund door tanks. Het lukt de Sovjets het noordelijke deel van het plaatsje te bezetten, tegen de middag zelfs het hele dorp. Een gelijktijdige vijandelijke doorbraak bij de iets ten westen van Nowo Iwanowka gelegen Heuvel 138.5 door 400 Sovjets verhindert een Duitse tegenaanval op Nowo Iwanowka. Ook Heuvel 140.2 en het daarvan noordwestelijk gelegen gebied worden aangevallen. Het is de plek waar Johann zich moet bevinden. De omstandigheden zijn zwaar. Het heeft de laatste dagen veel geregend en de soldaten staan doorweekt in de modder. Op de meeste plaatsen wordt de Sovjetaanval afgeslagen, maar het lukt hen desondanks om de stellingen op Heuvel 140.2 te doorbreken. Mogelijk vindt Johann hierbij zijn einde. De doorbraak is echter niet van lange duur. Duitse tanks verjagen de vijand en de stellingen worden weer ingenomen.

Tussen Heuvel 140.2 en de iets oostelijk gelegen Heuvel 140.7 is een gat in de linie van 1.5 kilometer. Duitse tanks schermen de bres af en geven dekking aan pioniereenheden die hier aan stellingen werken. Er zijn nog maar tien tanks operationeel. De diepe modder, het onafgebroken vechten, het gebrek aan tijd voor onderhoud en, uiteindelijk, de verliezen hebben hun tol geëist. Op 24 november gaat Heuvel 140.2 definitief verloren. De door de aanhoudende regen tot op het bot doorweekte soldaten staan kniediep in de modder in hun schuttersputten en zijn door uitputting nauwelijks nog in staat zich te verdedigen. De fysieke en mentale grens is bereikt. Modder en regen hebben de wapens nutteloos gemaakt, pogingen om de stellingen te versterken verdrinken in de modder. Er is niet langer sprake van een gesloten front. De Sovjetstoomwals rolt nu haast ongehinderd verder.

Langzaam werden de Duitsers verder teruggedreven, ten koste van dramatische verliezen aan Sovjet-Russische kant. 'Kroniek van een verkenner aan het front', van Sovjetauteur E. Fokina, schetste een beeld vanaf die zijde:[132] *"Ik liep de weg weer op. Regelmatig blokkeerden aangeplante acacia's mij het zicht. Ik liep naar de rand en recht voor mij zag ik een uitgestrekt veld met wintertarwe. Over het veld, 1.000 meter in de lengte en 600 à 700 meter in de breedte, lagen rijen infanteristen met een tussenruimte van 10-12 meter. Dit was een afschuwelijk beeld, erger dan men zich kan voorstellen. Zoveel mensen gedood in één aanval, als in een Napoleontische oorlog. Dit schokkende beeld van massaal sterven door machinegeweervuur, een gehele divisie bataljonsgewijs, laten de waanzin van de oorlog en incapabele bevelvoering zien. Het principe: "een kogel is dom, een bajonet geweldig." Soldaten op een rij gingen in de aanval, bajonet op het geweer, schouder aan schouder. Met een tweede rij erachter, die niet kon schieten,*

---

132 Е.Фокина "Хроникафронтовогоразведчика".

gehinderd door hun voorgangers. We verzamelden een paar mensen en onderzochten een paar van de soldaten. De meesten waren mannen van onder de dertig, militair uiterlijk, gekleed in gloednieuwe uniformen. Van een rood zakboekje kwamen we te weten dat degenen die hier aanvielen van de 1ste Luchtlandingdivisie waren. Deze speciaal getrainde en uitgeruste eenheid was geheel vernietigd door amper 10-15 minuten machinegeweervuur. Aan de rand van het veld, niet ver bij ons vandaan, hoorden we een gorgelend gekreun. We kwamen naderbij. Een jonge knaap lag daar, een jaar of twintig, slank, zwart haar, zonder veldmuts. Zijn onderkaak was verbrijzeld door een explosieve kogel. Hij had ook verwondingen aan borst en armen. Alleen zijn ogen, zwarte, expressieve ogen, staarden ons aan, vervuld van ontzetting, smekend. Hij had lang in de regen gelegen, het was de hele nacht slecht weer geweest, en al die tijd buiten bewustzijn. Nu, onder de stralen van de zon, was hij weer bij kennis gekomen. Geweerschoten waarschuwden de kar om terug te komen. We laadden hem op en de kar reed weg. Ik ging kijken bij de Duitse verdedigingslinie aan de rand van de bosschages, een slingerende loopgraaf. Om de 15 à 20 meter was de loopgraaf voorzien van een machinegeweerstelling. Op veel plaatsen stonden ze nog geleund tegen de wand van de loopgraaf. Ik bedoel de mannen die deze loopgraven kort daarvoor nog verdedigden. Ik bekeek er een paar. Ze waren gedood door scherven van antiluchtdoelgeschut dat hun in het hoofd had geraakt. Hier en daar waren met balken beschutte onderkomens met een smalle ingang die de diepte inging. Verschillende lijken lagen op de bodem van de loopgraaf. Hier hadden de Duitsers verloren."

XVII

Johann Wölfel

Britawka [Oekraïne], januari 1944

Noodlot in het achterland
Hoe de staat van een opgegraven helm is, hangt sterk af van de grondsoort, de vochtigheid van de bodem en de diepte waarop hij wordt gevonden. Sommige van deze helmen bezitten nog hun leren binnenwerk. Dat gebeurt overigens niet vaak. Soms is dat echter opvallend goed bewaard, vooral bij helmen die in het moerassige noorden van de Sovjet-Unie worden gevonden. Ook als een helm op grote diepte wordt aangetroffen, kan het binnenwerk nog verrassend goed zijn.

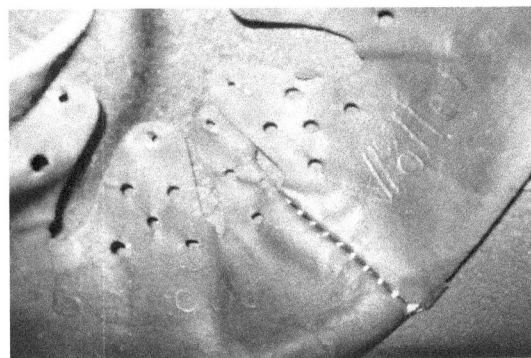

Rond 2013 wordt bij het plaatsje Britawka in de Oekraïne een bijzonder goed geconserveerd exemplaar opgegraven. Dat geldt zowel voor de buitenkant als het leren binnenwerk. Nadat de helm met oxaalzuur is gereinigd, blijkt de originele verf goed bewaard. Hij is voorzien van camouflageverf vermengd met zand, waardoor een korrelig effect is ontstaan. In de rechterzijde van de helm zit een gat, vermoedelijk de inslag van een granaatscherf. Het meest bijzondere is echter dat de naam in het roodbruine leer van het binnenwerk er zelfs na zoveel jaar bijna vanaf spat. In het leer staat met duidelijke letters: 'Gefr. Joh. Wölfel'. Daarbij is de letter W kunstig in elkaar gevlochten.

Een speurtocht naar de eigenaar, met hulp van de Deutsche Dienststelle en de Volksbund, geeft snel resultaat. De combinatie van rang, voor- en achternaam en de vind-

225

plaats van de helm laten er ook deze keer weinig twijfel over bestaan dat deze heeft toebehoord aan Obergefreiter Johann Wölfel, geboren op 21 mei 1907 in Neurenberg, gesneuveld op 22 januari 1944, 250 meter oostelijk van Britawka in de Oekraine. Wölfel is aanvankelijk begraven in Balta, maar later overgebracht naar het verzamelkerkhof in Kirowograd waar hij ligt begraven in het 14de blok, 8ste rij, graf 588.

Een dienende dienst

Johann Wölfel maakte deel uit van Armee-Verpflgungsamt [AVA] 519. Het woord 'verpflgung' zou iemand zomaar op het verkeerde been kunnen zetten. De naam heeft slechts zijdelings iets te maken met medische verzorging. Het Verpflgungsamt was, kort gezegd, een verzorgingsdienst, zeg maar intendance, verantwoordelijk voor de logistieke coördinatie van voeding, huisvesting en verpleging voor het leger als geheel en troepenonderdelen die de eigen divisie voorzagen in het bijzonder. Daarbij ging het om zeer aanzienlijke hoeveelheden. Het dagrantsoen voor een divisie op volle sterkte bijvoorbeeld bedroeg ongeveer 30 ton, exclusief de dagelijkse voorraad voer voor de paarden, ongeveer 70 ton. De 1944 bestond een Armee-Verpflgungsamt uit legerbeambten, onderofficren en manschappen. Een van deze beambten had de leiding, een ander beheerde de geldkas, de rest zorgde voor de operationele uitvoering. De dienst was onderverdeeld in verschillende verzorgingskampen, ieder met een bepaalde categorie voorraad, zoals munitie, brandstof, levensmiddelen en dierenvoedsel. Van de verantwoordelijke leider en zijn mensen werd een hoge mate van improvisatie verwacht. De ene week moest hij 200.000 man bevoorraden, de week erna mogelijk zelfs 400.000. Ook in de kleinere verzorgingskampen hing veel af van het improvisatievermogen van de medewerkers. Het tijdig en in voldoende mate bevoorraden van de troepen was een cruciale factor voor het welslagen van gevechtshandelingen. Het belang van de bevoorrading nam toe naarmate de spanning aan het front steeg. Datzelfde gold overigens ook voor een toename van de moeilijkheden. De variatie van de aanvraag naar goederen, de soms acute behoeftestijging of de wisseling van vraag, stelde hoge eisen aan alle verzorgende eenheden.

Productie, opslag en distributie

De industrie en andere producenten leverden aan depots, magazijnen en kampen, waar het leger de goederen vervolgens afnam. Daarna werden deze, bij voorkeur via het spoor, naar het operatiegebied vervoerd. In uitzonderlijke gevallen ging dat met vrachtwagens. De goederen werden verzameld in bevoorradingskampen, en vandaaruit door verzorgingseenheden naar het strijdgebied van de divisies gebracht. Daar werden afgiftepunten ingericht, waar de bevoorradingseenheden van de verschillende onderdelen hun voorraad konden ophalen. Veel van de goederen bestonden uit munitie, brandstof en houdbare levensmiddelen, zoals conserven, maar ook meel. Brood werd door een zogenoemde Bäckerei-Kompanie [bakkerijeenheid] geregeld. Zij beschikten over eigen middelen, maar maakten ook zoveel mogelijk gebruik van de lokale bakkerijen. Het gebakken brood werd door de verzorgingseenheden opgehaald of door eigen voertuigen naar de uitgifteplaatsen gebracht. De prestatienorm voor een bakkerijeenheid bedroeg 12.000 broden van 1,5 kg per dag.

Bäckerei-Kompanie van de 123ste Infanterie-Division en de 93ste Infanterie-Division.

De bevoorrading van legergroepen en divisies met vlees en worst werd verzorgd door slachterijeenheden en slachterijpelotons. Omdat het voor een divisie onmogelijk was om vlees gekoeld te vervoeren, was het vooral in de zomer van belang om de slachterijpelotons zo dicht mogelijk bij de afgiftepunten te organiseren. Van daar kon het vlees dan snel naar de veldkeukens worden vervoerd. De prestatienorm voor een slachterijpeloton: het slachten en verwerken van 15 runderen of 120 varkens of 240 schapen. Daarnaast, niet vreemd, 3.000 kg worst per dag.

Paardenkrachten in soorten en maten
Paarden waren van het grootste belang. Tot het einde toe was het Duitse leger voor een belangrijk deel op edele viervoeters aangewezen.[133] De aanvoer van nieuwe

---

133 Zelfs in 1944 waren nog slechts 42 van Hitler's divisies gemotoriseerd, terwijl 222 divisies afhankelijk waren van paarden.

paarden was dan ook van vitaal belang. Ook hier werd natuurlijk getracht om paarden uit het operatiegebied te 'rekruteren' en in te zetten. Vanuit Duitsland zelf werden getrainde paarden via het spoor vervoerd naar verzamelplekken van de legerkorpsen. In de Sovjet-Unie kwam het door het overbezette spoorwegsysteem meerdere malen voor dat grote kuddes op stations in Oost-Polen werden uitgeladen en daarna 'te voet' werden verplaatst naar de respectieve operatiegebieden. Daar werden de dieren overgedragen aan de Veterinärkompanien[134] van de betreffende divisies, die ze verder begeleidden en over de troepen verdeelden. Het voor een paard vastgesteld dagrantsoen: ongeveer 10 kg voor een rijpaard [5 kg. haver, 3,5 kg hooi, 1,5 kg stro] en voor een trekpaard 14,5 kg [6,5 kg haver, 5 kg hooi, 3 kg stro]. Eenheden lichte en zware artillerie beschikten voor de bevoorrading van munitie over een kolonne lichte artillerie. Deze kolonnes waren gemotoriseerd, maar bestonden voor een deel uit door paarden getrokken wagens. De ladingscapaciteit per afdeling bedroeg 28 respectievelijk 36 ton.

Natuurlijk was ook de aanvoer van brandstof van het grootste belang. Vrachtwagens waren aan wegen gebonden, zogenaamde 'Rollbahnen', veelal breed uitgewaaierde en meestal onverharde routes. Het bereik van de vrachtwagens was ongever 150 km per dag bij een gemiddelde snelheid van 25 tot 30 km/u. Speciale tankwagens voor de brandstof werden, behalve bij de Luftwaffe, niet gebruikt. Daarom moest de brandstof worden overgeheveld in 200 liter vaten en 20 liter jerrycans en vervolgens met de voor het terrein geschikte, voornamelijk uit drietonners bestaande vrachtwagens van de merken Opel, Ford, Mercedes, Borgward, KHD en Büssing-NAG naar het front vervoerd. Maar ook ging het transport met paard en wagen en soms zelfs met door ossen getrokken voertuigen. De snelheid lag daardoor natuurlijk aanzienlijk lager, maar men was niet aangewezen op hoofdwegen.

De logistiek belangrijke goederen zorgden voor eenheden zoals die van Johann Wölfel voor nagenoeg onoplosbare problemen. Zij droegen in grote mate bij aan de uiteindelijke nederlaag van Duitsland. Weersomstandigheden hinderden het verkeer en maakten transporten soms bijna onmogelijk. Bij droogte in de zomer was het fijne stof van de onverharde wegen een ware kwelling voor de soldaten. Stof dat tot in alle hoeken en gaten doordrong bij mens en machine en het zicht ernstig beperkte. Bovendien zorgde het voor een snellere slijtage van voertuigen. In het voorjaar en de herfst maakten modder en overstromingen de wegen nagenoeg onbegaanbaar. Bij extreme vorst bevroren de motoren en de aandrijvingssystemen van de voertuigen.

---

134 Dierenarts compagnieën.

Het spoorwegennet was verre van fijnmazig en had bovendien een andere spoorbreedte, zodat, vanaf de Pools-Russische grens, slechts gebruik gemaakt kon worden van buitgemaakt spoorwegmateriaal. Het eveneens weinig uitgebouwde wegennet bestond overwegend uit door pioniers en RAD-eenheden aangelegde knuppelwegen en onverharde paden. Talrijke moerassen en rivieren moesten worden overgestoken, wat de transporten vertraagde. Hinderlagen en sabotagedaden van partizanen waren ook een factor om rekening mee te houden. Door oververmoeidheid van de chauffe rs vonden er veel ongelukken plaats. Ook het zwaar op de proef gestelde materieel liet het regelmatig afweten. In de sector van Heeresgruppe Mitte viel bijvoorbeeld in de zomer van 1941 bij iedere bevoorradingsrit gemiddeld 30% van de voertuigen uit. Hierdoor moest een bonte hoeveelheid van in beslag genomen en buitgemaakte voertuigen worden ingezet. Het onderhoud van de voertuigen zorgde eveneens voor veel problemen, zoals op het gebied van reserveonderdelen.

Zolang de aanvoer functioneerde, waren de soldaten redelijk goed verzorgd. Bij grotere acties stonden er rantsoenen ter beschikking, die vaak voor meerdere dagen werden uitgegeven. Als deze waren opgebruikt, kon de bataljonscommandant het zogenaamde 'ijzeren rantsoen' vrijgeven. Dit bestond uit een blik vlees en een pak biscuit. Tijdens een aanval of in de voorste linies vond de bevoorrading 's nachts plaats, of bleef deze geheel achterwege. In die gevallen leden de soldaten honger.

Het thuisfront
Het moge duidelijk zijn: Johann Wölfel en zijn kameraden hadden geen eenvoudige klus. Dat het werk bovendien niet ongevaarlijk was, blijkt wel uit zijn sneuvelen. Die dag, zaterdag 22 januari 1944, bevond Johann zich nabij het dorpje Britawka. De Duitsers waren sinds de ommekeer bij Stalingrad geleidelijk steeds verder teruggedreven tot ongeveer het midden van de Oekraïne. Johann bevond zich die omineuze dag ongeveer 60 kilometer achter het front. Toch wist de dood hem te vinden. Wie was deze Johann Wölfel. Welk lot trof hem?

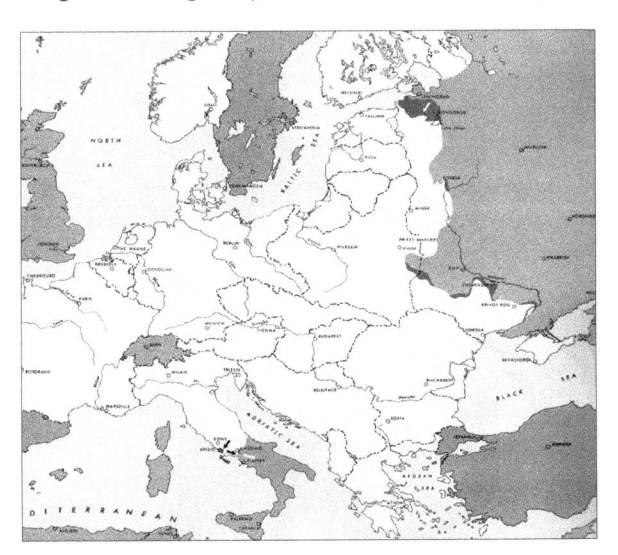

De zoektocht naar familieleden gaat moeizaam. Aanschrijven van in het Duitse telefoonboek gevonden families met de naam Wölfel leidt niet tot succes. Een brief aan het stadsarchief in Neurenberg levert wel wat op. Uit hun informatie blijkt dat Johann Wölfel de zoon is van Georg Wölfel en Babette Volland.[135] Johann trad op 27 september 1934 in Neurenberg in het huwelijk met Else Heck. Samen betrokken zij in deze stad van het speelgoed een woning in de Sulzbacherstraße 152. Johann was eigenaar van een winkel in zuivelproducten.

Met deze aanknopingspunten ondernemen we een nieuwe poging om met familieleden in contact te komen. We schrijven meerdere families met de naam Heck in Neurenberg en omgeving. Helaas wederom zonder resultaat. Niemand lijkt de zuivelhandelaar Johann Wölfel te kennen. We besluiten een laatste poging te wagen en schrijven enkele families met de naam Volland, de meisjesnaam van Johanns moeder. Groot is onze blijdschap als een van de brieven via via in handen komt van Suzanne Wölfel, Johanns in 1938 geboren dochter. Natuurlijk was Suzanne uiterst verrast. In een telefoongesprek vertelt ze het volgende over haar vader:

"Ik ben in 1938 geboren en had ook nog een in 1936 geboren broer die helaas is overleden. Mijn vader was zuivelhandelaar van beroep. Nadat hij in het leger moest, heeft mijn moeder de winkel opengehouden. Ik was erg jong toen mijn vader de oorlog inging. Ik heb dan ook niet veel herinnering aan hem, maar naar wat ik mij herinner, was het een vriendelijke, lieve man. Mijn vader was lange tijd in Rusland of in de Oekraïne. Mij is verteld dat hij is omgekomen in de Oekraïne, toen hij met zijn vrachtauto op een mijn reed. Nadat mijn vader was gesneuveld, sprak mijn moeder nog regelmatig over hem. Bijvoorbeeld aan tafel, tijdens het eten, zei zij dingen als "Vader zou nu dit of dat gezegd hebben." Mijn moeder deed er veel aan om de herinnering aan hem levend te houden. Ik heb een grote wens om nog eens het graf van mijn vader te bezoeken. Zover ik weet ligt hij begraven in een plaats genaamd Balta."

Suzanne vertelde ons verder dat er nog enkele foto's van haar vader bewaard waren gebleven. Het waren er niet veel, slechts vier. Niet veel later kregen we van haar kopieën van die foto's en van enkele brieven toegestuurd. Zo krijgt Johann Wölfel toch nog een gezicht. Door zijn brieven aan zijn vrouw Else leren we de man achter de opgegraven helm een klein beetje kennen.

14-04-1941
  Lieve Else en kinderen!
Het is vandaag de tweede paasdag. Het is verschrikkelijk om op zulke dagen gescheiden te zijn van zijn allerliefsten. Op feestdagen duiken immers de meeste en mooiste her-

---
[135] Roepnaam Else.

inneringen op. Mijn gedachten zijn daarom in het bijzonder vandaag heel sterk bij jullie. In gedachten beleef ik hoe onze lieve kinderen zich verheugen en zoeken om het vele lekkers te vinden. Nu je niet hoeft te werken, zullen jullie bijzonder veel plezier hebben gemaakt. Jullie zullen ook wel bij E. zijn geweest en veel paaseieren hebben gevonden. Maar als het weer geweest zou zijn als bij ons, dan had je niet veel in de tuin kunnen zijn. Het regende hier voortdurend. We hebben dan ook de hele dag op onze britsen gelegen en over het vaderland gesproken. Ieder vertelde hoe het er op deze dagen bij hem thuis aan toeging. We hadden allemaal de hoop om volgend jaar weer thuis te zijn. Deze hoop hebben wij ook toch, lieve Else? [...] We hebben ook hier in het leger veel te verdragen, wat ons niet altijd behaagt, maar het moet zo zijn, opdat het weer vrede wordt. Voor ons is de strijd, tot onze spijt, nog niet begonnen. We zijn nog altijd in onze gebouwen. We denken echter dat onze inzet spoedig zal beginnen, zodat wij ons kunnen bewijzen. Het wordt ook zo langzaamaan tijd. De dienst is steeds maar hetzelfde. Je zou kunnen zeggen dat we er goed van bijkomen, omdat we aan de omgeving zijn gewend en er niet meer zo naar kijken als in het begin. Ik heb gisteren jouw zevende brief ontvangen. Beide pakjes heb ik op 4 IV al ontvangen. De post arriveert heel verschillend, hoewel er bij ons 2x per dag post wordt gehaald. Het komt voor dat een later verstuurde brief toch eerder aankomt. Dat ik geen paaspakketje heb ontvangen was wat deprimerend, maar gelet op jouw omstandigheden heel begrijpelijk. Het is ook niet erg. Bij ons kwam de paashaas. Hij heeft ieder een pakje koeken en 30 verschillende bonbons gebracht. We mogen dus niet klagen. Bovendien moet ik je ook steeds weer schrijven dat het mij hier goed bevalt. Daardoor kan ik goed verdragen dat niet alles is zoals het zou moeten zijn. Schrijf mij maar snel hoe jullie de feestdagen hebben doorgebracht. En verder zullen we tevreden zijn. Wees hartelijk gegroet en gekust.

Jullie papa.

We weten niet waar Johann zich ten tijde van het schrijven van deze brief bevond. In ieder geval was hij niet meer in Duitsland. Kennelijk was hij in afwachting van een inzet. De volgende brief is van een kleine acht maanden later, namelijk van 3 januari 1942. Johann bevond zich toen in Stalino,[136] in het oosten van de Oekraïne, het huidige Donetsk. Stalino was een industriestad met kolenmijnen in de omgeving. De stad lag in een steppelandschap, omgeven door wouden en heuvels. Op 28 oktober 1941 werd het door de Duitsers bezet. Kort voor de

---

[136] Tot 1924 heet de stad Jusowka, naar zijn stichter, de Welshman John Hughes. In 1924 werd zij Stalino genoemd, ter ere van Jozef Stalin.

Duitse bezetting vluchtten bijna 200.000 inwoners, ongeveer 40% van de bevolking, waaronder veel joden, naar het oosten, zodat in oktober 1941 nog ongeveer 290.000 mensen in de stad woonden.

Johann in de omgeving van Balta.

Johann schrijft:

Stalino, 3. 1. 42.
  Mijn liefsten!
  Lieve Else, is je vandaag ook iets opgevallen? Ondanks dat het een drukke dag was, ging er heel wat door mijn hoofd. Vorig jaar was het een vrijdag [3 januari]. We hadden toen heel veel sneeuw. Jij ging die dag mee met het wegbrengen van de melk, en ik was zeer verheugd over hoe goed wij samenwerkten. Wat een teleurstelling, toen intussen het oproepbevel thuis lag. Hoeveel is er in de tussentijd wel niet gebeurd. Nooit hadden wij ons kunnen voorstellen wat voor een tijd ons te wachten stond. We mogen nog dankbaar zijn dat het zo is als nu, want hoeveel ongeluk heeft de oorlog wel niet in vele families gebracht. Ik denk dan daarbij aan de zoon van mevrouw Schmidt en aan de jonge Danninger. We waren tot eind november een klein team van 13 man. Een paar dagen voor onze aflossing sneuvelde er een van ons. Degene die eraan moest geloven, was nog wel de rustigste van ons allen. Nooit had hij met iemand ruzie. Het had hem echter gelijk zo te pakken dat we niets meer van hem terugvonden, zelfs niet zijn bajonet of zijn naamplaatje. We konden simpelweg niets meer van hem vinden. Hij zal dan ook vermist blijven. Hij was een molenaarszoon uit Roding en ook enige zoon. Daar zijn vele plannen in duigen gevallen. Dus zijn we blij dat het nog zo is, en hopen dat het zo blijft. Ik verheug mij toch zo op de dag dat ik weer voor altijd bij jullie zijn mag.

Wat is het bij jullie voor weer? Bij ons is het verschrikkelijk koud. In mijn hele leven heb ik nog nooit zo'n kou beleefd. Tot min 40 graden hebben we gehad, en daarbij een sneeuwstorm met een wind die als naalden in je gezicht steekt. In vijf minuten kan je neus zijn bevroren. Veel soldaten lopen al met een ingezalfde of ingepakte neus rond. Over mij hoef je je geen zorgen te maken. Ik kan me bij dit weer zeer goed bedekken. Ik heb, toen we nog in Taganrog waren, een echte gewatteerde Russische broek laten maken, waar ik nu veel plezier aan beleef. Ook heb ik twee paar handschoenen. Ik zal je schrijven wat ik zoal aan heb: sokken en voetlappen, een onderbroek, de grauwe legerbroek, daarover de 'Russenbroek', een hemd, een pullover, veldblouse, een hoofdbeschermer en daaroverheen de veldmuts, welke over je oren geslagen wordt, en dan nog de jas, in het Russisch 'Karosch' genaamd. Bovendien is de weg van het kwartier naar het kamp maar vijf minuten en overal is het goed verwarmd, dus geen zorgen. Wees hartelijk gegroet en gekust.

Jullie papa.

Steenkoud is het in januari 1942 in de Oekraïne inderdaad en zeker niet ongevaarlijk zoals blijkt uit Johanns brief. In ieder geval lijkt hij er beter aan toe te zijn dan de soldaten in de frontlinies. Johann is goed gekleed en er zijn voldoende mogelijkheden om zich te warmen. Elf maanden later schrijft Johann de laatste brief die we van hem hebben. Anderhalve maand later zal hij sneuvelen in de Oekraïne bij het dorpje Britawka. Waar hij zich ten tijde van het schrijven van de brief bevindt, weten we niet. De brief vermeldt slechts *'Im Osten'*, maar het zal ongetwijfeld in de Oekraïne zijn geweest.

"Afz. Obgfr. Wölfel nr. 20

In het oosten 7.12.43.

Mijn lieve Else en kinderen!

Eindelijk kwam gisterenavond een brief van je aan. Het heeft mij na zo'n lange tijd enorm verheugd weer eens door jou geschreven regels te kunnen lezen. Het is toch mooi om te weten dat jullie een goede verblijfplaats hebben. De Engelsen gaan nog wel even door met hun gemene acties.[137] *Blijf rustig daar waar je nu bent. Ik denk dat het te vroeg is om nu terug te keren. Voor jullie maakt het ook niet uit waar je bent. In ieder geval zit je in Jagstheim*[138] *goed. Als de mensen uit Essen vertrekken zul je nog meer plaats hebben. Hopelijk kan je het daar nog goed naar je zin maken en ik verheug mij nu al op*

---

137 Hier worden de bombardementen op Duitsland bedoeld.
138 Jagstheim ligt in een prachtig gebied van Duitsland, niet ver van de Romantische Strasse. Geen gebied met strategische industrie en daarom vrij van zware bombardementen.

mijn volgende verlof. Hier gaat alles zijn gangetje. Het gaat met mij goed en ik hoop met jullie ook. Twee dagen geleden was het precies een jaar terug dat ik voor de eerste keer met verlof ging. Helaas zullen jullie kerstmis alleen moeten vieren. Dan vraag ik je mijn liefste, vier het zo alsof ik erbij ben. Laat van de treurigheid van deze tijd niets aan de kinderen merken. Ik ben in gedachten steeds bij jullie en tijdens dergelijke feestdagen in het bijzonder. Ik wens jou en onze beide kinderen een vrolijk en gelukkig kerstfeest en een gezond Nieuwjaar. Wees voor nu hartelijk gegroet en gekust van jullie papa!

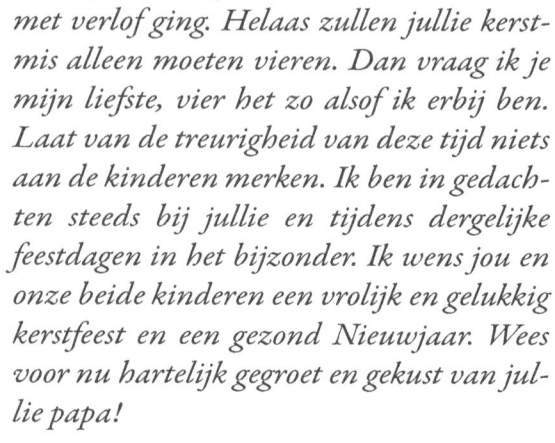

Partizanen

Niet lang na het verzenden van deze brief komt Johann Wölfel om het leven. Bij het dorpje Britawka rijdt hij op 22 januari 1944 met zijn wagen op een mijn. Aangezien Britawka op dat moment een flink eind achter de frontlinie ligt, moet het leggen van de mijn een actie van partizanen zijn geweest. Johanns lichaam wordt

Johann met granaat.

Johann en Else op hun trouwdag.

Johanns graf in Kirowograd.

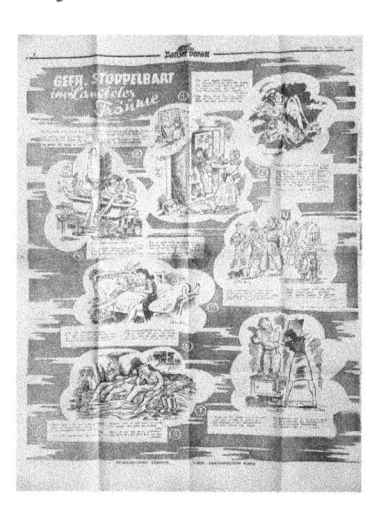

overgebracht naar een Duits kerkhofje in Balta in het Westen van de Oekraïne, niet ver van de grens met Moldavië. Zo'n vijftig jaar later worden zijn stoffelijke resten overgebracht naar het grote Duitse verzamelkerkhof in Kirowograd. Johanns dochter Suzanne is haar vader nooit vergeten en heeft altijd de wens gehad zijn graf te bezoeken. In 2018 weet zij op 82-jarige leeftijd haar wens eindelijk in vervulling te laten gaan en bezoekt zij het graf van haar vader. Op het kerkhof van Kirowograd, waar 21.000 mannen rusten, zijn de namen van de daar ter aarde bestelde soldaten gebeiteld in granieten blokken. Met ondersteuning van de Duitse gravendienst liet Suzanne op het graf van haar vader een stenen grafplaat plaatsen. Haar langgekoesterde wens was in vervulling gegaan.

XVIII

Alois Enggruber

Stalingrad, november 1942 – Montenegro, november 1944

Geelzucht

Helmen met daarin geschilderd een naam, in combinatie met een veldpostnummer, zijn altijd interessant, vooral omdat dat veldpostnummer direct aangeeft tot welke eenheid de soldaat behoorde. Dat geldt ook voor de in de steppe bij Stalingrad gevonden helm van Alois Enggruber. Boven diens naam staat veldpostnummer 04561. Raadpleging van het Duitse veldpostregister laat zien dat Alois deel uitmaakte van Gerätestaffel Strassenbau-Bataillon 521, de apparatenploeg van een wegenbouwbataljon. De helm is in redelijke staat. Een deuk in de bovenkant, wat roest, een restant van het adelaarsdecal,[139] maar de naamschildering is uiterst interessant.

We boffn, niet voor de eerste keer. Enggruber is een naam die maar weinig voorkomt in Duitsland. In het Duitse gravenregister staat maar één soldaat vermeld met de naam Enggruber. Alois.

Daarin vinden we hem terug als Obergefreiter[140] Alois Enggruber, geboren op 24 mei 1913 in Kronawitten en gesneuveld op 8 november 1944 te Orahovac in Montenegro. Een opvallend gegeven: de helm is gevonden bij Stalingrad, maar

---

139 Decal is een chique naam voor sticker.
140 Soldaat 1ste Klas.

dat is kennelijk niet de plaats waar Alois om het leven kwam. Dat vraagt om nader onderzoek.

We beginnen bij de Deutsche Dienststelle en ontvangen al snel de informatie dat het graf van Alois zich bevindt in Podgorica in Montenegro en dat zijn laatste onderdeel 3./Pionier-Batallion 222 was. Bij diezelfde Dienststelle is ook bekend dat Alois op 22 oktober 1942 deel uitmaakte van de 1ste Kompanie Strassenbau-Bataillon 521.

Kronawitten, geboorteplaats van Alois, blijkt een gehucht te zijn dat deel uitmaakt van Simbacham Inn in het uiterste zuiden van Duitsland, enkele kilometers van de grens met Oostenrijk. Via contact met die gemeente komen we erachter dat Alois de zoon was van Ludwig Enggruber en Amalie Metzl, beiden katholiek. Na een speurtocht door het Duitse telefoonboek krijgen we uiteindelijk contact met een kleinzoon van Alois, eveneens een Alois, vernoemd naar zijn grootvader.

Alois Enggruber

Via deze kleinzoon komen we iets meer aan de weet over de mens Alois Enggruber. In oktober 1936 trouwde hij met Th rèse Ammer. Uit dit huwelijk werd in 1937 een zoon geboren, in lijn met de familietraditie Alois genoemd. Twee jaar later werd er nog een zoon geboren. Hermann. Hermann overleed echter al op tweejarige leeftijd aan longontsteking.

Alois was werkzaam als arbeider in de landbouw. Veel meer informatie heeft kleinzoon Alois helaas niet over zijn grootvader. Wel beschikt de familie over diens Wehrpass en een bidprentje. In de Wehrpass staan belangrijke persoonlijke en militaire gegevens, zoals de eenheid waartoe een militair behoorde, diens opleidingen, bevorderingen, orderscheidingen en gevechtservaring. In geval van overlijden werd het boekje aan de familieleden gezonden. Wij ontvangen kopieën van de foto's en het document.

Soldaat Enggruber

De Wehrpass is een op 18 mei 1943 nieuw uitgegeven exemplaar aan een lid van het voormalige 6de Leger. Vermoedelijk is Alois' oorspronkelijke Wehrpass verloren gegaan in Stalingrad en heeft hij dit exemplaar ter vervanging ontvangen. Uit de persoonlijke informatie blijkt dat Alois zijn moeder op 4-jarige leeftijd verloor. Zij overleed in 1917. Ook zijn vader overleed vrij vroeg. Dat was in 1932. Alois was toen 19 jaar oud. Hij heeft zijn opleiding genoten aan de Volksschool en werd 20 juli 1939 als dienstplichtig soldaat ingelijfd bij de Wehrmacht en opgeleid tot 'Bausoldat'. Op 20 maart 1940 werd hij beëdigd en, na de opleiding, werd hij toegevoegd aan Wegenbouwbataljon 521.[141]

Kort na de Duitse inval in Frankrijk, tussen 6 juni en 23 augustus 1940, verbleef Alois in Frankrijk als onderdeel van de bezettingstroepen. Tussen 26 juni en 2 juli werd hij ingezet ter beveiliging van de demarcatielijn. Deze markeerde de grens tussen een deel van Frankrijk, dat de Duitsers tijdens de eerste jaren van de Tweede Wereldoorlog bezet hielden en de niet bezette vrije zone, Vichy-Frankrijk. De demarcatielijn bestond van 22 juni 1940 tot november 1942. Op 11 november 1942 bezetten de Duitsers ook Vichy-Frankrijk, maar ook na die bezetting werd deze interne grens alsnog bewaakt.

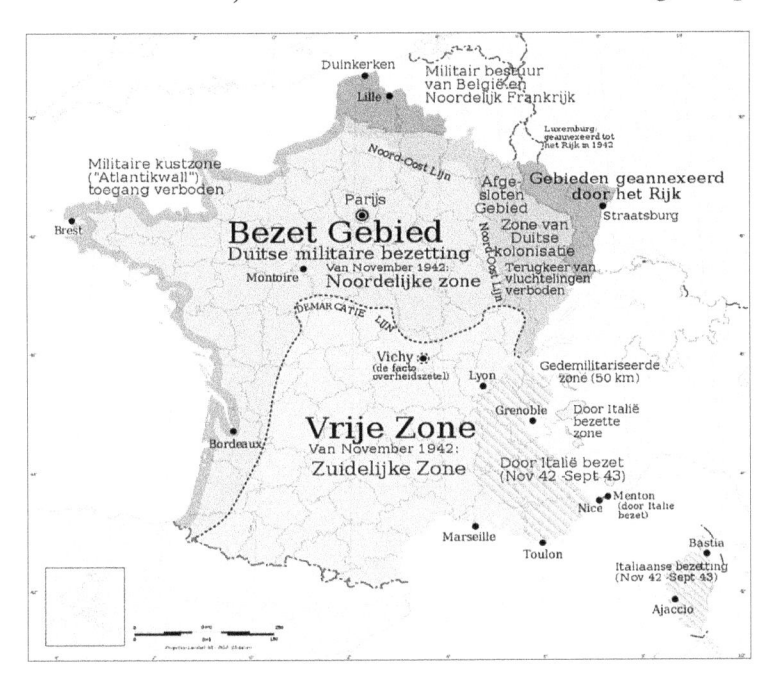

Op 24 augustus 1940 verliet Alois het zonnige Frankrijk en vertrok hij met zijn eenheid naar het oosten van Duitsland, ter beveiliging van de Duitse buitengrens. Daar bleef hij tot de start van operatie Barbarossa. Zijn eenheid maakte deel uit van het 6[de] Leger dat aan de oevers van de Bug[142] lag. Generaloberst Ewald von Kleist en zijn Panzergruppe 1 hadden opdracht een bres te slaan in de verdedigingslinie van de Sovjets, en vervolgens in tempo op te rukken, eerst in de richting van de Dnjepr ten zuiden van Kiev, waarna het zuidwaarts, langs de oever van de Dnjepr achter het Sovjet-Russische Zuidwestelijk Front moest doorstoten naar de Zwarte Zee. Voor de aanval had zich in het geheim een enorme troepenmacht verzameld in verscholen posities in bossen

---

141 Str. B. Btl. 1/521.
142 In het Nederlands Boeg.

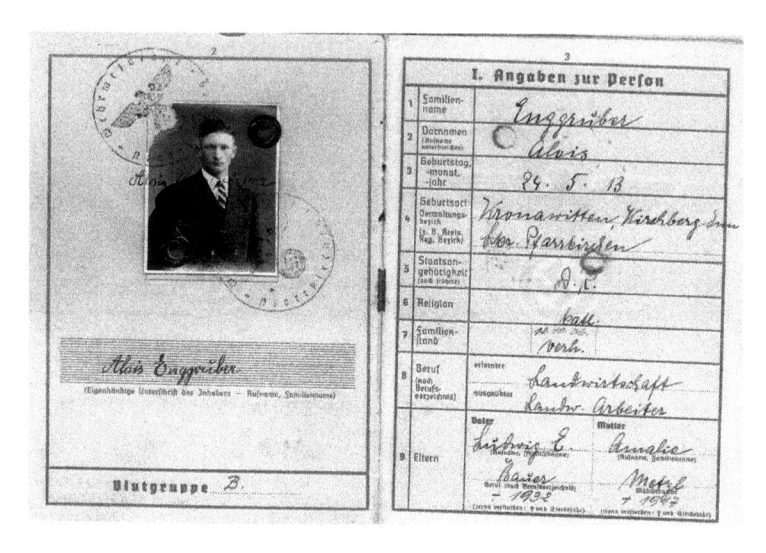

en velden nabij en langs de Bug. Honderdduizenden wachtten die nacht van de 22ste juni 1941 op wat er ging komen. Auteur Paul Carell laat een van die mannen aan het woord:

"22 juni 1941 om 03.00 uur.

Het is donker. De zomernacht ligt loom over de oevers van de Bug. De stilte wordt nu en dan verstoord door het rammelen van een gasmaskerbus. Verderop bij de rivier kwaken de kikkers. Wie toen, in de nacht van 22 juni, als lid van een stoottroep of aanvalsgroep in de oeverweiden van de Bug heeft gelegen zal die krakende baltsroep van die kikkers nooit meer vergeten."[143]

Dan, om 03.15 uur, verstomt de kikkerzang. De Duitse artillerie neemt het kwaakconcert over. De Duitse troepen stormen voorwaarts. Na de overgang over de Bug en het doorbreken van de grenslinies wordt ook de Styr overgestoken. Begin juli bereikt het 6de Leger de Stalinlinie, een verdedigingslinie die al sinds 1929 langs de westgrens van de Sovjet-Unie liep. Deze strekte zich uit van de Oostzee tot de Zwarte Zee, langs plaatsen als Narwa, Mogilew, Gomel en Schitomir en langs de Dnjestr tot Odessa. Na hevige gevechten weten de Duitsers op 13 juli door deze linie heen te breken. Al die tijd is Alois druk in de weer. Zo was hij ook zijdelings betrokken bij gevechten ten noorden van Schitomir, een historische stad in het noorden van de Oekraïne. Schitomir was een vervoersknooppunt op de oude route tussen Kiev en het Westen, via Brest, en daarmee van groot strategisch belang voor de Duitsers. Na de verovering van de stad[144] gaat het richting Kiev. Het 6de Leger dat optrekt vanuit het gebied rond Schitomir, vordert slechts moeizaam. Het heeft zware aanvallen vanuit het noorden te verduren van het 5de Sovjetleger. Langs de noordflank van het leger loopt het zo goed als ontoegankelijke gebied van de Pripjatmoerassen. Het gaat nu stapje voor stapje. In de Wehrpass van Alois

---

143 'Unternehmen Barbarossa'. Auteur: Paul Carell Uitgever: Verlag Ullstein GMBH, Frankfurt/M 1963.
144 9 juli 1941.

staat dat hij tussen 22 augustus en 9 september bij de strijd om de bruggenhoofden bij Gornostaipol en Ostjer was betrokken. Deze gevechten waren onderdeel van de grote omsingelingsslag bij Kiev. Op 23 augustus bereikt de voorhoede van de 111de Infanteriedivisie de grote brug over de Dnjepr bij Gornostaipol. Spoedig volgt een overrompelingsaanval. Henning Stühring, auteur van 'Als der Osten brannte', neemt ons mee in de wereld van de frontsoldaat: *"Op 23 augustus rolt het gemechaniseerd geschut van de 191ste Brigade, die als tactisch teken een buffel voert, noordelijk van Kiev in de richting van de Dnjepr. Luitenant Bingler van de 3de Batterij krijgt opdracht om de brug over de Dnjepr in een verrassingsaanval in te nemen en een bruggenhoofd op de oostelijke oever te vestigen. De doortastende jonge man met de dichte doorlopende wenkbrauwen en de doordringende blik is vastbesloten om het bevel onder alle omstandigheden uit te voeren. Zijn geschut, met een woord gezeten pioniers, raast in volle vaart naar het oosten. Plotseling wordt er geschoten. Aan de horizon tekent zich het brede lint van een rivier af. Bingler weet het direct en roept: "Dat is de Dnjepr". En de luitenant ziet ook het doel, de brug, voor zich opduiken. Maar onder de ijzeren bogen verdringen zich, tussen de soldaten van het Rode Leger, nog veel burgers. Boeren die met paard en wagen naar het oosten vluchten. Maar het bevel is duidelijk: Bingler zal de brug moeten innemen. Twijfelt hij, dan moet hij er rekening mee houden dat de vijand de brug zal opblazen. Bingler kent geen scrupules.*

StuG III [Strumgeschütz] Ausf B 3.

Vol gas stormt zijn rijdende artillerie de brug op. Een deel van de burgers en karren raakt onder de rupsbanden, dat hout en botten versplintert. Enkele Sovjetsoldaten schieten met pistolen op de gepantserde voertuigen. De pioniers, van wie er één gewond raakt, schieten uit alle lopen terug. Plotseling raast hun een vrachtwagen tegemoet. Uitwijken is onmogelijk. Deze zware vrachtwagen neemt de volle breedte van de rijbaan in. Mijn god! Pure zelfmoord. Ook het geschut van Bingler rijdt vol gas verder. Nog 10 meter, nog 5, nog 3... dan een ongelofelijke knal. Van de vrachtwagen blijven alleen puinhopen over.

Het rijdende geschut is onbeschadigd, maar breekt met de rechtervoorzijde door de rechterzijkant van de brug. Het gevaarte stort niet in het water maar blijft hangen. Als verbindingsman Polster het luik opent, klinkt een schot. De kogel slaat door zijn bovenarm. Zijn kameraden hebben meer geluk. Als door een wonder is geen van de pioniers gewond. Eén voor één lukt het de mannen om het voertuig te verlaten. Met uitzondering van de gewonde verbindingsman die in het voertuig blijft en ondersteuning aanvraagt. Voorzichtig klimmen de mannen uit het voertuig om het niet de diepte in te laten storten. Vanaf de oostoever schiet Iwan. Dan naderen de beide andere gemechaniseerde stukken geschut van de batterij. Terwijl commandant Nietten vanaf de westoever vuursteun geeft, rolt commandant Labusch de brug op. Zijn geschut rijdt de gehavende voertuigen voorbij en bereikt de oostelijke oever. De overrompelingsaanval lijkt gelukt, maar de tegenstander laat niet los. De brug moet worden vernietigd. Een uit zes soldaten bestaand commando sluipt naar de brug met de bedoeling hem op te blazen. Ze worden ontdekt en uitgeschakeld. 's Avonds rijdt een vrachtwagen vanaf vijandelijk gebied in de richting van de brug. Een 7,5 cm granaat stopt hem. Met een knal vliegt de met brandstof geladen auto de lucht in. Benzinevaten worden als raketten de lucht in geslingerd om brandend terug naar de aarde te vallen. Als luitenant Bingler de volgende dag het luik van zijn voertuig opent om beter te kunnen waarnemen, valt er een schot. Voor de jonge officier voor de laatste keer. De kogel doorslaat zijn helm en scheldeldak. Die avond wordt de brug aangevallen met kanonneerboten die over de Dnjepr komen aanvaren. De aanval wordt afgeslagen. Daarbij lukt het zelfs om met een pantsergranaat een boot tot zinken te brengen. Flak-geschut[145] slaagt erin de Sovjets te verdrijven. Dan verschijnen er vliegtuigen. Het luchtafweergeschut weet drie vliegtuigen neer te schieten. Desondanks wordt de brug getroffen door een brandbom en gaat in vlammen op. Het gemechaniseerde geschut van Bingler dat de vorige dag door de reling van de brug was gestoten en op de brug achterbleef, is ondertussen door de reling in de Dnjepr gestort en in de diepte verdwenen. De gesneuvelde luitenant Bingler krijgt postuum het ridderkruis. De verrassingsaanval op de brug

---

145 Flugabwehrkanone, luchtafweergeschut

over de Dnjepr bij Gornostaipol was vergeefs, zoals ook alle mensenoffers nutteloos waren. Het overgrote deel van de Duitse troepen staat nog op de westoever."[146]

Oversteek over de Dnjepr.

Nadat de brug bij Gornostaipol is vernietigd, kunnen de Sovjets niet verhinderen dat er een pontonbrug wordt gebouwd. Deze is niet breed. Er ontstaat dan ook een enorme opstopping. Toch weet het 6[de] Leger de rivier over te steken en kan het verder met de uitvoering van de omsingeling van Kiev. Tot 28 september neemt Alois hieraan deel. Het wordt een drama voor de Sovjets. Rond de 665.000 soldaten raken krijgsgevangen. Daarnaast veroveren de Duitsers 884 tanks, 418 tankafweerkanonnen en 3.018 stukken geschut. Met deze cijfers in het achterhoofd is de omsingeling van Kiev te beschouwen als een van de grootste belegeringen uit de geschiedenis.

Na deze slag neemt Alois deel aan achtervolgingsgevechten, onder meer bij Pssjol. Dan gaat het verder richting Charkow en Belgorod, waar hij in oktober meevecht tijdens de strijd om beide steden. Op 26 oktober 1941 staat in zijn Wehrpass de volgende korte zin te lezen: "Kämpfe am oberen Donez und am Don Ssemina." De paar regels daarna zijn vervaagd en daardoor onleesbaar. Pas op 22 september 1943, bijna twee jaar later is de tekst weer enigszins leesbaar. Maar ook zonder zijn aantekeningen kunnen we Alois volgen. De route van het 6de Leger wijst ons de weg.

---

146 Als der Osten brannte: Erlebnisse aus dem Russlandfeldzug – Fall Barbarossa 1941/42. Henning Stühring 2010.

Na de inname van Charkow en Belgorod bleef het 6de Leger in deze omgeving en vocht daar tegen de winteroffnsieven van de Sovjets. Alois verdiende daarmee de zogenaamde Ostmedaille, de medaille 'wintergevechten aan het Oostfront'. Die winter van 1941-1942 was ongemeen streng. De winterkleding kwam niet of veel te laat. Bescherming tegen de kou moest voortdurend worden geïmproviseerd. Uit buitgemaakte dekens en huiden werden capes gemaakt. De soldaten trokken elk kledingstuk aan dat ze maar hadden, en daaroverheen de veldgrauwe zomerjas. Maar de afgedragen uniformen boden weinig bescherming tegen de kou. Als men tijdens de strijd langere tijd moest liggen, bevroren de ledematen. Gewonden die niet snel afgevoerd konden worden stierven snel. Men probeerde vooral de Russische viltlaarzen buit te maken. Het dragen van hardbevroren leren laarzen met kou geleidende spijkers in de zool stond als snel gelijk aan bevroren voeten. Achter het front, in het achterland, knutselden soldaten schoenen van stro in elkaar. Onder de ijskoude helm droeg men vaak mutsen. Vooral met de ijzige wind was het bijzonder oppassen. Henk Kistenmaker, een Nederlandse soldaat van SS-Wiking, zegt daarover: *"Het was weer harder gaan waaien, wat ongunstig was, want door de wind werd het ook veel kouder. Wij gingen op stap, de voorste man hield de slee vast, de man achter hem greep zijn voorganger beet, enzovoort, zodat een lange rij ontstond. Dit was noodzakelijk, omdat de wind van voren kwam en je je ogen niet kon openhouden vanwege de kou en de sneeuw die er werd ingeblazen. Zo strompelden wij verder. In het eerstvolgende dorpje ging ik een van de huizen binnen en vroeg de bewoonster om een 'trapka', wat zoiets als lap of dweil betekent. Even later kwam ze met een paar gore lappen terug. Die wikkelden wij om ons gezicht. Op die manier zouden onze wangen niet meer bevriezen en hadden we het niet zo koud meer. We moesten onderling opletten, want als iemand een witte wang kreeg, moest deze plek ogenblikkelijk met sneeuw worden ingewreven. Deed je dat niet, dan ging de bewuste plek etteren, net als een brandwond. Er waren, vanwege de ijzige kou, ook heel wat soldaten die bevroren voeten kregen. Die moesten dan later worden geamputeerd."*[147]

---

[147] 'Wiking'. Auteur: Henk Kistenmaker, 2008. Just Publishers BV.

Deze winter vol verschrikkingen werd doorstaan in winterstellingen. Met de moed der wanhoop had het Duitse leger zich vastgeklampt aan dorpjes en huisjes om beschutting te vinden tegen het Rode Leger én de kou. Met de komst van de lente werd Alois op 1 april 1942 bevorderd tot Gefreiter [Soldaat 1ste Klas].

In mei 1942 waren de Duitsers in het zuidelijke deel van het Oostfront weer volop bezig met aanvalsoff nsieven die later dat jaar bij Stalingrad zouden stranden. Maar voor het zover kwam, werd die maand een omsingelingsslag uitgevochten ten zuidwesten van Charkow. Het werd, opnieuw, een grote nederlaag voor het Rode Leger. Daarna zetten de Duitsers het off nsief voort. Tussen 30 juni en 24 juli 1942 werd het 6de Leger ingezet bij Woronesh. Eerst viel het vanuit het gebied Belgorod-Woltschanks de linies van het 21ste Sovjetleger aan. Tot 2 juli rukte het 80 kilometer naar het noordoosten op om bij Stary Oskol troepen van het 4de Tankleger te ontmoeten. In de ontstane omsingeling werden delen van het 40ste en 21ste Sovjetleger [ongeveer vier Sovjetdivisies] ingesloten. Er werden 40.000 Russen krijgsgevangenen gemaakt. De hoofdmacht van het 6de Leger rukte ondertussen op in oostelijke richting naar Kamenka. Na het off nsief bij Woronesh ging het ruim 700 kilometer in zuidoostelijke richting. Na gevechten in de omgeving Kalatsch, Ostrowskij en Kljetzkaja begon op 13 september 1942 de strijd om Stalingrad. De verhalen daarover zijn hiervoor intussen genoegzaam verteld.

Alois verblijft slechts enkele weken in de omgeving van Stalingrad. Hij is ziek geworden. De arts heeft geelzucht geconstateerd. Omstreeks 22 oktober 1942 wordt hij opgenomen in het lazaret in Poltawa. Daar zal hij ruim een maand blijven. In dit geval is zijn ziekte een zegen. Alois ontsnapt op deze manier aan de omsingeling bij Stalingrad, dat kort daarvoor volledig werd ingesloten. Zijn helm blijft om onduidelijke redenen achter op de steppe bij Stalingrad en zal pas jaren later worden gevonden.

Geelzucht kwam veel voor aan het Oostfront. Dat de ziekte bepaald geen pretje was, blijkt uit dit fragment uit de veldpostbrief van korporaal Alfred Brandau,[148] die hij schreef op 4 december 1942: "*Ikzelf heb deze dagen niet vooraan bij de vechtende troepen doorgebracht, maar erachter, bij de tros, als patiënt. Ik heb sinds 18 november de tweede Oostfrontziekte na de diarree, namelijk geelzucht. Dat je daarbij geel wordt, is nog wel het minste. Niets smaakt meer, je wordt volkomen lusteloos en bent ongeïnteresseerd. Je voelt in al je ledematen een loden vermoeidheid en zwakte. Deze fase van de ziekte heb ik, godzijdank, doorstaan, vooral omdat we sinds enige dagen dieetkost krijgen. Als onaangenaam bijverschijnsel zijn mijn benen, armen, hoofd enz. wanstaltig opgezwollen. Ik zie eruit als een baby, zo dik. Die toestand is in zoverre*

---

148 Alfred Brandau, geboren op 30 oktober 1910, vermist in Stalingrad sinds 28 december 1942.

onaangenaam dat het mijn bewegingsvrijheid behoorlijk beperkt. Men heeft mij daarom vandaag gezegd dat ik morgen naar het lazaret ga. Hopelijk wordt het daar, met de nodige verpleging, beter. Ik ben vooral blij dat ik mij daar weer eens grondig kan wassen en dat we eindelijk worden ontluisd. Lieve Annemarie, zorgen hoeven jij en alle anderen zich niet te maken. De ziekte is op zich onschuldig. We krijgen weer volle porties en de Führer vergeet ons niet. De geelzucht is terug te voeren op eenzijdige voeding. Ik heb je al vaker geschreven dat ik vooral aardappels, groente en fruit mis."[149]

Na zijn herstel keert Alois niet terug bij het 6de Leger. Hij wordt vanaf 25 december 1942 tot 13 april 1943 ingedeeld bij Bruggenbouwbataljon 26, daarna enkele dagen bij het pionierpark Taganrog in de Oekraïne, om vervolgens terug te gaan naar Duitsland. Daar wordt Alois ondergebracht bij Pionier-Ersatz-Bataljon 27 in de Brückenkopfkzerne in Ingolstadt aan de Donau. Op 12 juni 1943 wordt hij ingedeeld bij de 3de Compagnie van het Leichtes Radfahr-Straßenbau-Bataillon 24. Andermaal een stratenbouwbataljon, een bataljon deze keer dat zich verplaatst per fiets. Uit de Wehrpass kunnen we afleiden dat Alois enkele maanden later, in september, opnieuw wordt ingezet aan het front. Ditmaal in Albanië. Ook zien we dat hij is opgeleid tot ordonnans. Of en wanneer hij in die rol is ingezet, weten we helaas niet. Op 1 december 1943 wordt hij tot korporaal bevorderd. Enkele dagen later wordt hij ingedeeld bij het 222ste Pionier-Bataillon. Het zal zijn laatste eenheid worden. Hij wordt direct ingezet in Montenegro. Alois' bataljon, deel van de 181[ste] Infanteriedivisie, is als onderdeel van het 2[de] Tankleger belast met de kustverdediging en de bestrijding van partizanen. Elf maanden lang voert deze divisie hevige gevechten met lokale guerrilla's. Zij slaagt erin om het haar toegewezen gebied te beveiligen. Tijdens het najaar van '44 leidt de Wehrmacht grote verliezen. Op 7 november treft het noodlot Alois. Na 5 jaar en 3 maanden te hebben gediend, sneuvelt hij bij Orahovac, een dorpje in Montenegro. Zijn bewogen militaire loopbaan voerde hem kriskras door Europa, naar Frankrijk, Polen, de Sovjet-Unie, de Oekraïne, Albanië en uiteindelijk Montenegro, maar ook naar brandhaarden zoals de aanval op Frankrijk, de inval in de Sovjet-Unie, omsingelingsslagen bij Kiev, de oversteek over de Dnjepr en, na een barre Russische winter, omsingelingsslagen bij Charkow en het oprukken tot aan de poorten van Stalingrad. Daarna ziekte en ten slotte bijna een jaar lang bittere strijd tegen partizanen in het bergachtige Albanië en Montenegro. Voor Alois Enggruber eindigt de eindeloze reis in Orahovac, een pittoresk vissersdorpje aan de voet van een granieten bergmassief.

---

149 Feldpostbriefe aus Stalingrad, Jens Ebert, Wallsteinverlag, Göttingen 2003.

Alois Enggruber
gef. 7. 11. 44

Gebets-Andenken
an den Kriegshelden
Alois Enggruber
Obergefr., Bauer in Scheiben

welcher am 7. 11. 44 in Montenegro, nach 5jähr. Pflichterfüllung, im 32. Lebensjahre den Heldentod starb.

R. I. P.

Er zog von uns mit schwerem Herzen
Und hoffte auf ein Wiederseh'n;
Doch größer sind jetzt unsere Schmerzen,
Da dieses nicht mehr kann gescheh'n.
Dein treues Auge ist geschlossen,
Dein Mund bleibt stumm für allezeit,
Umsonst war unser langes Hoffen,
Auf Wiederseh'n in der Ewigkeit.

Druck von A. Lehner, Simbach a. Inn.

Dankwoord

De auteurs bedanken hartelijk Cor van Vuren voor zijn doorploeteren en corrigeren van het oorspronkelijke manuscript en Evgeni Mitassov voor het beschikbaar stellen van een aantal unieke foto's uit zijn privécollectie.

Een bijzondere blijk van waardering geldt onze Duitse bronnen, Susanne Ganz-Wölfel uit Nürnberg, Peter Köttelwesch uit Viersen, Herbert Arlt uit Kurnbach, K. Diebold uit Bad Ditzenbach, Kathrin Voglau uit Stassfurt, A. Dreesmann uit Apen Augustfehn, Franz Xaver Kopp uit Gangkofen, Alois Enggruber uit Simbach, August Schwabe uit Verden, Horst Westphal uit Krumpa, familie Richardt uit Roderberg/Struth en Tapani Elomaa uit Kontiolahti Finland.